产业转移与
承接地集群发展

关系、网络、演化

潘少奇 ◎ 著

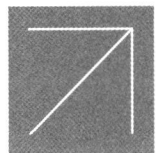

Industrial Transfer and Undertake Cluster Development

Relationships, networks, evolution

中国经济出版社
CHINA ECONOMIC PUBLISHING HOUSE

北京

图书在版编目(CIP)数据

产业转移与承接地集群发展：关系、网络、演化 / 潘少奇著 . -- 北京：中国经济出版社，2022.9
ISBN 978-7-5136-0993-7

Ⅰ. ①产… Ⅱ. ①潘… Ⅲ. ①产业转移-关系-产业集群-产业发展-研究-中国 Ⅳ. ①F121.3 ②F269.23

中国版本图书馆 CIP 数据核字(2022)第 171395 号

责任编辑　丁　楠
责任印制　马小宾
封面设计　久品轩

出版发行	中国经济出版社
印 刷 者	北京科信印刷有限公司
经 销 者	各地新华书店
开　　本	710mm×1000mm　1/16
印　　张	14.75
字　　数	236 千字
版　　次	2022 年 9 月第 1 版
印　　次	2022 年 9 月第 1 次
定　　价	78.00 元

广告经营许可证　京西工商广字第 8179 号

中国经济出版社 网址 www.economyph.com 社址 北京市东城区安定门外大街 58 号 邮编 100011
本版图书如存在印装质量问题，请与本社销售中心联系调换（联系电话：010-57512564）

版权所有　盗版必究（举报电话：010-57512600）
国家版权局反盗版举报中心（举报电话：12390）　　服务热线：010-57512564

目 录

第1章 引 言

1.1 研究背景 / 003

1.2 问题提出 / 010

1.3 研究意义 / 011

1.4 研究内容与方法 / 012

第2章 转移企业地方嵌入的论争与研究动向

2.1 转移企业地方嵌入研究演进脉络 / 019

2.2 转移企业地方嵌入意愿 / 022

2.3 转移企业地方嵌入影响因素 / 023

2.4 转移企业地方嵌入效应 / 025

2.5 述评与展望 / 026

第3章 产业转移技术溢出效应进展与展望

3.1 产业转移技术溢出研究的演进 / 032

3.2 产业转移技术溢出效应的论争 / 033

3.3 产业转移技术溢出影响因素 / 036

3.4 述评与展望 / 041

第4章 理论分析框架

4.1 理论基础与核心问题的理论透视 / 047

4.2　本书的理论分析框架 / 058

第5章　民权制冷产业：发展、特点及优势

5.1　民权制冷产业发展历程 / 066

5.2　民权制冷产业现状特点 / 069

5.3　民权承接大量转移企业的优势分析 / 074

第6章　民权制冷企业网络结构分析

6.1　数据来源与研究方法 / 085

6.2　网络结构分析 / 092

6.3　本章小结 / 107

第7章　转移企业在民权制冷企业网络中的角色识别

7.1　转移企业网络角色识别方法 / 113

7.2　转移企业在民权制冷企业网络中的角色识别 / 118

7.3　转移企业网络角色形成原因 / 137

7.4　本章小结 / 142

第8章　转移企业与民权本地企业的双向嵌入分析

8.1　理论框架构建 / 147

8.2　转移企业地方嵌入分析 / 151

8.3　本地企业嵌入价值链与升级分析 / 159

8.4　本章小结 / 168

第9章　民权制冷企业网络演化分析

9.1　民权制冷企业网络演化阶段 / 174

9.2　民权制冷企业网络演化机理 / 178

9.3　本章小结 / 188

第 10 章　结论与展望

10.1　主要结论 / 193

10.2　推动转移企业、承接地企业互动发展的政策建议 / 200

10.3　创新之处 / 203

10.4　局限及展望 / 205

参考文献

第 1 章

引 言

1.1 研究背景

1.1.1 产业转移的来龙去脉

世界是流动的,产业转移作为国际资本流、技术流的重要载体,已经并且正在深刻地改变、重塑世界经济版图。第二次世界大战以后,世界上共出现过四次大规模的产业转移(见表1-1)。前三次国际产业转移都是发达国家或地区将劳动密集型、资本密集型产业逐步转向后发国家或地区,而自己则集中力量发展更具比较优势的产业,日本、德国、"亚洲四小龙"、中国东部沿海地区都借助不同轮次的国际产业转移实现了跨越式发展。第四次产业转移发生在21世纪初,由于亚洲金融危机影响及中国产业结构调整的需要,东部沿海地区实施"腾笼换鸟"政策,大批劳动密集型、资本密集型产业逐步向中西部地区转移,同时也有向周边越南、马来西亚等国家转移的趋势;中国学者习惯将本轮次产业转移称为国内产业转移(刘友金,2011;张庸萍,2011;赵建吉,2014)。从历次产业转移浪潮可以发现,每一次产业转移的出现都与当时的世界政治、经济背景息息相关,产业转移既可能是区域产业主动腾笼换鸟、辞旧迎新的过程,同时也可能是区域产业受到政策、资源、环境限制而产生的被动经济现象。在世界范围内,产业转移不仅促进了转出地产业更新换代,也给承接地产业发展带来了难得的机遇。在国际产业转移背景下,北京中关村、上海张江、台湾新竹、苏州工业园等产业高地日益隆起,成为世界经济版图上一块块五彩斑斓的"经济马赛克"。

表 1-1　四次国际产业转移演进轨迹

转移浪潮	时期	转移动机与诱因	转移产业	转移路径
第一次	1950—1960 年	美国集中发展资本和技术密集型产业，"冷战"的影响	纺织、钢铁等劳动密集型产业	美国—日本、联邦德国
第二次	1960—1980 年	日本、联邦德国集中发展技术密集型产业，美元危机，两次石油危机影响	纺织、钢铁、造船、化工等劳动密集型和资本密集型产业	联邦德国、日本—新兴国家和地区
第三次	1980 年—20 世纪末	美国、欧洲、日本集中发展知识密集型产业，全球经济滞胀和墨西哥金融危机影响	重化工、消费电子类等劳动密集型、资本密集型产业	美国、日本、欧洲—亚洲四小龙等—中国
第四次	21 世纪初	中国产业结构调整，亚洲金融危机	资本、劳动密集型产业	中国东部沿海—中国中西部地区

1.1.2　国际产业转移显著促进了中国东部地区经济增长

自 20 世纪 80 年代开始，中国吸纳了大量国际产业转移。受加入世贸组织影响，2001 年后流入中国的外商直接投资（Foreign Direct Investment，FDI）不断攀升，中国连续多年成为吸收 FDI 最多的发展中国家（见图 1-1）。据统计，截至 2009 年底，中国累计批准设立外商投资企业达到 68.3 万家，实际外商直接投资额达到 9454 亿美元。2009 年，外资企业工业产值、税收、出口分别占全国的 28%、22.7% 和 55.9%，直接吸纳的就业人数达 4500 万。2010 年，中国实际吸收 FDI 更是首次突破千亿美元大关，年增幅达 17.4%。以 FDI 为代表的国际产业转移对中国的经济发展影响巨大，FDI 所带来的资本、技术、研发能力、管理经验与中国丰富的劳动力资源相结合并出现了倍增器效应，中国迅速成为"世界工厂"和"代工制造平台"。2009 年，中国超过德国，成为世界最大的出口国；2010 年，中国超过日本，成为全球第二大经济体。在国际产业转移助推下，中国本土产业也实现了一定程度的升级，产业结构不断优化（见表 1-2）。从总体格局看，中国内部各省区承接国际产业转移分布很不均匀，其前沿阵地主要集中在东南及沿海地区。这种承接格局的失衡也导致了中国地区经济增长的不平衡。有研究发现，在1985—1999年中国东部发达地区与西部地区之间GDP增长率的差异，大约90%是由FDI引起的(魏后凯，2002)。

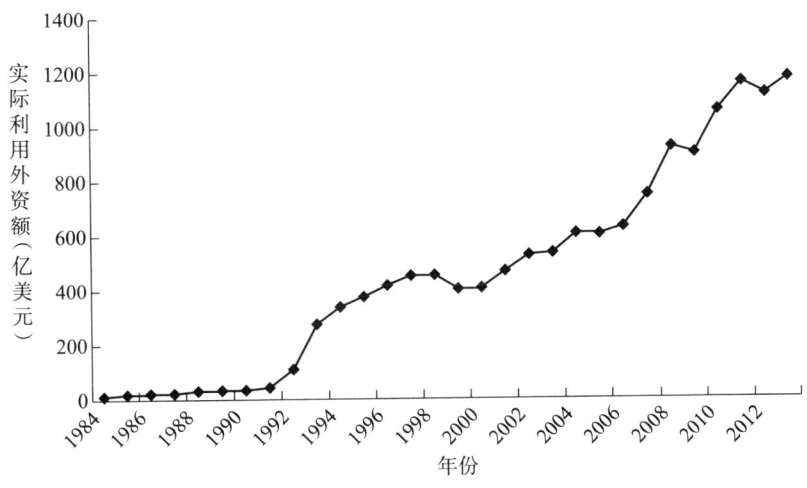

图1-1　1984—2013年中国实际利用外资额

表1-2　产业转移对中国产业结构的影响

承接产业转移阶段	承接区域	承接产业类型及特点	转移投资结构/中国原产业结构
起步和发展阶段（1979—1991年）	东南沿海开发地区	纺织、服装、食品饮料、电子元器件等劳动密集型产业	2∶75∶23/29∶44∶27
高速发展阶段（1992—1995年）	东南沿海、东部地区	电子与通信设备制造业、医药、电气设备制造业等资本、技术密集型产业	1∶59∶40/20∶46∶34
调整阶段（1996—2000年）	东南沿海、东部地区、中西部地区	跨国公司开始在科研开发、销售和售后服务等环节投资，还对制造业以外的其他行业投资	1∶71∶28/17∶47∶36
提高阶段（2001年—）	东南沿海、东部地区、中部地区、西部经济开发区	更多地投向中国高新技术行业和服务业	2∶71∶27/13∶47∶40

资料来源：范文祥，2010。

1.1.3 中国在承接国际产业转移时遇到的问题

1.1.3.1 "飞地经济"与"候鸟经济"

产业转移具有阶段性且流动性较强,并不是所有的区域都能"黏住"这些流动的经济要素。从全世界范围看,转移企业就像一朵朵随风飘散的蒲公英,只有遇到合适的土壤才能生根发芽、繁衍生息。无论是国际产业转移还是国内产业转移,都面临着转移企业与承接地企业互动耦合的过程。转移企业合理的地方化战略以及承接地良好的政策、经济、社会环境是转移企业实现在承接地深度嵌入的必要条件。从中国承接国际产业转移实践看,部分区域内转移企业与地方企业没有形成良好的互动关系。首先,以跨国公司为代表的转移企业对利润最大化的永恒追求会使其有目的地减少对承接地的依赖,纵然是因为地方制度约束而产生"被动嵌入",它们也会基于"俱乐部收敛"策略首先同承接地内的转移企业建立产业联系,这种倾向无疑使部分转移企业成了漂浮在承接地上的飞地。"飞地经济"与国外学者发现的"沙漠中的教堂"和"孤立的堡垒"比较相像,转移企业地方嵌入不足是产生类似现象的根源(Hardy,1998;Lowe,1999;刘卫东,2003;Liu,2006)。其次,国际产业转移作为全球化背景下的产业结构调整,转移企业的"蒲公英"可能仅在承接地短暂停驻后又飘向其他更具比较优势的区域。比如在20世纪80年代末期,受产品价格下跌和生产成本上升的双重影响,大量台湾PC企业转移到福建沿海和珠江三角洲地区,广东东莞成为重要的台商集聚区;但在90年代后期,珠三角地区的台资企业又开始纷纷外迁,长三角特别是苏南地区成为台资企业新的目的地,而且部分台资企业迁往了越南、马来西亚等更具比较优势的国家或地区,学者通常将这种情况称为"松脚型嵌入"或者是"候鸟经济"(王缉慈,2003;项后军,2004)。转移企业再次外迁容易导致"产业空心化"问题出现,对承接地社会经济发展影响很大。尽管许多地方政府已经开始意识到"飞地经济"及"松脚型嵌入"问题,但受考核制度驱动不少地方政府仍重点关注如何把产业"引进来",并没有系统考虑"留得住"和"发展得好"的问题。

1.1.3.2 "低端技术陷阱"与"贫困增长"

尽管从世界范围看产业转移为多数承接地打开了一扇"区位机会窗口"（Window of Location Opportunity，WLO）（Boschma，1999），催生了"亚洲四小龙"等新兴经济体，隆起了印度班加罗尔、北京中关村、上海张江、苏州工业园等产业高地。相反，有些区域却没能抓住机遇实现跨越式发展，如波兰西南部的Wroclaw地区、墨西哥北部边境地区以及巴基斯坦Sialkot医药器械产业集群、中国永康保温杯产业集群等，它们在激烈的全球竞争中失去了比较优势，不仅未能实现升级和跨越，反而陷入了"锁定"或"贫困增长"的状态，甚至最终走向了没落。改革开放以来，中国承接了大量国际产业转移，全球资本不断涌入使"中国制造"的体量迅速增加，然而从普雷维什的"核心—外围理论"来看，这种带有"梯度"意味的产业转移会使

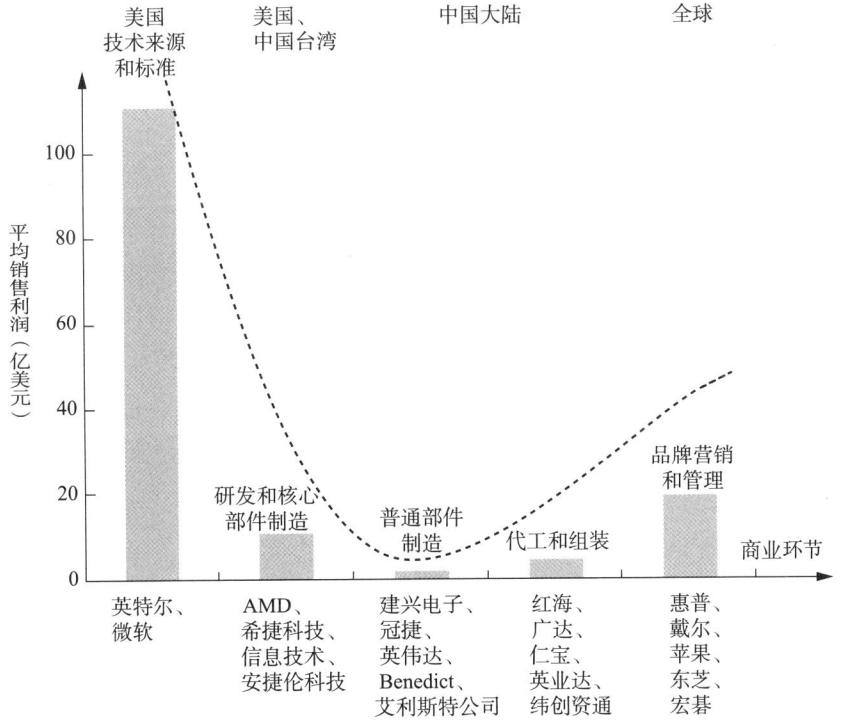

图 1-2 全球计算机产业价值链微笑曲线

资料来源：Wei，2010；刘友金，2011。

承接地产生对转移产业"技术权力"和"网络权力"的依附,并陷入"低端技术陷阱"不可自拔。比如在个人电脑生产的全球价值链中,核心技术、标准制定、品牌建设、市场营销等高端环节主要由发达国家控制,非核心部件制造、代工、组装等低端环节才由发展中国家或地区完成(见图1-2)。如果承接地企业都是以接单产品组装(Original Equipment Assembling, OEA)、原始装备制造(Original Equipment Manufacturing, OEM)的形式嵌入全球价值链和全球生产网络,则只能是廉价劳动提供者和经营风险承担者;承接地经济增长也只能是量的增加,而很难有质的提升;而且在"马太效应"作用下,承接地与产业转出地等先发区域间的经济差距会进一步拉大,学界将这种情况称为"贫困增长"。

1.1.4　国内产业转移对中国经济高质量发展具有重大意义

1.1.4.1　国内产业转移是消弭区域差异的重要契机

区域发展不平衡是中国全面建成小康社会所面临的突出问题,而自东向西的区际产业转移对消弭区域差异、促进协调发展具有重要意义(刘红光,2011;李国平,2016)。进入21世纪后,受亚洲金融危机和国家宏观战略影响,中国东部沿海地区开始了一轮自发的产业升级过程,一些资源消耗高、人力需求大、污染排放重的劳动密集型、资本密集型产业开始向中西部地区转移。2010年,以国务院批复《皖江城市带承接产业转移示范区规划》和发布《国务院关于中西部地区承接产业转移的指导意见》(国发〔2010〕28号)为标志,中国的区际产业转移进入了较快增长期。比如,河南省从2010年开始每两年组织一届规模宏大的产业转移系列对接活动(2011年还举办了一届)。2010—2012年,河南省通过该对接活动签约国内外投资项目1474个,签约投资总额7389亿元。其中,国内省外项目1364个,投资额6233.3亿元,占签约投资总额的84.4%(见表1-3)。2020年的对接活动上,共收集汇总签约项目778个,其中长三角、珠三角、京津冀地区项目609个,占比76%。由此可见,国内转移企业是河南省近年承接产业转移的主体。国内产业转移为广大中西部地区提供了千载难逢的发展机遇,有研究发现与产业大规模西迁相对应,近年来中西部地区的经济增长速度明显提高,中国区域经济增长格局已实现由"东高西低"向"西高东低"转换,中西部区域经济发展差异有效缩小,并且这种经济增长格局将成为未来一段时期的新常态(刘刚,2011;丁鑫,2016)。

表1-3 2010—2012年河南省利用省外资金来源

区域	2010		2011		2012	
	项目数(个)	投资额(亿元)	项目数(个)	投资额(亿元)	项目数(个)	投资额(亿元)
国外	9	32.2	17	55.2	14	68.9
港澳台	15	317.2	23	112.7	32	569.6
东北	6	18.8	4	27.8	15	46.4
京津冀	36	138.8	64	353.7	119	743.8
山东半岛	6	6.5	27	69.0	42	132.1
长三角	84	295.8	174	845.8	221	1174.4
福建	21	62.7	18	86.1	48	199.0
珠三角	52	195.4	91	353.8	131	716.0
中部地区	21	56.0	41	122.9	58	267.0
其他省份	14	32.4	28	126.3	43	163.0

注：将全国划分为东北、京津冀、山东半岛、长三角、福建、珠三角、中部地区(除河南外中部五省)、其他省份等区域。

1.1.4.2 国内产业转移是畅通国内大循环的重要动力

当前,世界正在经历"百年未有之大变局",中国也正站在"两个一百年"的历史交汇点,如何能够保持良好的发展势头,实现经济的高质量发展是中国面临的紧迫任务。近年,中国经济腾飞所依赖的劳动力、土地等传统要素的比较优势正逐步下降,新兴国家追赶竞争和发达国家再工业化的双重挤压日益严峻。尤其是2020年新冠肺炎疫情暴发后,国际贸易保护主义抬头,逆全球化的趋势日益明显,中国引进外资和对外出口都受到严重冲击。2020年10月29日,党的十九届五中全会通过的《中共中央关于制定国民经济和社会发展第十四个五年规划和二〇三五年远景目标的建议》提出,要"加快构建以国内大循环为主体、国内国际双循环相互促进的新发展格局"。以国内大循环为主体,就是要发挥中国超大规模市场的潜力和优势,基于中国具有全球最完整、规模最大的工业体系的特点,利用沿海与内陆地区要素禀赋的梯度差异,在东部地区加快实施"腾笼换鸟"战略,推动有关产业向中西部地区有序转移,把产业链关键环节留在国内,提升国内"供应链""产业链"和"价值链"质量，进一步筑牢中国经济的回旋空间，增强经济的深度和韧性（张倩肖，2021）。同时，"十四五"规划要求中西部地区，要"着力打造重要先进制造业基地、提高关键领域自主创新能力、建设内陆地区开放高地"。区际产业转移恰恰为广大中西部地区产业集群提供了转型升级的"区位机会窗口"。所以，中西部承接地要引导转移企业实现地方深度嵌入，并基于此构建紧实高效的区域生产、创新网络，进而实现承接产业转移与推进地方产业转型升级的良性循环。

1.2 问题提出

经过四轮产业转移浪潮，中国承接了大量国际产业，并已经进入国内梯度转移阶段。国际产业转移催生了东部沿海地区的经济奇迹，国内产业转移也成为中西部地区奋起直追的强劲动力。然而在已有经济实践中，部分区域所承接的转移企业未能同地方资产形成良好的契合关系，产生了大量"飞地经济"或"候鸟经济"现象；此外，部分承接地集群对转移企业"技术权力""网络权力"的高度依赖，使它们只能在全球价值链低端环节挣扎徘徊，并可能陷入"低端技术陷阱"和"贫困增长"困境。目前，虽然学界对是否出现大规模国内产业转移存在争论，但河南、安徽等中西部省区利用国内省外资金总量不断攀升却是不争的事实，而且中西部地区各级政府普遍把承接国内转移作为推动区域产业转型升级的重中之重。那么，中西部地区在承接产业转移过程中如何避免"飞地经济""候鸟经济""低端技术陷阱""贫困增长"等问题呢？按照"立足表象—聚焦本质—展开问题"的逻辑思路（见图1-3），本书要解决的核心问题是"如何促进转移企业与承接地企业互动耦合并推动承接地产业集群转型升级"，围绕该核心论题主要进行如下思考：

（1）转移企业与承接地企业交互形成的关系网络（以下简称企业网络）主要包括什么类型，不同类型的企业网络是否具有相同的结构特征。

（2）转移企业在企业网络中的角色是什么，在不同类型企业网络中的角色是否一致。

（3）如何促进转移企业在承接地的深度嵌入，其地方嵌入的模式、路径和障碍是什么。

(4)中西部地区产业集群在第四次产业转移浪潮中,如何摆脱价值链低端锁定,实现在全球价值链(或国内价值链)中的高位嵌入。

(5)产业转移作用下,中西部地区产业集群具有什么演化规律和演化机理,如何推动区域产业实现转型升级和集群化发展。

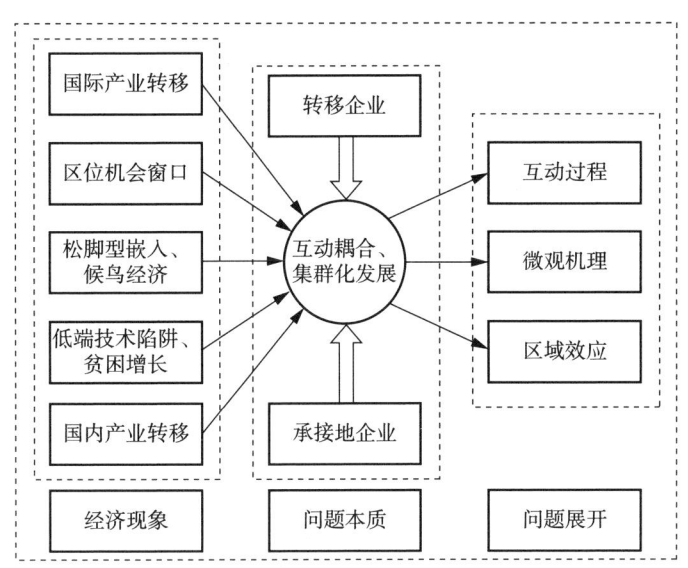

图1-3 提炼研究思路的逻辑框架

1.3 研究意义

1.3.1 理论意义

厘清产业转移背景下承接地企业网络演化机理,进一步丰富产业转移、产业网络基本理论。产业转移是"企业/产业—地域"关系研究的重要内容,已有的雁阵模式理论、产品生命周期理论、边际产业扩张理论、劳动密集型产业转移理论、国际生产折中理论等较好地解释了产业转移的动因和区位选择,但并不能很好地解释转入企业与承接地企业互动耦合的模式和机理(Fetscherin,2010)。20世纪80年代以来,国际经济地理学出现了制度、文化、关系、尺度、演化等一系列转向(Yeung,2003,2005a;Boschma,1999,2007;苗长虹,2004,2011;樊杰,2011;刘志高,

2011；颜银根，2013）。本书在充分吸收已有产业转移理论和几次"转向"要义的基础上，把转移企业与承接地企业互动耦合视为两类企业间的经济联系网络、技术合作网络、社会交流网络的形成和演化过程，试图构建以"关系—网络—演化"为主线，以网络—角色、嵌入—耦合、演化—升级为核心要素的理论分析框架，厘清承接地企业网络演化机理。理论框架及实证研究将有助于丰富产业转移、产业网络的基本理论，服务中国经济地理学理论创新。

1.3.2　实践意义

探寻产业转移背景下中西部地区产业集群的升级路径，服务中西部地区社会经济发展。长期以来，FDI 在东部地区的高度集聚导致了中国区域经济发展的差异（魏后凯，2002），而第四次产业转移则为中西部地区经济发展提供了一扇难得的"区位机会窗口"（Boschma，1997；Choi，2011；Filatotchev，2011）。然而从已有经济实践看，由于转入企业地方嵌入不足产生了一定数量的"飞地经济"和"候鸟经济"（曾菊新，2002）；而且承接地企业对转移企业"技术权力""网络权力"的依附，会导致其陷入"低端技术陷阱"和"贫困增长"的怪圈（景秀艳，2007；张云逸，2010；梅丽霞，2009）。《国务院关于中西部地区承接产业转移的指导意见》（国发〔2010〕28 号）指出，要引导和支持中西部地区承接产业转移，推动承接工作健康开展。因此，本书将带着对上述问题的思考，从微观尺度深入分析转移企业与承接地企业互动过程中经济联系、技术合作、社会交流网络的形成及演化问题，探索承接地企业嵌入全球价值链（Global Value Chain，GVC）、全球商品链（Global Commodity Chain，GCC）和全球生产网络（Global Production Network，GPN）的路径和对策。研究成果将有助于中西部地区抓住第四次产业转移契机并推动区域产业实现"蛙跳式发展"。

1.4　研究内容与方法

1.4.1　研究内容与框架

本书围绕如何促进转移企业与承接地企业互动耦合并推动承接地产业

集群转型升级核心论题,共有 10 章,分为三个部分(见图 1-4)。

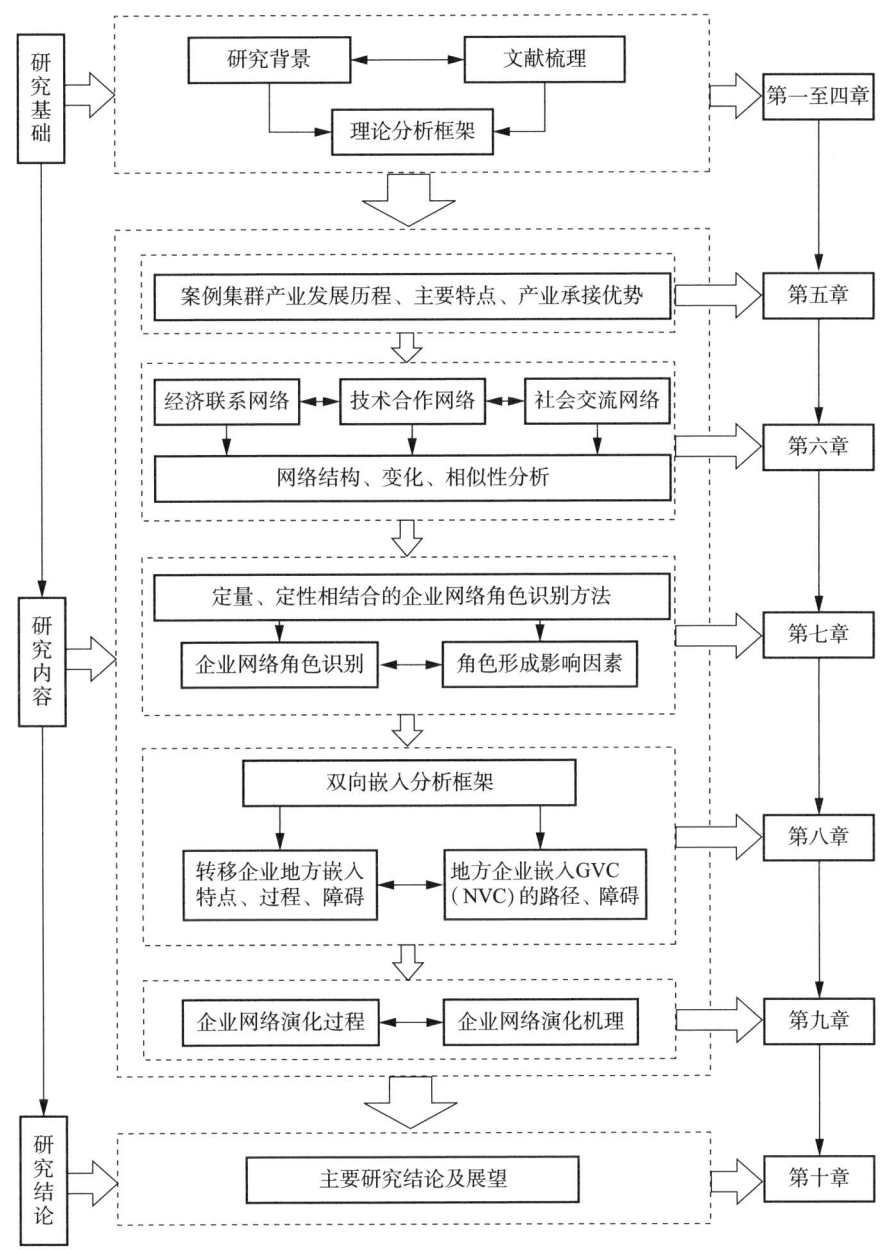

图 1-4 主要研究内容

第一部分包括前四章,是研究基础。第 1 章主要总结研究背景,提出核心论题，阐释研究意义。第 2 章和第 3 章主要从转移企业地方嵌入、产业转移技术溢出等方面对相关文献进行梳理和评析。第 4 章主要基于产业区、学习场、全球价值链、全球生产网络、嵌入等理论对核心问题进行透视和解析，并基于此提出一个新的综合性理论分析框架。

第二部分包括第 5 章至第 9 章，主要结合案例集群进行实证分析。第 5 章对研究案例民权制冷产业集群所在区域环境、产业发展历程进行简要总结，重点分析民权制冷产业集群当前的主要产业特点以及在承接产业转移中的突出优势。第 6 章通过对案例集群进行认真调研，提取民权制冷产业集群内部转移企业与本地企业交互形成的经济联系、技术合作、社会交流网络，基于社会网络分析方法（SNA）对企业网络结构、变化、三类网络相似性进行定量分析。第 7 章提出一种根据"关系强度及类型特征—网络位置特征—权力关系特征"识别转移企业网络角色的方法，将案例集群中转移企业分为领导核心、主要成员、外来者俱乐部成员、孤立点、技术守门员等类型，并总结转移企业网络角色形成的主要影响因素。第 8 章提出转移企业与承接地企业双向嵌入的分析框架，分析转移企业地方嵌入的特点、过程及障碍机制，总结民权本地企业在 GVC（NVC）中嵌入及转型升级的特点及障碍机制。第 9 章基于演化经济地理学范式探讨民权制冷企业网络"源起—繁荣—衰落—复兴"的演化过程，使用选择、机会、报酬递增、路径依赖等核心概念以及区位机会窗口理论观点，分析民权制冷企业网络演化轨迹及其内在的演化机理。

第三部分为第 10 章，对全书的理论和实证分析进行归纳总结，形成主要研究结论，提出国内产业转移背景下促进中西部地区产业升级与集群化发展的政策建议；最后，对研究的创新点和不足之处进行总结，并提出进一步的研究方向。

1.4.2　主要研究方法与技术路线

鉴于转移企业与承接地企业互动耦合及推动承接地产业集群转型升级问题的复杂性，本书综合采用定量、定性相结合的研究方法，具体包括：

（1）案例分析法。选择河南民权制冷产业集群作为典型案例。对案例集群的调研通过问卷和访谈两种形式。第一轮问卷调查涵盖集群中的全部企业，初步统计分析后筛选第二轮深度访谈企业，采用半结构访谈方法。

同时，对集群所在地的发展改革委、工业和信息化局、行业协会、产业集聚区管委会相关负责人进行深度访谈。

（2）社会网络分析法（SNA）。该方法在研究网络结构、辨识节点角色方面很有优势，近年来在经济地理学研究中广为应用。鉴于SNA偏重静态分析，构建若干时间节点上的转移企业与承接地企业共同构成的关系网络，利用SNA工具并结合GIS方法定量分析网络结构、节点角色及演化规律。

（3）比较分析法。对转移企业在经济联系网络、技术合作网络、社会交流网络中的角色进行比较，分析转移企业经济嵌入、社会嵌入、技术嵌入间的相互作用，发现其中的共性和差异，并提出有针对性的政策建议。

本书在现实问题分析及重点文献梳理的基础上，提出自己的理论分析框架，通过对案例集群的认真调研和数据整理，提取转移企业与承接地企业互动耦合形成的经济联系、技术合作、社会交流网络，基于社会网络分析和演化分析，探讨企业网络结构、转移企业网络角色、转移企业与承接地企业双向嵌入、企业网络演化机理等问题（见图1-5）。

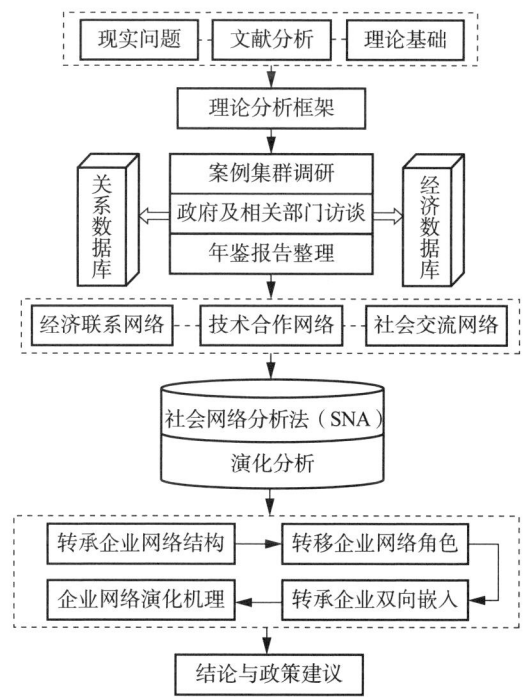

图1-5　本书技术路线

第 2 章

转移企业地方嵌入的论争与研究动向

第 2 章 转移企业地方嵌入的论争与研究动向

区域发展不平衡是中国全面建成小康社会所面临的突出问题，中国未来应继续坚持推进自东向西的区际产业转移，以消弭区域差异，实现区域协调发展（李国平，2016）。产业转移过程实际是"企业/产业—地域"相互作用的过程，是转移企业从转出地到承接地之间"脱嵌—再嵌入"的过程（杨玲丽，2015；杨伟聪，2017）。转移企业地方嵌入的模式和深度，既决定着是否能够实现企业区位转移的战略目标，同时也对承接地集群转型升级具有重要影响。那么，转移企业是否具有嵌入承接地的主观愿望？其驱动因素是什么？过程和路径是什么？对承接地集群发展或产业升级又有什么影响？围绕这些问题，笔者试图在系统梳理已有成果的基础上，总结转移企业地方嵌入研究的演进脉络，分析转移企业地方嵌入的主要动因、影响因素、过程模式、区域效应，提出需要加强和深化的前沿研究方向。

2.1 转移企业地方嵌入研究演进脉络

20 世纪 60 年代以后，经济地理学者开始关注以跨国投资为代表的国际产业转移现象。理论研究方面，形成了雁阵模式理论、产品生命周期理论、边际产业扩张理论、劳动密集型产业转移理论、国际生产折中理论、梯度推移理论等基于不同实践经验的理论模式；实证研究则主要从宏观视角分析跨国投资的时空格局（Bagchi-Sen，1989；李小建，1996）、区位选择（贺灿飞，1997，1999）、区域效应（Sun，1996；魏后凯，2002）等。早期的产业转移研究较少专门开展转移企业地方嵌入研究，但已有学者注意到了跨国公司在承接地的空间行为和嵌入效应问题。比如，有研究发现从 20 世纪 60 年代开始，美国的电子消费品产业通过后向联系较好地嵌入了中国台湾地区的产业系统，并推动台湾经济实现迅速发展（Schive，1990）；但与此形成强烈反差的是，美国与墨西哥的"边境工业化项目"（Border Industrialization Program），则弱化了转移企业与地方企业的联系，并最终导致墨西哥电子消费品产业的衰落(Lowe,1999)。

20世纪90年代,经济地理学出现了制度、文化、关系转向的热潮。在此过程中,"嵌入"(embeddedness)作为一种重要概念被吸收到新经济地理学尤其是新区域主义的理论框架中(苗长虹,2004;Yeung,2005)。嵌入原本是经济社会学的核心概念,指经济行动原则上总是"嵌入"在某些社会结构形式中或者正在运行中的具体的社会关系系统中。对嵌入的理解一般包含关系性嵌入和结构性嵌入两个维度(Granovetter,1985),前者指经济行动者嵌入其所在的关系网络中并受其影响,后者指在更宏观的层面上行为者们所构成的关系网络嵌入由其构成的社会结构中。基于上述转向背景和嵌入理论影响,经济地理学者开始更多关注转移企业地方嵌入过程中的关系构建、制度约束、文化影响等问题。有学者发现,中国香港企业在嵌入东南亚地方生产网络时,血缘、亲缘、乡缘等非经济关系发挥了非常重要的作用(Yeung,1997);改革开放后,中国政府设置的"产品本土生产率政策"门槛迫使汽车业外商直接投资(Foreign Direct Investment,FDI)通过合资形式嵌入了中国的产业体系(Depner,2005);同时,在波兰,由于跨国公司想绕开地方网络和制度的障碍而产生了"沙漠中的教堂"(Cathedrals in the Desert)现象(Hardy,1998)。鉴于制度、文化等非经济因素对转移企业地方嵌入的影响,有学者提出了"被动嵌入"(Obligated Embeddedness)的概念(刘卫东,2003;Liu,2006)。

进入21世纪后,曼彻斯特学派在全球商品链(GCC)、全球价值链(GVC)理论基础上构建的全球生产网络(GPN)理论,更加强调跨国公司嵌入区域经济的地域基础和地理敏感性,并重视嵌入、权力、价值等维度间的复杂而活跃的相互依赖关系(Henderson,2002;Coe,2004;Hess,2006)。Hess(2004)在经济社会学、管理学对嵌入分类的基础上,进一步强调了转移企业地方嵌入过程中制度厚实(Institution Thickness)、组织模式的影响,提出了社会嵌入、网络嵌入、地域嵌入等3种维度。由此,更多研究开始从GPN视角出发,分析转移企业地方嵌入过程中全球与地方的战略耦合问题。相关实证研究发现,IC产业跨国公司在上海浦东的地域嵌入正随着时间推移而不断加深(文嫮,2007),特斯科通过与韩国本土零售商建立战略伙伴关系从而实现了其在韩国的深度嵌入(Coe,2006),而沃尔玛在德国的投资失利则应归因于未能有效嵌入德国的制度环境和社会网络中(Coe, 2006; Christopherson, 2007)。同时，鉴于 GPN 理论对全球—地方生产网络战略耦合的重视，也有学者研究国际代工企业在跨国公司生产网络和地方组织网络中的"双重嵌入"问题，还有更多研究关注承接地集群在 GVC、GPN 中的嵌入和升级问题(景秀艳, 2007; 梅丽霞, 2009; 曾咏梅, 2011)。

目前，经济地理学一方面继续从宏观视角开展产业转移时空格局和区域效应研究，另一方面则不断加强从微观视角开展转移企业地方嵌入的相关研究(见图 2-1)，具体包括转—承双方的企业网络构建(Hsu, 2006; 潘少奇, 2015; 陈肖飞, 2018)、技术溢出与学习创新(Giroud, 2012; 张建伟, 2016; 张占仁, 2016)、社会资本作用(Buckley, 2006; 毛广雄, 2010; 谭文柱, 2012)等。随着转移企业地方嵌入理论和实证研究不断深入，Granovetter 提出的两种嵌入维度和 Hess 提出的三种嵌入维度已经被逐步分化拓展，并形成了经济嵌入、技术嵌入、社会嵌入、政治嵌入、文化嵌入、制度嵌入、认知嵌入等一些更为细致的分类概念(Zukin, 1990; 陈景辉, 2008; 邱国栋, 2010)。虽然学界对将嵌入概念进行过分地域化(Overterritorialized)的现象还有争议(Hess, 2004)，但在实证研究中，这些细分概念既能比较清晰地描述转移企业的地方嵌入行为，又便于开展嵌入机理尤其是几种嵌入行为的相互影响研究，因此应被视为对嵌入理论的发展和增益。

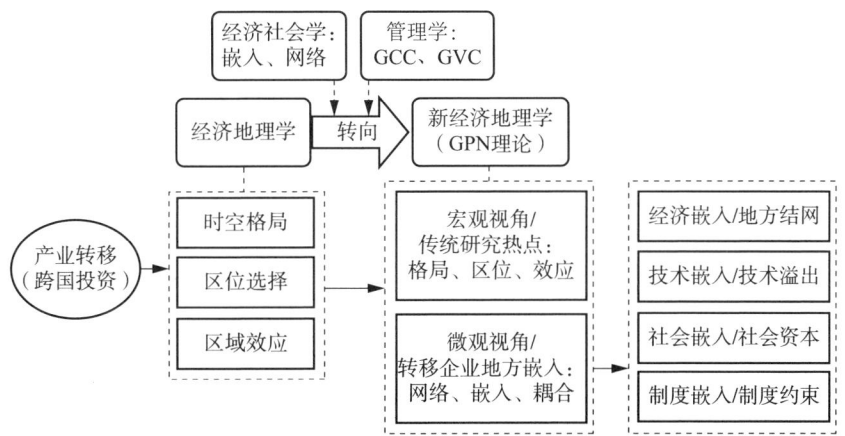

图 2-1 转移企业地方嵌入研究演进脉络

2.2 转移企业地方嵌入意愿

关于转移企业是否有嵌入承接地的主观意愿,学界存在两种迥然不同的观点。地理学家一直强调"地方空间"(Space of Places)是全球化进程中不可或缺的角色,区域产业集聚、地方网络、制度厚实在全球经济体系中仍具有重要的地位和作用。正如国际生产折中理论对产业转移的阐释,不仅考虑企业本身的垄断优势和内部化优势,同时也强调了东道国的区位优势。转移企业地方嵌入有助于其实现市场接近、劳动力接近、资源接近的战略目标。例如,虽然 20 世纪 90 年代的中国还存在一些政策上的不确定性,但受中国移动市场巨额利润的诱惑,西门子公司还是主动地嵌入到中国的移动标准创新网络中并取得了巨大成功(Yu, 2014)。与此类似,台湾 IT 企业逐步将其研发活动拓展至大陆,除了缩短研发转产时间外,更多是基于大陆低成本的研发人才所产生的人力资本放大效应(Chen, 2004);而大量电子产业 FDI 向青岛汇聚,则主要是因为青岛具有较高的产业集聚水平和良好的区域创新环境(Kim, 2008)。由此可见,转移企业地方嵌入不仅可以充分利用承接地的区位优势,而且能降低转移带来的信息不对称风险。这种为了强化自身竞争力而进行的地方嵌入,应被理解为一种"主动嵌入"过程。

与上述观点不同,全球化理论更加强调"流动空间"(Space of Flow)的意义,交易成本经济学和"内部化"理论也认为大公司采用垂直的、等级制的组织形式可绕过外部市场并降低交易成本,因此转移企业更希望建立自己的"个人俱乐部",并弱化其在承接地产业网络中的嵌入程度。从世界范围看,东欧、北美、中国的确存在一些转移企业"嵌入不足"或"伪嵌入"现象(Uzzi, 1997; Hardy, 1998; Lowe, 1999; Wei, 2013)。但需要注意的是,正如经济社会学所强调的那样,一切经济活动都嵌入特定的社会背景中,并为社会环境所定位,承接地的制度环境、文化传承对转移企业地方嵌入也产生着潜移默化的约束和影响。比如,中国政府提出的"产品本土生产率"要求客观上推动了汽车产业 FDI 在中国的深度嵌入,其经济嵌入行为受制度环境的约束尤为明显(刘作丽,2011)。为了更好地解释转移企业在承接地消极而被动的嵌入行为,有学者提出了"被动嵌入"的概念,以此来区别转移企业为了市场、土地、劳动力等因素而在承接地进行的"主动嵌入"(刘卫东,2003;Liu,2006)。

2.3 转移企业地方嵌入影响因素

转移企业地方嵌入是转—承双方关系发展、网络形成、嵌入深化的过程,具有高度的关系建构性、情景敏感性、路径依赖性、集聚经济性、尺度相关性(赵建吉,2014),交易成本、社会资本、制度厚实、产业集聚、路径依赖都对转移企业地方嵌入有不同程度的影响。此外,如果转—承双方存在技术、制度、空间、结构等不匹配(Mismatch)状况,则会制约转移企业的地方嵌入(Wei,2011,2012)。

经济地理学者认为承接地的劳动力价格、市场规模、供应网络、创新能力、空间组织等地方特质,对转移企业地方嵌入行为和效果的影响很大。①承接地的产业条件。降低成本和追求利润最大化是产业转移的主要动因,劳动力接近、市场接近是转移企业地方嵌入的重要因素,富士康落户郑州、成都就是劳动力接近的典型案例。另外,承接地的产业基础也会影响转移企业地方嵌入程度,地方配套能力不足则容易导致"伪嵌入"现象发生(Wei,2013)。②承接地的学习创新能力。高科技的转移企业会更加重视承接地的技术水平和创新能力,更倾向于选择在一些"技术接近"的区域实施地方嵌入战略。③承接地区域文化和社会资本。一般而言,文化接近或身份认同会显著促进转移企业地方嵌入。比如,潘少奇(2015)分析了转移企业地方嵌入对民权制冷产业集群成长的影响,发现基于"老冰熊"身份认同所形成的隐性关系网络在一定程度上成为区域企业网络构建的本底,并对转移企业地方嵌入产生了潜移默化的影响。④承接地的制度环境和议价能力。承接地政府的管理水平、政策导向和议价能力也会对转移企业地方嵌入产生显著影响。比如,苏州及苏南模式被认为具有更强的政策主动性,所以在20世纪末吸引了大批台资PC企业从珠三角迁往长三角(王缉慈,2003)。

转移企业作为地方嵌入的主体,本身也具有很强的内生异质性,企业来源类型、管理模式、文化特点、在全球价值链中的位置也是影响其地方嵌入的重要变量。①转移企业的母国来源。对于跨国投资而言,母国和东道国的关系会显著影响转移企业地方嵌入深度,比如日本企业在韩国、印度的嵌入水平要明显高于在中国和俄罗斯的嵌入水平,主要因为国家间的亲和力(Country's Affinity)能提高东道国与投资方之间的互信,并且能在经济活动中降低交易成本(Chey,2012)。②转移企业的管理模式。有实证研究发现,源自美国的企业具有相对松散的商业系统,更容易融入地方经济;而源自日本、韩国的企业在全球—地方网络中的垂直一体化程度更深,受总部的控制更强,所以地方嵌入程度相对较弱。如果将跨国公司子公司在母公司网络中的嵌入视为内部嵌入,将其在承接地的嵌入视为外部嵌入,则二者呈现负相关关系(Andersson,1996)。③转移企业隶属价值链类型及所处位置。处于生产者驱动型价值链中的转移企业比较注重在承接地的地域嵌入和网络嵌入;处于消费者驱动型价值链中的转移企业则会关注消费者的价值偏好,更重视对承接地的认知嵌入和文化嵌入。④转移企业的网络构建战略。旗舰型转移企业为了避免在承接地的被动嵌入,通常会采取"供应链园区投资"模式,这种建设"个人俱乐部"的战略会明显降低转移企业的地方嵌入水平(潘峰华,2010)。

转移企业地方嵌入是转—承双方区位力量之间、全球价值链不同环节之间、子公司与母公司之间反复博弈的过程,参与主体和互动关系的多样性决定了转移企业地方嵌入演化过程十分复杂(叶庆祥,2006)。一般而言,转移企业地方嵌入存在从经济嵌入逐渐向技术嵌入、社会嵌入、制度嵌入的发展深化,并呈现"战略链接—战略嵌入—战略耦合"的演进规律(邱国栋,2010)。经济地理学对全球—地方耦合过程的一般认识是从"地理接近"到"关系接近"再到"制度接近",转移企业地方嵌入的演进过程恰好契合了这一基本规律。然而,在具体经济实践中,转移企业地方嵌入也具有较强的"时空情境性"和"权变性"。有学者通过实证研究发现,在"异质性通道网络"作用下,跨国公司在苏州工业园的地方化结网进程表现出了与一般"接近"认识相悖的规律(艾少伟,2011)。中国目前仍是世界上最大的产业转移承接地,如果从更大的时间尺度看,以跨国公司为代表的国际转移企业在中国的地方嵌入还存在明显的阶段演进特点:20世纪90年代以前为试探性嵌入阶段,90年代为集聚性嵌入阶段,进入21世纪后为深度嵌入阶段(邱国栋,2010)。

2.4 转移企业地方嵌入效应

产业转移是资本流和技术流的重要载体，而转移企业地方嵌入可为承接地产业发展提供一扇"区位机会窗口"。国内学者对转移企业地方嵌入效应的积极评价多源于中国东南沿海地区在"第三次产业转移"浪潮中获得的跨越式发展。早期的实证结果显示，1985—1999年中国东部沿海发达地区与西部落后地区之间GDP增长率的差异，大约有90%是由外商直接投资引起的（魏后凯，2002）。中国东部沿海地区的崛起无疑符合"凯恩斯主义"增加投资和"卡尔多学派"扩大出口的论点，然而从GPN视角看，更应该归因于地方生产网络与全球生产网络之间的战略耦合。跨国公司的地方嵌入可推动承接地集群在"全球—地方生产网络"中的结构性嵌入，并使集群实现从"低端发展道路"向"高端发展道路"的跨越（苗长虹，2006）。在GPN视角之外，也有很多研究认为随着转移企业地方嵌入，承接地集群也可嵌入由跨国公司主导的全球价值链，并沿着价值链"微笑曲线"逐步实现产业升级和价值增值。学者们基于东莞PC产业集群（童昕，2001）、上海IC产业集群（文嫮，2005）、苏州工业园（Wei，2013）的研究，都证实了转移企业地方嵌入对承接地产业集群发展的重要意义。另外，转移企业地方嵌入过程中所产生的技术扩散和技术溢出对承接地产业转型升级至关重要，是地方集群实现价值链"微笑曲线"攀升的重要驱动力，这种效应在中国中西部地区表现得尤为显著（罗芊，2016）。学界目前关于转移企业网络角色的研究还相对较少，但有研究认为，领袖型转移企业会成为全球—地方技术流动过程中的"技术守门人"，并通过"技术引进—吸收—扩散—再引进"的模式引领地方集群实现转型升级（Guo，2011；赵建吉，2013）。

与转移企业地方嵌入意愿的主动、被动论争相似，学界对转移企业地方嵌入的区域效应也存在不同认识。中国学者主要从产业承接的实践出发，认为居于价值链高端环节的跨国企业掌握着绝对的"技术权力"和"网络权力"，中国尤其是中西部地区产业集群在与跨国公司的博弈中往往居于弱势位置，如果地方集群不能顺利实现在价值链上的攀升和跃迁，会进一步加深对跨国公司"技术权力"和"网络权力"的依附性，使双方产业级差进一步拉大，使本地集群陷入"贫困竞争"和"比较优势陷阱"（闵成基，

2010)。虽然具有更高技术能力的转移企业可对承接地集群产生技术溢出效应,但如果地方集群的升级行为侵犯了转移企业的"技术权力"和核心利益,不管是产品升级、过程升级、功能升级都会受到转移企业的阻挡和压制(Humphrey,2002;文嫮,2005)。另外,还有部分学者关注转移企业嵌入带来的环境污染问题,认为中国的部分区域正成为国际污染密集型产业的"避难所";在中国内部的产业转移进程中,"污染避难所假说"也能得到实例验证(沈静,2012)。

2.5　述评与展望

转移企业地方嵌入本质是"企业—地域"的相互作用过程,其核心是转移企业通过各种交互活动与承接地企业共建经济联系、技术合作、社会交流等互动网络,并在地方集群嵌入 GVC 和 GPN 过程中发挥桥梁作用。由于转移企业地方嵌入包含了多个行为主体的互动和博弈,并深受转移企业特质和承接地区域条件的影响,因此在经济实践中具有多样化的表现和特征。综合已有理论和实证研究,可形成如下基本认识:

一是转移企业地方嵌入无论在意愿上是"主动"还是"被动",其根本目的均是维护和强化自身竞争力。所谓"主动嵌入"是转移企业为实现自己市场接近、劳动力接近、资源接近的战略目标而同承接地企业进行积极主动的耦合;所谓"被动嵌入"是具有建设"个人俱乐部"倾向的转移企业在制度约束、文化影响下同地方企业进行消极被动的耦合。在世界范围的经济实践中,"被动嵌入"与"主动嵌入"都有存在的基础与可能,但无论是哪种嵌入方式,转移企业地方嵌入的最终目的都是追求更高的收益,都可视为在"企业—地域"关系演化中维护并强化自身竞争力的地理敏感战略。

二是转移企业地方嵌入存在"关系培育—价值链衔接—全球与地方生产网络战略耦合"的演化路径。嵌入初期,转—承双方会通过各种通道或接近机制建立正式或非正式联系;随着经济联系、技术合作进一步加深,转—承双方共同参与构建的区域企业网络不断完善,转移企业得以实现在承接地的关系性嵌入;随着地方资产和全球力量的进一步耦合,承接地集群逐步嵌入 GVC 和 GPN 中,转移企业也将实现在地方生产网络中的结构性嵌入。虽然转移企业地方嵌入过程在具体"时空情境"下也表现出了一定的"权变性",但大部分经济实践都符合该一般规律。

三是转移企业地方嵌入是承接地集群转型升级的"区位机会窗口"。转移企业承载着资本流、技术流和信息流,其地方嵌入可为承接地集群产业升级、技术创新带来难得的机遇。而且,转移企业地方嵌入可引入新鲜的非冗余信息并增强集群的相关多样性,有助于打破传统产业集群过度路径依赖导致的僵化和锁定状态。当然,转移企业地方嵌入所带来的"贫困竞争"风险也不容忽视。

已有研究虽然对转移企业地方嵌入的动因、模式、效应等做了比较全面的分析,但其中仍存在一些问题和不足。比如,缺少转移企业在承接地企业网络中角色的定量分析,忽视地方集群在GVC和GPN中的嵌入,较少关注转移企业经济嵌入、技术嵌入、社会嵌入之间的相互影响。中国正在推动的区际产业转移为中西部地区带来了新的发展机遇,而且也有越来越多的中国企业在"一带一路"倡议引领下正走出国门、走向世界,这些经济实践都为转移企业地方嵌入研究提供了天然"实验场"。在今后的研究中以下四个方面需要进一步加强和深化:

一是要构建一个综合性的分析框架。转移企业地方嵌入是企业关系发展、网络形成、嵌入深化的过程,具有主体众多、尺度综合、关系纷繁、过程复杂的特点。经济地理学、演化经济学、经济社会学、企业管理学等学科都对该问题进行了大量的理论解释和实证研究,但相关研究主要基于自己的学科思想和研究范式,较少有研究综合更多学科的理论工具沿着"关系培育—价值链衔接—全球与地方生产网络战略耦合"的路径进行系统分析。因此,今后研究应融合关系经济地理学、演化经济地理学、经济社会学的一些理论工具,构建以"关系—网络—演化"为主线,以网络—角色、嵌入—耦合、演化—升级为核心要素的综合分析框架。

二是要加强转移企业网络角色和效应的定量研究。在不同的区域或行业,转—承双方互动耦合形成的关系网络会有独特的网络结构,占据不同网络位置的企业会拥有不同的角色和"权力"。由于缺乏转移企业地方嵌入的定量化网络分析,已有研究多设定领袖型转移企业具有更强的技术能力,因而将其视为区域企业网络的核心或"技术守门人"。由于存在转移企业对承接地企业的技术压制现象,所以这种先验性的判断并不一定准确。此外,区域企业网络还可能存在"嵌入性悖论"问题,过度的"嵌入性依赖"

会导致网络封闭和集群衰落（Uzzi，1997；Nell，2012）。在转移企业地方嵌入过程中是否存在"嵌入性悖论"现象，领袖型转移企业是否一定能成为区域企业网络中的"技术守门人"，这些问题还有待通过深入的定量研究来解答。

三是要加强转移企业经济嵌入、技术嵌入、社会嵌入等不同嵌入形式的相互影响研究。已有研究通常把"经济嵌入—技术嵌入—社会嵌入"视为转移企业地方嵌入的一般渐进过程，但"逆向"进程的存在说明几种嵌入形式间具有复杂的相互依存关系。从已有的经济实践和实证研究看，转移企业在承接地良好的社会嵌入会促进其经济嵌入，产业前后向联系又会强化知识流动并加深技术嵌入（Ahuja，2000；毛广雄，2010；谭文柱，2012）。由此可见，转移企业在承接地的三种嵌入形式密切关联，但三种嵌入过程是否同步，三者有什么相互影响，转移企业在三种网络中的位置和角色是否一致，这些问题还需借助于网络分析手段进行更加深入的探讨。

四是要加强转移企业与承接地集群的"双向嵌入"研究。转移企业地方嵌入本质上是与承接地集群的互动耦合过程，随着转移企业地方嵌入程度不断加深，承接地集群也可以通过关系培育、价值链衔接、生产网络构建积极嵌入 GVC 和 GPN 中。因此，转移企业在承接地的嵌入更应该被视为转移企业地方嵌入、承接地集群全球生产网络嵌入的"双向嵌入"过程。目前，一方面中国的区际产业转移方兴未艾，另一方面中国对外直接投资（Outward Foreign Direct Investment，OFDI）规模迅速扩大。今后，学界要不断加强转移企业与承接地集群的"双向嵌入"研究，既为中西部地区承接产业转移提供决策参考，也为中国企业"走出去"进行理论探索。

第 3 章

产业转移技术溢出效应进展与展望

第 3 章 产业转移技术溢出效应进展与展望

产业转移不仅是国际资本流的重要渠道,同时也是国际技术流的重要载体。产业转移所蕴含的先进技术、管理经验等无形资产通过各种形式的非自愿性扩散,可产生一种既能促进承接地企业技术进步,而转移企业又无法收回全部收益的经济现象,这种现象被称作产业转移的技术溢出(江心英,2006;盛垒,2009)。自 20 世纪 60 年代国际产业转移初露端倪以来,学界对产业转移技术溢出问题进行了大量研究,形成了不少理论观点。多数研究认为,产业转移技术溢出可以推动承接地企业的知识学习和技术进步,为承接地产业转型升级、经济快速增长打开"区位机会窗口"(Chuang,1999;Yeung,2007;Suyanto,2013)。也有研究发现,产业转移的技术溢出效应并不确定,而是取决于许多产业内外、区域内外的影响因素(Haddad,1993;Kokko,1996;Hardy,1998;Lowe,1999;何兴强,2014;谢建国,2014)。进入 21 世纪后,中国开始出现一轮自东向西的国内产业转移。目前,学界就国内产业转移技术溢出效应的研究还相对较少,大部分研究证实国内产业转移对中西部地区具有正向的技术溢出效应,承接地的经济发展水平、人力资本水平、自主创新水平、金融发展水平等形成了产业转移技术溢出的"门槛"(李伟庆,2011;关爱萍,2013,2014;马永红,2015);但也有研究认为,国内产业转移虽然促进了承接地的经济发展,却对其技术进步产生了负面影响(蔡绍沈,2013)。那么产业转移技术溢出是一种或有(Contingent)效应吗?技术溢出过程中的决定性因素是什么?带着这些问题,笔者梳理了产业转移技术溢出研究的演进脉络,总结了近年学界对产业转移技术溢出效应的论争,并基于技术、供体、受体、流通网络、距离、外部环境等影响因素对上述论争进行解释,最后还做了简要的述评和展望。

3.1 产业转移技术溢出研究的演进

产业转移技术溢出研究可以追溯至 20 世纪 50 年代，随着战后国际政治、经济格局的重大变化，欧美地区发达国家将纺织、钢铁等传统劳动和资源密集型产业向日本和西德等后发国家转移，虽然在"凯恩斯主义"影响下学界更关注产业转移增加投资的作用，但国际产业转移对东道国的技术拉动作用已经引起了学者们的注意。MacDougall(1960)在分析外商直接投资(FDI)一般福利效应时，提出 FDI 可以提高东道国劳动的边际产出，首次将技术溢出作为 FDI 的一种重要效应。

20 世纪六七十年代，日本、联邦德国等将劳动和资源密集型产业转移到新兴工业化国家和地区，自己则转向精密机械加工等技术密集型产业。这一时期，产业转移带来的技术拉动作用日益凸显，学界也愈加关注技术本身对区域发展的意义，产生了诸如"小的是美好的"等观点。在这种趋势影响下，学者们对产业转移技术溢出的原因、效应、机理进行了大量的理论和实证研究。Caves(1974)按照技术扩散对企业的不同影响，首次比较系统地将技术扩散的外在性分为改善资源配置、提高技术效率、加快技术扩散等三类。该分类方法为技术溢出效应研究理论框架奠定了基础。随后学者们沿着 Caves 的思路，进一步扩展了产业转移技术溢出的基本理论，形成了基于示范与竞争的技术溢出理论(Findlay，1978；Das，1987)、基于产业链的知识溢出理论(Lall，1980)、基于人力资本流动的技术溢出理论(Bradburd，1982)。

20 世纪 80 年代以来，美国、日本、欧洲等国家和地区将重化工和消费类电子等产业大量转移到发展中国家，促使部分亚洲新兴经济体及中国东部沿海地区经济繁荣。这一时期学界已开始广泛关注企业在价值链"微笑曲线"不同位置上的价值增值潜能，关注"技术权力"在价值链治理中的重要作用。为了充分挖掘产业转移技术溢出对承接地技术升级的作用，学者们遵循产业组织理论研究范式，进一步拓展了产业转移技术溢出研究的内容和方法，逐步形成了以溢出为前提的厂商理论(Wang，1992)、基于博弈论的溢出分析(Kapur，1995)、策略联盟的溢出分析(Hagedoorn，1995)、基于"干中学"理论的溢出分析(Parente，1994)、跨国组织知识溢出分析

(Buzzacchi, 1995)。

进入 21 世纪后，随着国际产业转移大量进入发展中国家，以及中国内部自东向西的产业转移现象，国内外学者更多基于已有理论对产业转移技术溢出的效应和影响因素进行实证分析。虽然不少研究肯定了产业转移技术溢出对承接地的福利效应（Yeung，2007；Suyanto，2013），但也有不少研究认为产业转移技术溢出效应深受转移企业母国因素、转移企业自身因素、承接地区位条件等诸多因素的影响，并不是一种必然的经济现象（Lowe，1999；Giuliani，2008；Morrison，2008）。中国学者开始关注国内产业转移对中西部地区的技术溢出问题，多数研究证实国内产业转移对中西部地区存在显著的技术溢出效应（李伟庆，2011；关爱萍，2013，2014），但也有研究持相反的观点（蔡绍洪，2013）；学者们对国内产业转移技术溢出影响因素的认识也不一致，不过多数研究都认为双方技术差距、承接地经济发展水平、人力资本存量、R&D 水平、金融发展水平、产业集聚度等会影响国内产业转移技术溢出。

3.2 产业转移技术溢出效应的论争

随着产业转移技术溢出研究日益增多，学术界对技术溢出效应的认识存在迥然不同的两种观点：一种是"正效应"，源于对发达国家或地区向不发达国家或地区产生正向知识传递的观察；另一种是"负效应"，源于对技术溢出障碍因素尤其是转移企业技术溢出意愿的认知。需要说明的是，产业转移作为一种全球产业结构调整现象，不仅包含先发国家（地区）向后发国家（地区）的正向产业转移，同时也包含相关产业从世界范围向"硅谷"等全球生产、研发中心的逆向汇集，这里关注的产业转移技术溢出现象仅限于沿着由高到低技术梯度的正向转移。

3.2.1 产业转移技术溢出具有显著正效应

产业转移本质上是经济全球化背景下世界产业布局改变而导致的全球产业结构调整（赵建吉，2014）。早期研究一般认为产业转移的动因是发达国家和地区为了生产更具比较优势的产品，而将成熟的或丧失比较优势的产业转移至后发国家或区域。雁行模式理论、产品生命周期理论、边际产业扩张理论、劳动密集型产业转移理论、梯度推移理论均在不同程度上认为产业转出区、承接区之间存在技术梯度，技术逐渐从先发区域向传统技术区域溢出。基于上述理解，转移企业相对于承接地企业往往具有更高的技术和管理水平，在双方交互过程中，技术和知识会通过各种渠道向承接地企业扩散，并提高承接地企业或产业集群的技术能力和创新水平（Jindra，2009）。

从世界范围看，关于中国台湾（Chuang，1999）、印度尼西亚（Suyanto，2013）的诸多研究证实，国际产业转移技术溢出已成为承接地尤其是发展中国家或转型经济体技术进步、经济发展的关键因素。20世纪80年代，中国香港和中国台湾、新加坡、韩国承接了大量来自美国、日本、欧洲的消费类电子产业，"亚洲四小龙"的电子企业逐步从全球技术跟随者发展成为行业领导者，而产业转移技术溢出是其背后不可或缺的推动力量（Yeung，2007）。1979年以来，沃尔沃先后在巴西、中国、印度、墨西哥投资建厂，企业层面数据证实沃尔沃的技术溢出对四国相关配套企业技术进步产生了不同程度的促进作用（Ivarsson，2005）。

改革开放以来，基于"以市场换技术"战略，中国东部沿海地区开始大量承接国际产业转移，产业转移技术溢出显著推动了这些地区的技术进步和经济发展（李小建，1999）。1985—1999年，中国东部发达地区与西部地区之间GDP增长率的差异大约有90%是由FDI引起的，因此有学者认为FDI是解释中国东部地区经济增长奇迹的最重要变量（魏后凯，2002）。顾保国（2005）、童昕（2006）、谢建国（2006）、王英（2008）、艾少伟（2009，2011）的研究也都证实了产业转移技术溢出对中国相关区域和产业的技术拉动作用。有学者对中国汽车制造业承接国际产业转移的研究发现，FDI的技术溢出效应不仅局限在产业内，而且通过上下游联系传递到了其他相关产业。针对国内产业转移现象，学者们对中西部地区11个省市（关爱萍，2014）、甘肃省（关爱萍，2013，2014）、安徽省（李伟庆，2011）的分析，均证实了国内产业转移对中西部地区存在显著的技术溢出效应。

3.2.2　产业转移技术溢出效应不显著或呈现负效应

产业转移本质上是全球产业结构调整，转移企业在进入承接地初期会依靠技术优势、规模优势、渠道优势迅速抢占承接地市场,而且转移企业会通过加强产业竞争、弱化关联效应、争夺研发资源等对承接地技术创新系统施加负面影响,从而弱化承接地企业创新动机,动摇其创新支持系统,最终导致承接地企业技术创新受到抑制,学界将这种现象称为产业转移的"挤出效应"(Haddad,1993;李钧,2009;刘灿辉,2012;季颖颖,2014)。同时,转移企业普遍存在建设"个人俱乐部"倾向,那些"被动嵌入"(Obliged Embeddedness)的转移企业会减少同承接地企业的各种联系,并尽量控制对承接地的技术溢出(刘卫东,2003;Liu,2006)。另外,产业转移初期技术溢出虽然会给承接地带来技术升级效应,但也会弱化承接地自主技术研发的需求,久而久之可能使承接地产业形成对外来技术溢出的严重依赖,进而陷入普雷维什"核心—外围理论"中描述的"低端技术陷阱"。

在实证研究方面,学者们发现中欧、东欧、北美地区存在大量"沙漠中的教堂"和"边境生产"现象,转移企业与承接地企业的各种联系都比较弱,基本不存在技术溢出现象(Hardy,1998;Lowe,1999),而产业转移对摩洛哥、乌拉圭、土耳其等国家的生产力甚至产生了不同程度的负面影响(Haddad,1993;Kokko,1996;Aslanoğlu,2000)。Giuliani(2008)发现位于哥斯达黎加的跨国公司子公司并不愿意向地方企业传递知识,虽然他们已经同地方企业建立了后向联系,但绝大多数的知识传递都发生在跨国公司子公司之间。Morrison(2008)指出意大利家具产业区中转移企业与外部知识资源接触很多,但与地方企业间的联系仅仅局限于普通信息的非正式交换。Chew(2001)分析了新加坡中小企业与落户本地的跨国公司子公司之间的技术传递,发现存在地方中小企业向跨国公司传递专门知识的现象,这种反向传递(Reverse Transfer)挑战了传统意义上转移企业向承接地企业进行技术溢出的观点。

部分中国学者对产业转移技术溢出效应很不乐观,他们认为以跨国公司为代表的转移企业进入中国后控制着关键生产环节和技术。虽然中国的全要素生产率有所提高,其原因是大量具有生产率优势的 FDI 带来的总量增长,而不是产业转移技术溢出导致的内生增长能力提升;而且与跨国公司"技术权力"和"网络权力"的巨大差异将会弱化中国企业的 R&D 动机和能力,容易造成品牌丧失、自主研发能力减退等问题(陈卓淳,2007)。

Sun(2011)、Wei(2013)分析了国际ICT产业转移对中国本土企业技术创新的影响，发现外资企业最初主要受中国低成本要素吸引，其与中国企业的前后向联系可以理解为"被动嵌入"，因此对本土企业的技术溢出效应十分有限。Chen(2004)分析了台湾IT企业跨海峡研发对大陆企业的技术扩散，发现在全球IT产业创新微笑曲线上大陆企业依然处于最低端，并没有充分享受到技术溢出的红利。蔡之兵(2012)对长三角制造业的实证研究发现，FDI对非国有制企业的挤出效应非常显著；季颖颖(2014)对中国通信设备、计算机和其他电子设备制造业的研究也发现了类似现象，同时他们发现FDI的技术溢出效应随时间推移而呈扁"S"曲线，在FDI进入的初期和后期主要表现为不同程度的挤出效应。而且，掌控着核心技术的全球领先企业会努力维护自己的"技术权力"，一旦承接地企业技术升级行为威胁到其核心竞争力，他们往往会采用"上楼抽梯"的策略来抑制或破坏承接地企业的技术升级(文嫮，2005；周扬波，2012)。此外，有研究对中国内资工业部门生产率、技术效率和技术进步进行了测算，发现国内高科技行业不仅没能吸收外资先进技术，反而因为人才流失等原因呈现显著的逆向技术扩散(张海洋，2005)。

3.3 产业转移技术溢出影响因素

技术溢出本质上是技术在供体、渠道、受体之间流动的过程，涉及多个行为主体，包括多种不同的路径和方式，在分析其发生机理时不能简单从经济系统和技术系统入手，还要从社会背景、政治制度、文化传统、尺度特征、空间结构等多重角度考量(王志伟，2002；许学强，2002)。厘清相关影响因素及其作用机理，对深入分析产业转移技术溢出现象，调和当前关于产业转移技术溢出效应的论争很有帮助。

3.3.1 技术本身

目前对产业转移技术溢出的研究，很少关注技术本身的种类、难度和发展阶段。事实上，技术本身存在很强的异质性，不同技术的开发难度和蕴含价值千差万别，高难度技术溢出过程往往比低难度技术缓慢。如在个人PC生产中，CPU、主板、光驱和机箱之间就存在明显的研发难度阶梯，

CPU 生产技术最复杂且其扩散速度也最慢,因此目前世界上 CPU 研发、生产巨头还只有 INTEL 和 AMD。技术和知识的形式对其溢出速度也有影响,学界通常将知识分解为编码知识和缄默知识,编码知识更容易传播和扩散,而缄默知识则需要一定的地理接近和地方情景或者关系接近和实践社区(苗长虹,2007)。如果想加快技术溢出速度,领先企业会将知识进行编码,如果为了避免技术被竞争对手获取,领先企业可以通过增加缄默知识比例以控制溢出速度(Albino,1999)。技术溢出的不同阶段其速度也会有明显不同,英国学者曾于 20 世纪 80 年代提出技术传染模型理论,认为技术溢出类似于流行病传播,存在由慢到快再到慢的阶段性特征(曾刚,2002)。实证研究中,不同案例区的主要技术种类和层次千差万别,技术难度过高、编码水平较低都会影响产业转移技术溢出效应。

3.3.2 技术供体

转移企业技术溢出的可能性与其动机和行为息息相关,因此不同转移企业的技术溢出表现也存在显著差异(Marin,2006)。20 世纪 90 年代以后,产品内分工导致全球价值链开始呈现环节片段化和空间离散化,产业转移的主体变成了某一产业或产品的特殊生产环节或工序,亦即转移企业可能属于技术、生产、市场等某个功能单元;另外,企业内分工决定了企业所有权安排和治理结构,不同企业组织如跨国公司的地区总部、区域性公司和地方性公司的"网络权力"和"技术权力"也有很大差异。因此,在日益深化的产品内分工和企业内分工背景下,转移企业的功能和权力属性存在很大差异,而这些差异会导致它们产生不同的技术溢出表现。当转移企业具有较强的自治权、主动性和技术能力时会产生明显的技术溢出效应,而转移企业在母公司的技术嵌入深度与其在承接地的技术溢出效应呈负相关关系(Hatani,2009;Jindra,2009)。转移企业的其他特征如市场指向性、进入模式、股权构成也是其技术溢出的重要影响因素(Javorcik,2004)。转移企业的来源地尤其是跨国公司的母国归属对其技术溢出行为也会产生显著影响(Zhang,2010)。如欧美企业文化强调个人主义、理性主义和平等观念,而日本企业则强调集体主义、感性主义和等级观念,因此中国本土企业进入欧美企业网络的难度与稳定性要弱于后者,虽然日本企业对中国本土企业的技术溢出相对频繁,但却仅限于"封闭的供应商网络"范围(姜海宁,2013)。与此类似,Choi(2011)通过对进入中国的548家外资企业进行分析,发现企业归属国情况对其技术溢出表现有积极但是滞后的影响。在经济实践中,不同的转移企业会有不同的战略动机、技术能力、管理模式,因此其对承接地企业产生技术溢出的可能性也会存在显著差异。

3.3.3 技术受体

产业转移技术溢出效应也深受承接地企业特点尤其是技术吸收能力的影响。已有研究普遍认为承接地企业的技术吸收能力在很大程度上决定着产业转移技术溢出效果,地方企业吸收能力越强则产业转移技术溢出的贡献越大(Tsai,2001;Jindra,2009;Saliola,2009;Damijan,2012)。Liu(2007)利用面板数据就国际产业转移对中国高新技术产业技术创新表现的影响进行了实证研究,认为只有当地方企业的吸收能力被考虑在内时,转移企业在东道国的R&D活动才会显著影响地方企业的创新表现。曾刚(2006)对上海张江高科技园区的研究发现,自1999年"聚焦张江"政策实施以来,张江新区的技术势能日渐提升,而这种提升又有效地促进了园区引进、消化、吸收新技术并实现自主创新的能力。企业技术吸收能力主要取决于其先验知识、人力资本、研发投入、学习强度、组织结构等,关爱萍、李娜(2014)从承接地吸收能力角度出发,提出中国中西部地区的经济发展水平、人力资本水平、金融发展水平等对国内产业转移技术溢出存在门槛效应。R&D活动是提高企业技术吸收能力的决定因素,Griffith(2004)以R&D支出代表地方企业的技术吸收能力对OECD国家进行研究,证实R&D对后发区域的技术追赶和创新非常重要。地方企业人力资本情况也会形成门槛效应(Threshold Effect),有研究认为中国东部省区企业整体技术吸收能力较强,而西部省区尚未跨过人力资本门槛(盛垒,2009)。除了吸收能力外,承接地企业的规模水平、地理位置、开放程度等对转移企业技术溢出效果也会产生不同程度的影响(Wei,2012)。由此可见,承接地企业属性特别是技术吸收能力是决定产业转移技术溢出效应的关键,这也是不少东欧、南美、非洲产业区的实证研究没有发现产业转移技术溢出效应的原因之一。

3.3.4 技术流通网络

已有研究普遍认为产业转移技术溢出路径主要包括示范模仿、产业竞争、前后向联系、人力资本流动等(Kokko, 1994);也有研究据此将产业转移技术溢出渠道分为行业内技术溢出和行业间技术溢出(杨晓静, 2013)。如果从通道视角看,以上路径或渠道必须依赖企业间的经济联系、技术合作和社会交流,这三种企业联系实质上形成了产业转移技术溢出的通道,而这些通道与企业所代表的节点共同构成了技术流通网络,技术流通网络的通道类型、连通能力、结构特征均对产业转移技术溢出效应具有重要影响。经济联系是一种最为常见的技术溢出通道,诸多研究证实转移企业后向联系对其技术溢出有明显的正向影响(Sun, 2011; Patibandla, 2002)。Ivarsson(2005)通过对沃尔沃及其389个分布于巴西、中国、印度、墨西哥的零件供应商的分析,提出转移企业向承接地企业产生技术溢出很大程度上取决于日常生产中建立起来的产业联系;由于沃尔沃同中国地方企业的产业联系强度最高,所以中国70%的企业都从与沃尔沃的联系中获益,而巴西是53%,印度是33%,墨西哥是10%。技术合作通道一般包括技术援助、共同研发、技术联盟等形式,其发育情况直接影响产业转移技术溢出效率。社会交流对技术溢出的作用正逐步成为学界研究的热点,有国外学者就丹麦北部无线电通信产业集群的研究发现,非正式接触确实能给工程师们的技术创新带来帮助(Dahl, 2004)。在中国的社会环境和文化背景下,以信任、承诺为基础的社会交流对FDI技术溢出的影响更加显著,投资中国的FDI甚至将关系作为一种重要的社会资本,认为关系也是知识传递的桥梁(Buckley, 2006; Ramasamy, 2006)。可见,经济、技术、社会交流构成了企业间的技术流通网络,而技术流通网络是产业转移技术溢出的基础和载体,已有实证研究发现产业转移中存在大量"沙漠中的教堂""飞地经济"现象,在这些案例中产业转移技术溢出效应自然会大打折扣。此外,技术流通网络的结构特征、转移企业在网络中的位置、角色对技术溢出的效应也有显著影响(Gilsing, 2008; Gilsing, 2008)。

3.3.5 距离因素

技术溢出过程符合距离衰减定律,地理距离中的国界效应对技术溢出更具有显著的影响(Fischer,2005)。国外学者通过实证研究发现区域 R&D 活动技术外溢的空间范围有限,一般主要位于技术来源地周边 300 公里范围之内(Bottazzi,2003)。企业间适度的技术距离也是产生技术溢出的关键,两个地理距离很近却毫不相关的企业间很难发生技术溢出,如一个服装加工厂和一个 ICT 企业即使距离再近也很难有技术的交流和溢出,因此技术溢出只有在技术距离不太大的企业间才会发生(Hatani,2009)。关爱萍(2013)就甘肃省承接东部地区产业转移的实证研究发现,技术差距对转移企业技术溢出具有显著的抑制作用。马永红(2015)基于区际产业转移与承接地创新系统耦合视角提出,技术距离对产业转移技术溢出的影响机制比较复杂,当技术距离超过一定范围后会对产业转移技术溢出及承接地创新发展造成不利影响。部分学者认为,虽然过大的地理和技术距离会削弱技术溢出效应,但过于邻近也会对技术溢出带来消极影响,企业间的邻近水平和创新表现间存在着一条"钟形关系曲线"(Uzzi,1997;Boschma,2005;Callois,2008)。由于企业间的技术距离一定程度上反映了技术流通网络的专业化和多样化程度,溢出过程对适度技术距离的依赖,意味着单纯的多样化或专业化都很难提高技术溢出效率,只有相关多样的地方专业化(Local Specialization in Related Variety)才能引致高效的技术溢出(Boschma,2005;Boschma,2009;Wal,2009)。事实上,理想的技术流通网络应该具有小世界网络特征,亦即转移企业和承接地企业间具有适度的地理距离和技术距离,二者间建立适度稠密的交流联系,同时转移企业作为对外联络的"桥头堡",能够及时为承接地集群带来新鲜而非冗余的信息(Watts,1998;Fleming,2007)。

3.3.6 外部社会环境

"学习场"理论认为多样化的异质行动者的学习过程要以"场域"为基石,以"惯习"为中介,其中"场域"是包括制度、文化、社会结构等在内的社会关系或网络系统,而"惯习"是制度、文化等"场域"形成并维持的认知基础(Miao,2007;苗长虹,2009)。产业转移技术溢出作为一种被社会所定位的复杂经济现象,其过程和效应也深受承接地社会环境的影响。承接地政府行为及制度环境对产业转移技术溢出影响最为显著,中国政府对汽车产业 FDI 地方化率的强制性要求,有力地促进了 FDI 与中国汽车企业的经济和技术交流,强化了汽车业 FDI 的技术溢出效应(Depner, 2005; Liu, 2006);而 ICT 产业则没有相似的要求,苏州和东莞虽然承接了大量的国际 ICT 产业转移,但由于技术、结构、空间和制度方面的错位限制了知识交换通道的建立,当地的 ICT 企业只从国际产业转移技术溢出中获得了有限的好处(Wei, 2011, 2012)。承接地独特的社会文化环境对转移企业技术溢出也会产生潜移默化的影响,例如外资企业对中国国情的理解和运用也在一定程度上决定了它们技术溢出的效能(Buckley, 2006)。因此,产业转移技术溢出不仅依赖转移企业与承接地企业间的地理邻近,而且依赖关系邻近和制度邻近;不仅依赖转移企业在承接地的地域嵌入,而且依赖社会嵌入和网络嵌入。实证研究中不同案例区的制度、文化可能迥然不同,而且即使其他要素条件都比较相似,但在不同的环境条件下也可能产生不同的技术溢出效应。

3.4 述评与展望

基于以上分析,产业转移技术溢出具有很强的时空情景性和权变性,技术、空间与行为主体的异质性决定了产业转移技术溢出并非一种必然的经济现象,而是一种深受产业特征、区域条件、外部环境影响的或有效应(见图 3-1)。技术难度与溢出效应呈负相关关系,技术编码水平与溢出效应呈正相关关系。转移企业与承接地企业间的经济联系、技术合作、社会交流构成了技术溢出的通道和网络,密切的经济联系是产生技术溢出的基础,高层次的技术合作和社会交流可以进一步提高溢出效率,"沙漠中的教堂"式的转移企业几乎不会对承接地企业产生技术溢出。承接地的制度环境、文化背景、社会结构共同构成了技术溢出和技术学习的"场域",结构、空间、制度等方面的错位会对技术溢出产生抑制。承接地企业技术吸收能力是决定技术溢出效应的关键,转移企业、承接地企业的技术距离与技术溢出效应间存在"钟形关系曲线",相关多样的地方专业化才能提高技术溢出效率。转移企业的战略指向、"技术权力"、自治水平对技术溢出影响很大，转移企业为了维护自己的"技术权力"而采取的技术封锁或技术隔离措施会在很大程度上阻止技术溢出。

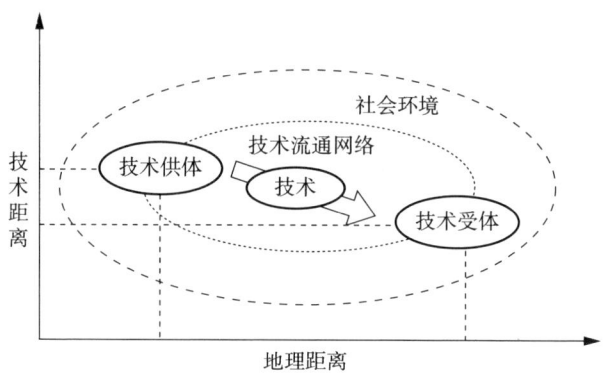

图 3-1　产业转移技术溢出影响因素

目前，常见的产业转移技术溢出定量研究方法有两种：一是首先测度承接地全要素生产率，再根据产业转移与全要素生产率的计量检验，分析产业转移在承接地的技术溢出效应（何兴强，2014；谢建国，2014）；二是利用知识生产函数，选择专利申请量、新产品研发量等作为技术创新代理变量，通过回归分析得到产业转移对承接地技术创新的影响（李伟庆，2011；于娜，2014）。已有研究之所以对产业转移技术溢出效应存在论争，一是因为不同实证研究案例区所具有的因素条件存在显著差异；二是部分研究没有充分考虑产业内外、区域内外相关因素的影响。今后进行产业转移技术溢出研究要充分考虑案例区特质并设定严格的约束条件。

在经济全球化和区域经济一体化背景下，产业转移正在不断重塑世界经济、技术格局。中国目前正在进行的"第四次产业转移"为中西部地区企业进行技术学习和技术赶超提供了"机会窗口"，也为产业转移技术溢出研究提供了天然"实践场"。今后研究中要重点关注以下五个方面：

一是重视产业转移技术溢出或有性研究。既要重视转移企业的"技术权力"和技术溢出，又不能简单地把转移企业视为地方集群技术网络的"桥头堡"或"守门人"，把产业转移技术溢出视为地方集群转型升级的绝对动力。强化产业转移技术溢出效应或有性研究，要重点分析转移企业在承接地技术网络中的位置和角色，发现技术流通网络、区域制度环境、地方技术吸收能力等对产业转移技术溢出影响的内在机理。

二是加强技术流通网络研究。已有研究普遍认为产业转移技术溢出路径主要包括示范模仿、产业竞争、前后向联系、人力资本流动等。如果从通道视角看，以上路径形式所依赖的经济联系、技术合作、社会交流实质上构成了产业转移技术溢出的通道，而这些通道与企业所代表的节点共同构成了技术流通网络。在产业转移技术溢出的实证研究中，要重点分析该网络的结构特征是什么？转移企业与承接地企业在网络中的位置和角色是什么？技术在三种通道中流动的过程和特征是什么？弄清这些问题对分析产业转移技术溢出的路径和机理很有帮助。

三是重点厘清距离因素的影响。企业邻近水平和创新表现间存在"钟形关系曲线"的观点与 Granovetter 的弱联系 (Weak Tie) 理论有相似之处，二者都认为过于迫近的地理距离、过于密切的技术联系会导致企业间出现认知锁定。事实上，由于地方集群是承接产业转移的主要载体，转移企业与地方企业的各种互动行为一般都发生在集群内部。那么，在这样的空间尺度上，地理距离是否会对技术溢出产生重要影响；而且在不同的产业类型和技术类型中，技术距离是否具有相同的影响规律，理想的技术距离又该如何界定。此外，转移企业与承接地企业在价值观念、文化传统、组织形式等方面可能存在不同程度的差异，我们权且称之为"社会距离"，那么"社会距离"对产业转移技术溢出效应又会产生怎样的影响。这些问题都有待在理论和实证方面得到进一步的探析。

四是深入分析转移企业控制技术溢出的过程和机制。产业转移技术溢出不仅受诸多客观因素的影响，而且转移企业为了维护自己的"技术权力"，还会主动对技术溢出进行控制和干预。有研究证实，一旦地方企业技术升级触犯转移企业的优势和权力，转移企业就会采取一定的技术封锁或压制措施，技术溢出的过程也将随之终止。目前很多中国地方企业还属于全球领先技术的跟随者，还需要依靠产业转移技术溢出红利来提高自己的学习创新能力。因此，深入分析转移企业控制技术溢出的过程和机制，探讨地方企业高位嵌入全球价值链和全球技术网络的路径和模式，对中国企业突破技术封锁、实现技术升级很有帮助。

五是认真辨析国际、国内产业转移技术溢出机制的差异。已有产业转移技术溢出研究多集中在以 FDI 为代表的国际产业转移上，对国内产业转移技术溢出的理论和实证研究尚比较鲜见。从已有研究成果看，国际产业转移与国内产业转移技术溢出机制既存在较强的相似性，又具有一定差异性。目前，广大中西部地区普遍把国内产业转移视为技术升级和区域发展的重要契机。因此，开展国际产业转移与国内产业转移技术溢出机制的对比研究，认真辨析二者在技术溢出路径、效应、影响因素等方面的异同，对广大中西部地区制定科学合理的产业承接政策，最大限度吸收国内产业转移技术溢出红利，缩小与东部地区的技术差距大有裨益。

第 4 章

理论分析框架

第 4 章 理论分析框架

本书要解决的核心问题是"如何促进转移企业与承接地企业互动耦合并推动承接地产业集群转型升级",其中涉及转移企业地方嵌入、本地企业全球嵌入、企业网络演化、地方集群升级等诸多研究内容,需要吸收产业区理论、生产网络理论、嵌入理论的核心思想,构建一个包含更多理论工具的综合性分析框架。

4.1 理论基础与核心问题的理论透视

4.1.1 地方集群是转移企业与承接地企业交互耦合的"土壤"

1890 年,Marshall 基于对英国部分地区工业生产地理集聚现象的分析,在《经济学原理》中创造性地提出了"产业区"(Industrial District)概念,认为在某一区域中大量中小企业的聚集可以带来外部规模经济,使该区域获得和大型企业相应的经济优势。类似区域具有四个主要特点:一是大量企业在产业区中聚集;二是深度的专业化分工提高了劳动生产率;三是区域内部存在浓厚的"创新的空气";四是地方社会认同和企业家精神在区域发展中起到了重要作用。进入 20 世纪后,随着福特制大生产在全球兴起,大企业成为区域或国家经济发展的中心,马歇尔式产业区的意义日渐式微(苗长虹,2004)。

20 世纪 70 年代,"第三意大利"的兴起重新引起了人们对马歇尔式产业区概念的关注。"第三意大利"式的发展具有弹性专业化和集聚经济特征,同时包含了高密度地方网络、地方创新和学习、小企业的形成和集聚等(Scott,1988;Staber,2001)。对"第三意大利"现象的讨论有力推动了产业区研究的复兴,并形成了新产业空间(New Industrial Space)、非贸易性依赖(Untraded Interdependence)、创新环境(Innovative Milieu)、区域创新系统(Regional Systems of Innovation)、学习区域(Learning Regions)等概念

(Storper，1997；Scott，1988；Porter，2000）。随着研究进一步深入，学者们发现纯粹的"第三意大利"式或马歇尔式产业区概念并不能解释很多区域的经济发展现象，并逐步将传统的产业区概念分成四种类型：马歇尔式产业区(Marshallian Industrial District)、轴辐结构区域(Hub-Spoke District)、卫星平台区域(Satellite Platform District)、国家掌控区域(State-Anchored District)(Markusen，1996）。还有人提出了新马歇尔产业区(Neo-MIDs)(Amin，1992)和卫星式马歇尔产业区(Satellite-MIDs)(Coe，2001）。产业区理论的复兴为解释众多中小型产业集群的形成和发展提供了很好的理论工具，福建晋江制鞋业集群、浙江永康保温杯集群、桥头镇纽扣集群、织里镇纺织集群、河南商丘虞城县南庄村钢卷尺集群、河南商丘民权县王公庄绘画集群等在发展的初期都比较符合马歇尔式产业区特征。改革开放以后，"温州模式"成为中国区域经济发展的一种代表性模式，虽然目前温州的发展也深受经济全球化影响，但在其发展道路上却不难看出马歇尔式产业区的影子(Wei，2007）。

曾经学界质疑甚至批判产业区理论仅关注地方制度和网络而忽略了全球化影响以及大公司的作用(Coe，2001；Hadjimichalis，2006）。比如，"第三意大利"产业区作为小规模弹性专业化生产的符号，正在受到全球环境的挑战(Amin，1992）。在中国，浙江永康保温杯集群、桥头镇纽扣集群等正统马歇尔式产业区也都遇到了发展的瓶颈，对社会资本的高度依赖、过于密集的内部联系、技术的相互模仿和抄袭使集群逐步失去了学习创新活力，并逐步导致功能锁定和认知锁定。解决僵化和锁定的策略就是对产业区进行一系列的重组，包括：技术和产业的本地创新，提高异质性和多样化，促进外部产业移入，分化至相关产业，升级现有产业等(Dunford，2006；Martin，2006）。20世纪80年代以后，温州地方产业集群也面临着代际锁定、关系锁定、结构锁定的风险；随后，温州地方企业群先后经历了两轮主要的重组过程，通过制度变化、技术升级、产业分化、空间重组等具体形式，温州的发展模式开始呈现革新的制度支持、新兴的大企业和产业集群、不断拓展的外部网络等全新特征。正统的马歇尔式产业区概念已经不能很好地概括新"温州模式"，新马歇尔产业区概念相较而言更加适合(Wei，2007)

本书主要关注转移企业与中西部地区本地企业的互动问题，拟选择河南省民权制冷产业集群为典型案例区，该集群规模不大，内部企业主要围绕冰箱、冷柜等制冷家电生产形成了细致的内部分工和较好的产业网络，具有深厚的学习、创新、创业土壤，因此民权制冷产业集群在一定程度上具备马歇尔式产业区特征。马歇尔产业区理论对理解转移企业与承接地企业交互行为具有以下启示：

(1)要关注地理邻近对双方产业联系的影响。转移企业进入承接地首先实现了与当地企业的地理接近，如果出于降低交易成本需要它们应该同本地企业建立密切的产业前后联系，而在世界的经济实践中却存在大量"沙漠中的教堂"和"飞地经济"现象(Hardy，1998；Lowe，1999；项后军，2004；Wei，2012，2013)。因此，如果案例区内转移企业与承接地企业间形成了有效的产业联系，则要分析地理邻近在此过程中的作用是什么；如果二者没有形成有效的产业联系，则要分析导致地理邻近失效的原因是什么。

(2)要关注技术距离对双方技术联系的影响，关注区域"创新空气"对转移企业技术溢出、地方企业学习创新的作用。转移企业与承接地企业可能位于产业链的不同位置，技术距离对形成双方的技术联系具有重要影响，已有研究认为只有适度的技术距离才能增强双方的技术联系(Boschma，2005；Boschma，2007；Ter Wal，2009)；对本案例区的研究要重点分析双方技术距离对技术联系网络、转移企业技术溢出、地方企业技术学习的影响。

(3)要关注社会资本、地方认同对双方交互活动的影响。民权制冷产业曾经有比较辉煌的历史，不少地方企业主都具有血缘、亲缘、学缘关系，很多转移企业也都与历史上的民权制冷业有着千丝万缕的联系，可以说在"显性"的经济、技术联系之外还有一张"隐性"的社会联系网络。因此，案例研究中要高度重视社会资本、地方认同对经济、技术交互行为的影响，重视社会距离、地理距离、技术距离的协同作用。

(4)要关注企业网络是否有僵化和锁定的风险。传统马歇尔产业区往往会因为联系过密、学习失效而导致网络的僵化和锁定，研究中除了要关注转移企业、地方企业间的关系培育和网络构建，还要分析是否存在因嵌入过度而导致嵌入性依赖、网络失衡、信息失效与集群创新能力退化的风险。

4.1.2 "学习场"是转移企业与承接地企业技术学习的"场域"

为了调和创新地理研究中地理接近、关系(组织)接近和制度接近之间的论争，为分析区域学习创新机制提供一个基本范式，有学者提出了"学习场"综合分析框架（Miao，2007；苗长虹，2009）。该理论以"学习"为核心，以"场域"为基石，以"惯习"为中介，认为任何区域的技术创新过程实质上都离不开对技术的交互学习，学习过程必须嵌入包括制度、文化、社会结构在内的社会关系和网络系统中，而"惯习"是上述关系和网络得以形成和维持的认知基础。

"学习场"理论框架以尺度地理学、关系经济地理学和演化经济地理学为基础，融合了 Storper(1997) 的"技术—组织—地域"三位一体研究框架，并吸收了曼彻斯特学派"行为者网络"思想以及 Scott(2006) 的"创造场"概念（见图 4-1）。"学习场"理论对各种空间尺度上的学习行为的分析首先基于"关系"思考，认为学习行为主体之间的关系在形态上表现为"网络"，在功能上表现为"相互依赖"；其次以"嵌入"为分析工具，认为学习行为必须嵌入一定的社会关系结构中，技术学习不仅依赖地理邻近而且依赖关系邻近和制度邻近，不仅需要地域嵌入而且需要社会嵌入和网络嵌入，不仅体现了路径依赖而且体现了路径破坏和路径创造。

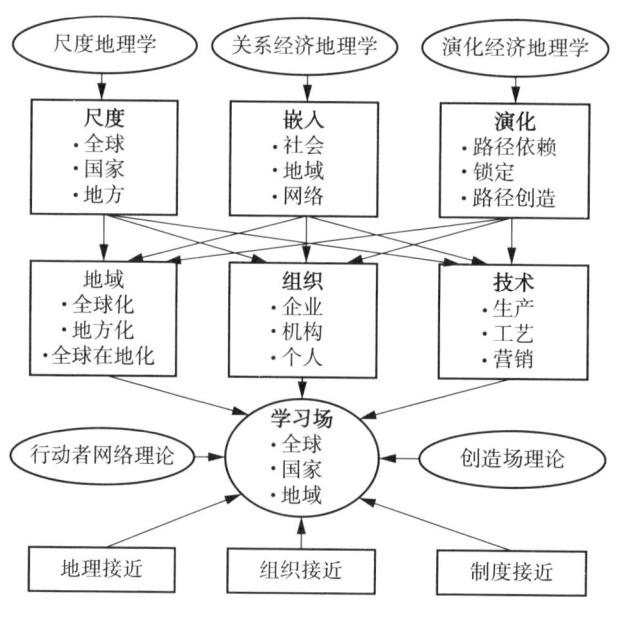

图 4-1 "学习场"理论框架

对于中西部地区而言，承接产业转移不仅意味着大量资金注入和产业链延伸,而且可以获得转移企业技术溢出的红利,本地企业可以通过技术学习提高自主创新和持续发展能力。那么,如何促进转移企业与本地企业的技术合作,如何营造更好的区域"创新空气","学习场"理论具有以下启示:

(1)要关注如何构建技术学习的"场域"。"学习场"理论认为技术学习要嵌入一定的社会关系和网络系统中,那么地方企业向转移企业进行技术学习的网络基础是什么?已有研究认为产业转移技术溢出路径主要包括示范模仿、产业竞争、前后向联系、人力资本流动等(Kokko,1994),这些路径形式所依赖的经济联系、技术合作和社会交流实质上构成了技术的流通网络。本书要重点关注这些联系网络是如何形成和发育的,知识和技术在网络中是如何流动的,关系强度和网络结构特征对技术学习的影响是什么。"学习场"理论强调了社会关系对技术学习的影响,这一观点与马歇尔产业区理论对地方认同的关注不谋而合,本书中要重点分析地方社会资本对转移企业技术溢出、地方企业学习创新的影响。

(2)要首先进行关系思考。"学习场"理论认为"场域"的形成主要依赖行为主体的关系构建,因此本书中要首先分析转移企业与地方企业间经济联系、技术合作、社会交流等各种关系的发育情况,以及它们如何在关系发展中实现网络构建和权力构建。

(3)要重点进行嵌入分析。"学习场"理论认为学习行为必须嵌入一定的社会关系结构中,本书中要重点关注转移企业地方嵌入行为,包括具体的嵌入形式,嵌入的促进机制,地域嵌入、网络嵌入、社会嵌入之间的相互作用,尤其要重点分析转移企业地方嵌入对其技术溢出效应的影响。

4.1.3 全球价值链是转移企业与承接地企业权力关系的基础

20世纪末,地理学家开始重新审视"新区域主义"所提出的地方资产、制度厚实、内生增长能力驱动区域经济持续发展的观点,并日益关注地方生产与全球力量之间的联系。Porter在1985年提出了公司内价值链和价值体系的概念。随后Gereffi(1999)提出了全球商品链(GCC)的概念。2000年以后,学界普遍开始使用全球价值链(GVC)代替全球商品链。目前,广泛应用的全球价值链定义为:产品在全球范围内,从概念设计到生产、使用直到报废的全生命周期中所有创造价值的活动范围,包括产品的设计、生产、营销、分销以及对最终用户的支持与服务等。Gereffi 认为 GVC 治理分为层级型、俘获型、关系型、模块型、市场型五种模式，五种模式中企业间的权力不对称性逐步降低（Gereffi，2005）。有研究将 GVC 治理分为市场型、网络型、准科层型、科层型，并认为企业升级机会很大程度上取决于价值链治理模式。Humphrey（2000）将企业升级行为分为流程升级（Process Upgrading）、产品升级（Product Upgrading）、功能升级（Functional Upgrading）、价值链升级（Chain Upgrading）（见表4-1）。嵌入科层型和准科层型价值链有助于过程升级和产品升级，但不利于功能升级；而嵌入市场型价值链有利于功能升级，但过程和产品升级则会比较慢（Humprey，2002）。GVC 理论在国内产业集群升级研究中得到了非常广泛的应用，学者们就上海 IC 产业集群（文嫮，2005；周扬波，2012）、佛山瓷砖产业集群（曾刚，2005）、苏浙粤纺织服装产业集群（黎继子，2005）、韶关汽车零部件产业集群（许树辉，2011）、绍兴纺织产业集群（吴波，2010）的研究，从不同侧重点探讨了中国地方产业集群在全球价值链上实现升级的路径、模式和挑战。

表4-1 基于全球价值链的地方产业集群升级方式

升级方式	概念	具体内容
流程升级	过程更有效率、过程创新	处于全球价值链低端的产业集群通常是以较低的生产成本、运输成本与规模经济作为竞争优势。在这个阶段的产业集群可以通过增进传输体系，引进工艺流程的新组织方式，提升价值链某个环节的生产效率，实现集群的升级与发展
产品升级	更快地提升产品创新	集群引进、研发新产品或改进现有产品的效率，比竞争对手更快的质量提升，新产品、新品牌及其市场份额的不断增加，将带动产业集群的产品不断升级，增强开拓国际市场的能力
功能升级	改变在价值链中所处位置功能创新	产业集群功能升级是指集群在实现产品升级后，逐渐重新组合价值链的优势环节或战略环节，调整嵌入价值链的位置与组织方式，专注于产业价值链某个或某几个优势环节，放弃或外包原有的低价值环节，弱化或转移非核心业务，通过拥有该产业价值链的"战略性环节"，最终获得该产业价值链的治理权

续表

升级方式	概念	具体内容
价值链升级	移向新的、价值高的价值链创新	价值链升级是指在原有价值链的基础上延伸至价值量更高的相关产业价值链，在相关的产业领域获得较高的收益率，或者移向新的、更有利可图的价值链，或者使一些企业得到数条全球价值链，从而促使企业和地方产业集群提高到一个新的业绩和质量水平，提高区域产量

价值链理论所代表的"链状"范式在转移企业与承接地企业互动发展研究中存在着一定局限（罗珉，2006；肖月强，2006；傅代国，2008；席彦琳，2010；顾慧君，2010；Wei，2013）：一是线性思维模式，重视位序分析，忽视相互作用，不利于分析转移企业与承接地企业间的互动关系。二是偏重就单件产品或单个产业来分析价值活动，对产业转移中"企业—地方—全球"三层系统的复杂关系缺少分析能力。三是将价值链上各环节之间的关系归结为对立和控制，不利于分析转移企业与承接地企业的嵌入、耦合关系。四是重视企业行为，而忽视了政府、中介机构等其他行为主体的作用。虽然存在上述局限，但全球价值链理论对本书的研究尤其是承接地企业或集群转型升级的研究依然具有重要启示：

（1）要重视转移企业与承接地企业间的权力关系。转移企业与承接地企业之间存在竞争与合作的双重关系，由于生产能力、技术研发、销售渠道等方面可能存在差异，双方在经济联系、技术合作等交互过程中的地位和权力未必是对等的，而权力关系决定了价值链治理模式与企业的升级模式。因此，把握转移企业与承接地企业间的权力关系尤其是技术权力关系是分析转移企业地方嵌入、地方集群转型升级的基础。

（2）要关注承接地企业在 GVC 中的嵌入方式。承接地企业在 GVC 中的嵌入方式大体可以分为低端嵌入和高端嵌入（Kaplinsky，2000），不同的嵌入方式决定了承接地企业升级的路径和模式。以 OEA 或 OEM 生产为主的企业由于技术水平较低，在同转移企业的交互中属于 GVC 低端嵌入，容易导致"低端技术锁定""贫困增长陷阱"等问题。要想借助于产业转移实现价值链高端嵌入，承接地企业要努力提升自身技术能力、创新水平和品牌价值，尽可能采用 ODM 和 OBM 生产方式。

（3）要努力探索承接地企业跨越式升级的路径。承接地企业在 GVC 中的升级模式主要包括流程升级、产品升级、功能升级、价值链升级，四种模式呈现近似阶梯状的升级路径。雁行模式理论、产品生命周期理论认为产业转移是转出地为生产更具比较优势的产品而将成熟产品生产迁往后发区域的过程，地方企业如果按照上述四种模式按部就班地升级，将始终处于追赶式升级的处境。因此，本书要尽可能探寻承接地企业高位嵌入全球价值链并实现"蛙跳式经济增长"（Leap Frogging Oriented Economic Growth）的路径。

4.1.4　全球生产网络是全球力量与地方资产战略耦合的载体

随着经济全球化和区域经济一体化进程不断深入，国家、地理和历史的边界作用也明显弱化，以跨国公司为代表的 FDI 可以导致结构替代、金融波动和经济发展的外部依赖，因此有学者认为世界正在由地方空间（Space of Places）向流动空间（Space of Flows）转变，区域的发展离不开外部力量的影响，在世界经济版图中没有真正意义上的"孤立国"。已有的新区域主义主要关注地方资产、制度厚实、内生增长而忽视全球发展力量影响；GVC 和 GCC 概念虽然分析了商品生产和价值创造过程在世界范围的垂直线性分布，但却没有对多种维度、多种层次的网络结构进行更好的概念化。在对上述两种理论的质疑和批判中，全球生产网络理论（GPN）得以形成并日臻完善。

1998 年，Dicken 在 *Global Shift* 一书中率先提出"全球生产网络"概念，认为跨国公司全球生产网络是指跨国公司依靠 FDI 将不同地域的生产体系连接而成内部跨界网络。产业组织创新学派代表学者 Dieter Ernst 认为全球生产网络是一种特殊的组织创新，即把穿越企业和国家边界的价值链联合集中起来，并伴随着一个不同层次的网络部分的集成过程。曼彻斯特学派推崇的行为者网络理论（Actor Network Theory，ANT）认为"全球—地方"以及"行动—结构"并非二元对立的，他们所提出的全球生产网络理论分析框架包含价值、权力、嵌入三种基本因素，并涵盖了企业、部门、网络、组织四个概念层面（Henderson，2002）。他们最为突出的贡献是将企业全球生产网络与区域资产进行战略耦合，将区域发展视为跨越区域边界的成长变化的动态过程，各种行为者在多种尺度的地理空间行动，换言之也即地方发展升级是综合专业化知识、技术、人才等有利条件并嵌入 GPN 中的结果（Coe，2004，2008；Hess，2006）。

全球生产网络为解释世界产业体系建设和全球力量对区域发展影响提供了有力的分析工具。学者们基于全球生产网络理论对"亚洲四小龙"电子产业(Yeung，2007)、中国ICT产业(Wei，2010)等案例进行研究，分析了全球—地方力量交互对区域产业、经济发展的影响。还有一些研究将全球生产网络理论与其他理论工具进行有机结合，从而使分析框架具有更强的理论解释力。如Wei(2011，2012)提出了综合新区域主义和全球生产网络理论的框架，对昆山、苏州、北京、上海、深圳等城市的ICT产业进行了研究。苗长虹(2006)在对许昌发制品产业集群的研究中提出了地方生产网络与全球生产网络联结的四位一体的学习型产业区分析框架。

全球生产网络理论所代表的"网状"研究范式不仅关注不同生产环节之间的纵向联系，更关注不同行为主体间的横向联系。与全球价值链所代表的"链状"研究范式相比，全球生产网络理论具有以下优势：一是在网络构成上除企业外还包括政府、行业协会组织、科研机构以及其他相关机构，这些节点构成了全球生产网络的基础。二是重视全球力量、地方资产对区域发展的双重影响，将地方集群升级视为整合地方优势条件并嵌入GPN的结果。三是关注网络成员之间的相互作用关系，如网络中的技术权力、"网络权力"，企业在集群中的网络嵌入、地域嵌入和社会嵌入等。基于以上分析，在转移企业与地方企业的互动发展中，"网状"研究范式比"链状"研究范式更加适用(见表4-2)。但全球生产网络理论也存在一定的局限，如对全球化程度较低区域解释力不够，过于积极评价全球力量对区域发展影响等。全球生产网络理论对本书研究的启示在于：

(1)转移企业与承接地企业的互动研究不能只关注企业本身，还要关注其他行为者。如果从全球生产网络理论视角看，转移企业与承接地企业的互动过程具有主体多元化、影响因素多维化、关系分析综合化的特点，研究中除了关注企业行为外，还要分析政府、行业协会、科研机构及其他相关机构的影响。

(2)应该把企业等行为主体视为不同等级网络的节点。全球生产网络理论为相关研究提供了一种"网状"范式，网络是定量分析企业交互行为和知识流动理想的概念化手段。在集群内部，转移企业、地方企业、政府、协会、相关机构作为节点共同构成了地方生产网络；而在更大的空间尺度上，地方集群则成为全球生产网络中的节点。基于网络这一概念工具，我们既可以厘清集群内部各节点的交互关系，同时又可以更好理解地方集群与全球生产网络的衔接。

（3）既要重视地方集群内生增长能力分析，又要重视全球力量的影响。全球生产网络理论认为当今世界没有真正意义上的"孤立国"，产业转移正在并将继续重塑世界经济版图。全球生产网络理论虽然对新区域主义进行了质疑和批判，但并不否定地方资产、制度厚实、内生增长能力的重要作用，而是强调经济地理学家任何时候都需要对公司特有的交互活动反映出的地理特征保持敏感，并认为全球生产网络与区域经济的战略耦合推动了价值的创造、提升和获取过程（Coe，2004；Yeung，2005b；Storper，2008）。因此，本书在分析地方集群发展时要把区域内生增长能力和全球力量作用置于同等重要的地位，并以此为基础探寻地方企业和集群的升级路径。

（4）要重点关注相关主体的网络嵌入或联结行为。转移企业与承接地企业的互动过程，既包括转移企业在承接地企业网络中的嵌入，同时也包括地方生产网络与全球生产网络的联结，厘清相关主体的网络嵌入或联结行为是分析承接地产业集群演化、升级的关键。

表4-2 "链状""网状"研究范式的区别

主要区别	研究范式	
	"链状"范式	"网状"范式
思维模式	直线链状	多维网状
行为主体	企业代表的价值链环节	企业、政府、科研机构代表的网络节点
主体间关系维度	经济关系	包括经济关系及社会关系
主体间关系模式	对立与控制	竞争、合作、互动
研究思路	重视分解	重视综合

4.1.5 嵌入是转移企业与承接地企业交互过程的"关键"

"嵌入"（Embeddedness）一词，最早由波兰尼在 *The Great Transformation* 中提出。他指出个人的经济动机是嵌入在社会关系里的，经济行为属于社会活动的一部分。Granovetter（1985）进一步将嵌入性细分为关系性嵌入和结构性嵌入。与 Granovetter 的观点类似，Henderson（2002）在论述 GPN 基本因素时将嵌入形式分为地域嵌入和网络嵌入,也有学者以不同的接近通道为依据,提出了认知嵌入、结构嵌入、文化嵌入和政治嵌入的分类方法(Zukin,1990)。随着"嵌入"概念在实证研究中的广泛应用,经济嵌入、技术嵌入、社会嵌入、制度嵌入等一些更为细致的分类概念也逐步形成。20世纪80年代中期以后,"嵌入"概念逐步被引入产业转移地方化研究中,学者们将转移企业为了廉价土地、劳动力等经济因素落户地方的行为称为"主动嵌入",而将为适应承接地的"制度约束"而同承接地建立起产业联系的行为称为"被动嵌入"(刘卫东,2003;Liu,2006)。此外,部分实证研究发现集群企业网络存在"嵌入性悖论"现象,认为"嵌入性依赖"会导致网络封闭和集群衰落(Uzzi,1996,1997;Nell,2012;林竞君,2005)。

"嵌入"概念在产业转移研究中的应用十分广泛,主要集中在三个方面:一是转移企业地方嵌入的动因研究;二是转移企业与承接地企业的战略耦合研究;三是转移企业地方嵌入的区域效应研究。转移企业与承接地企业的交互活动可以视为企业—区域、地方—全球的互动耦合过程,产业转移背景下的全球经济并不是一种单一的世界经济系统,而是一个充满地方化、区域化和再区域化的区域世界(Storper,1997;Hsu,2006)。研究转移企业与承接地企业的交互活动可以从嵌入理论中获得极有价值的启示:

(1)要将转移企业与承接地企业的交互活动视为一种"双向嵌入"过程。Dicken(2000)曾将这种交互关系称为地方化的公司和公司化的地方,因此应该把转移企业与承接地企业间的交互过程视为转移企业地方嵌入、地方集群全球嵌入并行不悖的过程。

(2)不仅要关注转移企业在承接地的经济嵌入,更要关注其技术嵌入和社会嵌入。转移企业地方嵌入存在经济嵌入、技术嵌入、社会嵌入、制度嵌入的渐进规律,单纯实现经济嵌入不仅不能充分发挥转移企业技术溢出效应,而且容易导致"飞地经济""候鸟经济"现象。因此,研究中要认真分析转移企业技术嵌入、社会嵌入的过程与模式,而且要分析嵌入过程之间的相互影响。

(3)要注意转移企业地方嵌入是否存在"嵌入性悖论"问题。已有研究提出企业在集群中的过度嵌入会导致网络封闭和集群衰落,但是转移企业地方嵌入蕴含着全球力量与地方力量的交互,在此过程中是否会产生"嵌入性悖论"问题需要在实证中进行重点分析。

4.2 本书的理论分析框架

本书主要聚焦于转移企业与承接地企业的互动耦合，包括转移企业地方嵌入、承接地企业全球嵌入、转移企业技术溢出、地方企业学习创新、企业网络演化等诸多环节和过程。从上述分析看，产业区理论、生产网络理论、嵌入性理论均从不同视角为上述问题奉献了具有一定解释力的理论工具，但如果单独使用某一种理论却很难圆满解答全部问题。马歇尔产业区理论重视集聚经济、产业分工、创新空气，可以很好地解释中小型产业集群的成长发育，但该理论却忽视了经济全球化和大企业的影响，很难解释承接大量国际产业转移的外向型经济现象。学习场理论基于关系思考和嵌入工具研究异质性主体交互学习的"场域"，对分析集群内技术溢出和学习创新很有帮助，但该理论并不关注转移企业与承接地企业的互动过程。全球价值链理论基于垂直分工和片段生产分析企业或集群在价值微笑曲线上的位置，是分析承接地企业或集群升级的理想工具，但全球价值链理论重视位序分析、控制关系而忽略企业以外行为主体及不同价值链之间的复杂关系，使其缺乏全面分析转移企业、承接地企业互动耦合过程的能力。全球生产网络理论突破了全球价值链理论"链状"范式的局限，其所代表的"网状"范式关注了价值创造、权力关系和嵌入等核心要素，更适于研究转移企业与承接地企业的互动问题；但全球生产网络理论过于强调全球力量、外生因素的影响，而弱化了地方资产、制度厚实、内生增长的作用，而且全球生产网络理论对于技术学习环节的关注较少。嵌入性理论虽然是分析转移企业与承接地企业互动关系的最直接的理论工具，但只有植入全球生产网络等其他理论框架下才能具备更好的解释能力。因此，虽然上述理论都为本书的研究带来了很有价值的启示，但单一的理论工具很难解释转移企业与承接地企业互动的复杂过程，融合相关理论工具建立一个综合性分析框架，对问题的分析与解答将很有帮助。

如上所述，转移企业与承接地企业的互动过程涉及企业成长、集群成长、关系发展、网络演化等诸多动态环节，具有主体众多、尺度综合、关系纷繁、过程复杂的特点，在对该问题的分析中关系是基础，网络是载体,演化是重点。因此,本书融合了产业区理论、生产网络理论、嵌入理论的核心思想与理论工具,构建了以"关系—网络—演化"为主线,以网络—角色、嵌入—耦合、演化—升级为核心要素的综合性分析框架(见图 4-2)。

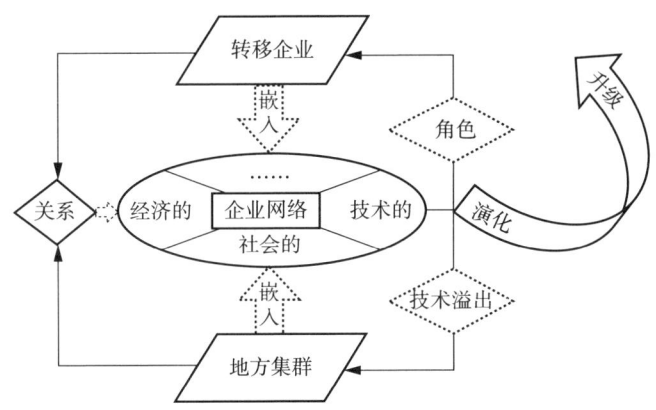

图 4-2 本书的综合性分析框架

该理论框架认为,产业转移本质上是一种"产业/企业—地域"相互作用的过程,在转移企业与承接地企业的互动耦合中关系是基础、网络是载体、演化是重点;随着转移企业在承接地的逐步嵌入,转移企业、承接地企业之间会建立起产品供需、技术合作、社会交流等关系,以这些关系为纽带,以企业和相关机构为节点,将形成转移企业与承接地企业的交互网络,并实现地方生产网络和全球生产网络的连接;随着转移企业地方嵌入、地方集群全球嵌入的推进,区域企业网络将表现出独特的结构特点和演化规律,区域产业也将实现在全球价值链上的攀升和跃迁。因此,沿着"关系—网络—演化"的主线,可以较为清晰地认识转移企业与承接地企业互动耦合的外在表象、微观机理、区域效应。

4.2.1 主线:关系—网络—演化

20 世纪 90 年代以来,经济地理学界出现了一场"关系转向"思潮,经济行为者们在多种地理尺度上的"社会—空间"关系成为研究的焦点。关系经济地理学通过"地理透镜"重点研究经济行为者在空间中的行动过程和相互影响,把经济行为视为处于关系结构中的关系过程,认为行为主体间的关系构建具有时空情境性(Contextuality)、路径依赖性(Path-Dependence)、权变性(Contingency),也即关系过程根植于一定的社会文化背景中并具有路径依赖的特点,但关系过程也会在外界因素的干扰下发生不可预测的变化(Dicken,2001;Yeung,2002;苗长虹,2004)。基于"关系思考",本书认为关系是转移企业与承接地企业交互的基础,二者的交互过程本质是在区域、全球等不同空间尺度上各种关系的构建及发展过程,这一关系过程深受承接地区域环境、全球经济形势的影响,既具有历史、习惯影响下的路径依赖性,同时又在各种外界因素的影响下处于持续的发展演化中。

20世纪80年代以来,大量研究提出产业集群实际是"集聚+网络"的综合概念(porter,1990;Schmitz,1995;仇保兴,1999;李小建,2004;李二玲、李小建,2009a,2009b);同时有学者认为企业也并非新古典或交易成本经济学所认定的静态的点或黑箱,而是一种产生于社会网络关系构建的合法组织实体,并作为行为者嵌入该网络,在关系的构建和演变中,企业会接入周围的网络,并产生一些企业—地域交互领域(Dicken,2001;Yeung,2005b)。基于"网络认识",本书认为网络是转移企业与承接地企业、地方生产系统与全球生产系统交互关系的载体。转移企业地方嵌入过程可以视为一种网络接入过程,也即 Dicken 所说的地方化的公司和公司化的地方;转移企业与承接地企业间的产业联系、权力关系也都体现在双方交互构建形成的经济联系、技术合作、社会交流网络中;地方生产系统与全球生产系统的交互过程更是地方生产网络与全球生产网络的衔接和融合过程。

20世纪90年代,国际经济地理学界出现了"演化转向",演化经济地理学认为经济是在时间和空间上逐步展开的演化过程,并利用选择(Selection)、路径依赖(Path-Dependency)、机会(Chance)、报酬递增(Increasing Return)等概念分析和解释经济地理现象(Boschma,2006)。从演化经济地理学的视角看,区域产业发展是各种要素动态的、演化的历史过程(刘志高,2011)。如果没有产业转移等因素的影响,地方产业集群会沿着基于历史传统所形成的轨道发展并产生一定的路径依赖,当然过度的路径依赖也可能导致区域在面对新的发展条件或适应新的生产技术时陷入困境也即锁定状态。产业转移作为一种新的外界刺激,有助于承接地集群突破路径依赖并走上转型升级道路。具体而言,转移企业的到来会为承接地集群带来新的经营理念、行业形态、技术知识,转移企业与承接地企业互动耦合所形成的关系网络会在各个方向缔结强化并不断演变,地方力量与全球力量的互动交融会不断加深并使承接地集群呈现独特的演化轨迹。

4.2.2 核心要素:网络—角色

网络是转移企业与承接地企业交互过程的载体,随着双方经济联系、技术合作、社会交流等关系纽带的变化,企业作为节点在网络中的位置和角色也会发生转换,进而引起网络结构的演变。以"网络—角色"为核心要素,目的在于分析在转移企业与承接地企业交互过程中,企业角色尤其是转移企业角色会发生什么变化,企业的创新绩效会出现什么变化,网络的结构特征会发生什么变化,网络结构演变对内部企业知识学习、技术创新有什么影响。

实证研究中,通过提取转移企业与承接地企业交互形成的经济联系、技术合作、社会交流网络,并基于 SNA 分析工具测算节点度、中间中心度、聚类系数、网络密度、平均最短路径、中心势等指标。首先分析转入企业在网络中的连通水平和具体位置,分析其经济嵌入、技术嵌入、社会嵌入的状态;判断掌握绝对"技术权力"的转入企业是否一定成为技术合作网络的核心或结构洞,总结其在技术合作网络中角色的变化规律,分析社会资本、文化认同对转入企业网络角色的影响;基于节点角色分析,判断转移企业嵌入对地方企业技术学习、转型升级的影响;分析转移企业在技术合作网络中是否会主动担任"技术守门人",地方企业对其"技术权力""网络权力"的依附是否是"追赶竞争"和"贫困增长"的根源。其次分析网络的结构特征,判断三种网络是否具有相同或相似的结构特征,是否存在核心边缘结构、多重轴辐结构和子群分化现象,进而揭示网络密度、中心性等对集群整体知识学习、技术创新效率的影响,分析节点处于核心、边缘、结构洞位置对其技术学习/技术溢出效率的影响,判断经济联系、技术合作、社会交流三种网络发育对提高集群整体创新水平作用的异同。

4.2.3 核心要素:嵌入—耦合

转移企业与承接地企业交互过程的关键是转移企业地方嵌入与承接地企业全球嵌入,两种嵌入过程是相辅相成、并行不悖的,嵌入过程的深入实现了全球力量与地方资产的战略耦合，推动了企业成长、集群建设与区域发展。以"嵌入—耦合"为核心要素，目的在于分析转移企业地方嵌入的路径、模式和演进规律，分析嵌入特征对转移企业技术溢出和技术带动作用的影响，分析承接地企业全球嵌入的障碍机制，为其高位嵌入全球生产网络探寻道路。

实证研究中，首先分析承接地独特的"地方空间""社会资本""制度厚实"对转移企业地方嵌入的影响，转移企业性质、"技术权力"、"网络权力"以及与地方企业"技术距离"对其地方嵌入的影响，血缘、地缘、学缘关系是否是有效的润滑剂，制度、历史、文化差异是否是主要的障碍；转移企业在承接地经济嵌入、技术嵌入、社会嵌入的一般过程是什么，三者之间是否表现出同步特征，是否存在技术嵌入和社会嵌入滞后的特征，社会嵌入是否会对经济嵌入和技术嵌入产生促进作用，在转移企业地方嵌入过程中是否存在"嵌入悖论"现象。其次探讨技术距离、领先企业技术压制对承接地企业全球嵌入的影响，地方企业技术创新能力以及与领先企业技术互补性对其高位嵌入的影响。

4.2.4　核心要素：演化—升级

转移企业与承接地企业交互过程的本质是双方在一定时空尺度上、在不同具体情境中的共同演化过程。虽然双方的演化过程都遵循路径依赖的基本规律，但企业交互作用、全球—地方联结所产生的影响也使演化路径表现出一定的权变性，具体体现为路径破坏和路径创造过程。以"演化—升级"为核心要素，目的在于分析转移企业和承接地企业交互所形成"产业—空间"的演化规律，为地方企业和集群转型升级、区域可持续发展探寻道路。

实证研究中，重点分析案例区在承接产业转移前陷入僵硬专业化陷阱的原因，是否是过度的路径依赖导致了功能锁定、认知锁定和政策锁定；在案例区大量承接产业转移过程中"选择"机制(Selection)发挥了什么作用，地方产业基础、技术储备、创业传统等专有条件是否是吸引转移企业入驻的重要因素；产业转移是否是承接地企业和集群快速发展的"区位机会窗口"，自增强机制在区域产业发展中发挥着什么作用；案例集群实现功能升级和价值链升级的优势和劣势是什么，其升级的关键路径是什么。

第 5 章

民权制冷产业：发展、特点及优势

第5章 民权制冷产业：发展、特点及优势

根据已有研究，承接地产业基础是产业转移目的地选择决策的重要影响因素，转移企业更倾向于进驻具有较好配套能力的区域。比如根据河南省工业和信息化厅2014年开展的产业转移承接效应评估结果，2010—2012年河南省承接的1474个产业转移项目绝大多数都进入了县级以上产业集聚区，且省内180个产业集聚区都有不同规模的产业承接过程。当然，也有一些区域在没有任何产业基础的情况下承接了大量转移企业，并依靠这些企业形成了区域性产业集聚区或产业集群，但这种"无中生有"型的产业承接现象并不在研究视野之内。

根据"关系—网络—演化"研究框架，转移企业与承接地企业的互动耦合始于二者间的关系构建，各种正式和非正式联系可以形成不同类型的企业网络，转移企业地方嵌入与承接地企业全球嵌入过程影响着网络的发育和演化，也决定着区域产业未来的发展走向。本书拟选择一个既有扎实产业基础并承接较多转移企业的产业集聚区或产业集群，通过调研、访谈获得企业层面的翔实数据，提取由转移企业和承接地企业共同构成的企业网络，并基于社会网络分析方法分析区域企业网络结构，探究产业转移影响下地方产业集群和企业网络演化的过程和机理。

经过认真遴选，决定以河南省商丘市民权县制冷产业集群为研究案例，原因如下：一是国内产业转移（也即第四次国际产业转移）风起云涌，受东部沿海地区"腾笼换鸟"战略影响，转往中西部地区的以劳动密集型和资本密集型企业为主，冰箱、冷柜等白色家电生产属于劳动密集型产业，比较符合当前国内产业转移的产业特征。二是中西部省区工业发展水平与东部沿海地区还有不小差距，传统制造业在工业总产值中占有较大的比例，以民权制冷产业集群为例对中西部地区工业主导产业具有一定的代表性。三是民权在承接产业转移前具有较好的制冷产业基础，2007年开始有大量转移企业入驻，2011年前后转移企业数量已经超过本地企业，两类企业互动频繁，形成了覆盖较广、关联较强的企业网络，体现了明显的集群

化发展特征。以民权制冷产业集群为案例可以深入研究转移企业与地方企业交互耦合的过程、机理和效应。四是在国内产业转移的助推下,民权制冷产业集群发展势头异常迅猛,先后被评为河南省"十快""十强"和最具竞争力产业集聚区,以其为案例分析转移企业与承接地企业互动耦合及集群化发展问题,研究结果和所获经验可以为中西部地区积极承接产业转移、实现区域产业转型升级提供有益借鉴。

需要说明的是,学界对产业集群的定义和识别存在激烈争论,如果按照 Porter(1990)对产业集群的定义,民权制冷产业表现出了比较典型的集群特征,产业集聚区内部汇集了大量制冷相关企业,企业间形成了比较密切的经济联系、技术合作、社会交流关系,集聚区内还包含了院士工作站、国家级质量检测中心、培训学校、行业协会等周边机构。虽然研究期初期企业数量相对较少,但为了行文方便,我们依然以集群称之。

5.1 民权制冷产业发展历程

5.1.1 1986—1996 年,产业蓬勃成长期

民权制冷产业始于 20 世纪 80 年代中期。1985 年 6 月,坐落于民权县城的河南省冷柜厂从意大利坎迪依伯纳公司引进了当时具有世界领先水平的全套低温冷柜生产线,主要生产冰熊牌系列冷柜。由于技术先进、质量优良,冰熊冷柜问世之初就得到了消费者的肯定和青睐,迅速打入了除台湾外的全国主要市场,并远销美国、英国、菲律宾等十几个国家和地区。1993 年,冰熊冷柜销量达到国内冷柜品牌前三名,成为与海尔、澳柯玛并称的著名品牌。河南省冷柜厂也成为中国轻工部定点生产冷柜的八家企业之一,并被河南省树为工业战线十面红旗之一(佚名,1991)。

1986—1996 年是冰熊冷柜蓬勃发展、欣欣向荣的十年。十年时间不仅使"冰熊"奠定了坚实的产业基础,凝聚了大批的技术人才,而且塑造了一个享誉中原内外、大江南北的著名品牌。在良好生产效益的刺激下,企业管理团队逐步实施产业扩展,开始涉足空调器、冰粒机、洗衣机等相关产业。1993 年,河南冰熊(集团)有限责任公司成立,下辖冰熊冷柜有限公司、冷藏汽车有限公司、冰粒机有限公司、立式冷柜有限公司、空调器有

限公司、制冷配件有限公司、华瑞洗衣机有限公司等七家子公司。其中，冰熊冷柜有限公司前身即为河南省冷柜厂。1996 年，集团公司着手对冰熊冷柜有限公司进行股份制改造，当年 9 月 16 日，冰熊保鲜设备股份有限公司在上海证券交易所公开发行，成为国内轻工制冷行业首家上市公司（李凌，2005）。

第一个十年，是民权制冷产业抽枝发芽、茁壮成长的十年。冰熊牌冷柜产销两旺，相关制冷企业开始起步，民权制冷产业本应走上一条良性发展大道，然而体制、机制、经营管理等诸多方面的桎梏却成了发展的枷锁。在一片欣欣向荣背后，寒潮正悄悄袭来，风头正劲的民权制冷业不知不觉中走入了严冬。

5.1.2　1997—2008 年，产业发展低谷期

民权制冷遭遇严冬并非没有征兆。1993—1995 年，冰熊冷柜厂的年产能约为 20 万台，企业的年利润率还在 20% 以上。但由于集团产业不断向外扩张，1994 年以后冷柜厂的资金问题日益凸显。上市更使冰熊冷柜逐渐走上了一条布满荆棘的道路。在经历 1996 年、1997 年两个盈利年后，冰熊保鲜设备股份有限公司开始走下坡路（周健，2007）。由于企业连年亏损，冰熊保鲜设备股份有限公司被戴上了"ST"（Special Treat）的帽子，被中国证监会要求在 2001 年底前扭亏为盈，否则就要被予以退市。

为了扭转冰熊股份的发展颓势，商丘市、民权县两级政府和冰熊集团公司开始到处寻医问药。1999 年后，北京同达志远网络系统工程公司、黑龙江世纪华嵘投资管理有限公司、商电铝业、重庆银星、格林柯尔先后进驻 ST 冰熊实施资产重组，但都没有给冰熊的生产发展带来转机，相反 ST 冰熊却一步步走入了停产的窘境。与冰熊冷柜具有相似境遇的还有相关制冷企业，2004 年 2 月格林柯尔高调购入冰熊冷藏车和冰粒机等企业，并宣布投资 15 亿元打造商丘制冷工业基地。随着格林柯尔资本帝国的坍塌，这一宏伟蓝图也只能停留在纸上（周健，2007；元良，2004；李凌，2005；牛洪军，2005）。

严冬中步履蹒跚的不仅有冰熊旗下的相关企业，冰熊的品牌旗帜也在寒风中一点点碎裂。2006 年后，冰熊集团先后将"冰熊"商标的部分使用权分别授予华美电器集团、飞龙家电集团、商丘海泰实业有限公司和台湾显

丰国际有限公司。经过这一系列肢解式的拆分，原本完整的制冷产业链条变得支离破碎，民权制冷十多年树立的品牌旗帜也逐步褪色、凋零（李世顶，2010）。2005年，在河南省名牌产品申报时，由于原冰熊冷藏汽车有限公司和刚刚进驻的格林柯尔—科龙公司都不愿承担申报任务，冰熊牌系列冷藏车、保温车也失去了河南名牌产品的备案（李凌，2005）。

冰熊集团深陷严冬，员工生活艰苦困顿，人才流失现象也日益突出。不少员工开始离开冰熊集团前往浙江慈溪、山东青岛、广东中山等制冷企业集聚区域，以至于在慈溪的一些制冷企业中民权籍员工可以占到将近半数。在冰熊集团日渐式微的同时，一些敢想敢干的员工也开始在民权县城周边着手创办自己的制冷相关企业。如冰熊保鲜设备有限公司的业务员刘飞带领一帮"老冰熊"员工离职后，1992年在民权县城创办了自己的企业，后来逐步发展壮大为河南兆邦电器有限公司。凭借满腔的创业热情和船小好掉头的优势，兆邦电器异军突起、迅速发展，2007年冷柜产量接近30万台，成为中原地区商用冷柜市场的领跑者。与兆邦创业背景类似的还有小牛制冷、建翔制冷、冰航制冷、盛宝制冷等一大批中小私营企业，这些企业的蓬勃发展为民权制冷产业在一片冰天雪地中保存了发展的火种，保留了春天的希望。

5.1.3 2009年至今，产业强势复兴期

经过12年的艰苦困顿、忍痛蛰伏，民权制冷产业逐步有了惊蛰复苏的迹象，华美集团冰熊制冷设备有限公司的产能日益增长，冰熊冷藏车有限公司的产品直接服务了北京奥运会，兆邦电器与国外合资建设的松川专用汽车有限公司已经投产，盛宝、建翔等中小企业展露峥嵘。为了集中优势，整合力量，重新竖起民权制冷产业大旗，2009年8月，面积为15.9平方千米的民权县产业集聚区经过省发改委等部门批复，成为河南省第一批县级产业集聚区。集聚区主要包含制冷产业、食品加工、综合加工三大功能区，传统优势产业制冷业则是集群发展的重中之重。集聚区的成立，创业条件的不断改善，使民权成了制冷产业投资的一片热土。恰逢此时，"第四次国际产业转移"浪潮涌动，沿海地区大量制冷企业开始把目光投向中西部地区，而民权由于较好的产业基础、浓厚的创业氛围、优厚的招商条件，成为众多制冷企业汇集的"吸聚场"。民权制冷产业开始逐步走出寒

冬，迈向全新的征程。

2010年6月，位于浙江慈溪的知名企业"香雪海"将全部生产线搬迁至民权县产业集聚区，由此拉开了民权产业集聚区大量承接制冷产业转移的序幕。2010年8月，飞龙集团签约进驻，所产"冰熊"牌压缩机填补了河南省冰箱、冷柜用压缩机生产的空白。2012年11月，广州万宝集团民权制冷工业园建成投产，年生产能力300万台。2013年1月，澳柯玛电器民权制冷产业园建成投产，年生产能力200万台。随着这些大块头的知名企业入驻，相关配套企业也纷至沓来。截至目前，民权共有制冷整机、配套企业100余家，冰箱冷柜、冷藏保温车年产能分别达到2200万台、2.5万辆，冷藏保温车国内市场占有率达到60%（吴涛，2021）。此外，在地方政府和企业的共同努力下，国家制冷机电产品质量监督检测中心河南站、制冷专业河南省院士专家工作站先后挂牌成立，显著提高了民权制冷企业的知识学习和技术创新水平。

由于制冷产业迅速复兴，集群效应日益凸显，民权产业集聚区相继被评为河南省"十强""十快"产业集聚区、河南省最具产业竞争力集聚区，并获得"中国制冷设备产业基地"称号。随着企业不断汇聚集中，产业链不断延伸完善，民权制冷产业开始勾画"中国冷谷"的宏伟蓝图，准备着力将集聚区打造成享誉全国的制冷产业基地。曾经在中央电视台黄金时段播出的一段形象广告让不少人记忆犹新，"民权——打造中国制冷产业基地"，这不仅仅是一句宣传口号，也是民权制冷产业的决心和宣言。

5.2 民权制冷产业现状特点

5.2.1 具有一定的马歇尔式产业区特征

为了突出特色、形成合力，实现产业的集群化发展，在政府的大力推动下，越来越多的制冷企业开始向民权制冷产业集聚区汇聚。随着第四次产业转移浪潮抵达民权，产业集聚区中的企业数量开始呈现"井喷"式增长，制冷业成为民权产业集聚区核心产业。随着大量企业的空间集聚和专业化分工，民权制冷产业集聚区也表现出了一定的马歇尔式产业区特征。

（1）企业空间集聚显著降低交易成本，规模经济效应吸引了更多企业汇聚。2009年民权县产业集聚区设立后，汇聚了大量制冷企业及相关机构，同一产业链不同环节的空间集聚显著降低了运输成本和交易成本。如冰箱、冷柜整机企业生产中所需的压缩机、冷凝器、蒸发器、玻璃门、塑料件、篮筐、封条、包装泡沫等配件均可以在集聚区内顺利采购，这种"隔墙生产"或"对门转运"的方式显著降低了企业间的运输成本。比如在顺远包装制品有限公司还未进驻时，冰熊制冷、兆邦电器等企业生产冷柜所用的包装泡沫都是从外地采购，由于包装泡沫质量轻体积大，价格虽然不贵，但从距离并不算远的新乡采购每车附加运费就需三四千元；顺远包装在集聚区投产后，打个电话半小时内即可送到，且每车可节约运费两千多元。大量企业的集聚、密切的产业前后向联系也极大刺激了企业产能。盛宝制冷的主要产品是冰箱、冷柜的门封条，2007年建厂时每年只需要塑胶原料四五十吨，而现在随着香雪海、万宝、澳柯玛等大批企业落户民权，再加上兆邦、雪迎、雪牌等民权本地企业蓬勃发展，门封条的需求量日益扩大。盛宝制冷2013年的塑胶原料需求达到了八九百吨，生产规模达到建厂初期的20倍。企业空间集聚所带来的规模经济效应也吸引了越来越多的企业向集聚区汇聚。

（2）以中小型企业为主，弹性专业化生产显著提高了劳动生产率。按照国家统计局《大中小微企业划分标准》（国统字〔2011〕75号），民权制冷产业集群中大部分都属于中小型企业。集群内产业分工比较细致、明确，不少企业都专攻一两类主要的产品或配件，而众多企业的分工合作又使民权制冷产业在整体上拥有了旺盛的生命力和创造力。根据2017年的数据资料，在整机企业中除了万宝、香雪海、澳柯玛、华美、兆邦以生产家用冰箱、冷柜为主，冰熊冷藏车、澳柯玛冷藏车、松川专用汽车、英泰汽车以生产冷藏车、保温车等专用车辆为主，其他整机企业如雪迎、雪牌、锦雪、科美瑞、百盛、海果、绿科、康拜恩等都专攻商用冷鲜柜。在配件企业中，冰航、昂捷、健翔、华科以生产冷凝器和蒸发器为主，恒凯、明华、鑫达、兴隆、宏鑫等都以生产商用冷柜玻璃门和塑料件为主，盛宝和晨翔专攻门封条，果宝则只生产冰箱、冷柜储物篮筐。比较明晰的市场切分和深度的专业化分工为企业生产、销售带来了极大优势。民权制造的商用冷鲜柜在国内尤其是中部地区占有较大份额，伊利、双汇等企业都是民权商用冷鲜柜的主要客户。由于民权制冷集聚区中多数企业规模不大，弹性生产的优势在相关企业中体现得比较明显。如商用冷鲜柜主要用于商品的展示和销售，因其形状、规格、柜门材质需要根据客户要求进行灵活设计，因此又被称为"异形柜"。雪迎、雪牌等企业在"异形柜"设计生产中充分体现了船小好掉头的优势，能够时时处处充分考虑顾客需求，为顾客提供高质量的个性化产品。民权商用冷鲜柜之所以具有较强的市场影响力，正是得益于这种弹性专业化的生产模式。

需要关注的是，在民权制冷产业集聚区内部的学习创新氛围并不浓厚，而且在经济全球化和区域经济一体化的背景下，民权制冷产业的发展也深受区域外部力量的影响。但鉴于众多制冷企业的空间集聚、中小型企业的弹性专业化生产模式，以及地方认同和社会资本在产业联系中的重要作用（后文详细论述），总体上说民权制冷产业空间集聚体现了一定的马歇尔产业区特征。

5.2.2 深受区域内外力量共同影响

民权制冷产业发轫于20世纪80年代中期的河南冷柜厂，冰熊牌冷柜曾是那个时代民权制冷产业辉煌历程的鲜亮旗帜。与当时多数国有企业的发展轨迹类似，在一个相对封闭的区域环境内，"冰熊"走过了蹒跚学步、飞速扩张、如日中天、盛极而衰的发展历程。可以说在2007年前，区域内部的力量左右着"冰熊"的走向，既助推了它的成功，也注定了它的衰落。即使在1999年后，虽然同达志远、黑龙江世纪华嵘、格林柯尔、重庆银星等外部资本先后参与"冰熊"重组，但这些资本大鳄蜻蜓点水般的介入，只是让企业走马灯式地频繁易主，令人眼花缭乱的资本重组，并没有真正发挥唤醒民权制冷产业的实际作用，"冰熊"一直在区域困局中挣扎彷徨。

2007年，华美集团的介入挽救了奄奄一息的"冰熊"，虽然最初几年由于"冰熊"商标的"撕裂"问题，"华美冰熊"的发展依然跟跟跄跄，但民权制冷产业毕竟第一次真真切切地感受到了"他山之石，可以攻玉"的力量。此后，直至"第四次产业转移"的潮头抵达民权，随着香雪海、万宝、澳柯玛等国内知名制冷企业入驻，民权制冷产业才在区域内外力量的交互中焕发了新的生机。大型转移企业的入驻还产生了很强的雁阵效应，比如香雪海落户民权后慈溪市附海镇近十家制冷配套企业先后跟随进驻。2011年前后，民权制冷产业集群中转移企业数量和营业收入总额已经超过本地企业。民权制冷产业规模急速扩张主要得益于转移企业进驻,而产业整体学习创新水平的提升也离不开转移企业的带动和支持,如2010年进驻的飞龙集团主要生产冰熊牌压缩机,该企业建成投产填补了河南省该项技术空白,是推动"民权制造"迈向"民权创造"的关键一步。

由此可见,虽然"老冰熊"奠定了民权制冷产业的基础,区域内部社会资本、身份认同、制度厚实对产业网络形成具有重要影响,但产业转移所代表的外部力量在民权制冷产业复兴过程中更是起到了举足轻重的作用。所以说,民权制冷产业发展深受区域内外力量共同影响,单纯的本地或外部因素都很难完全决定产业的走向。

5.2.3 社会资本在产业发展中发挥重要作用

新经济社会学认为经济行为也是一种社会行为,经济行动嵌入特定的社会背景中,并被社会环境定位(林竞君,2004,2005)。在民权制冷产业发展尤其是复兴过程中,地方产业基础、转移企业入驻、区位条件优势是三个重要的引擎。但事实上,在这些看得见的实体资源背后,还有一种看不见的虚拟资源发挥着不可或缺的作用,这种虚拟资源就是社会资本。新经济社会学将社会资本定义为关系网络中个体或社会单位在有目的的行动中可以获取或动员的实际或虚拟资源的总和(王铮,2007;毛广雄,2010;刘国宜,2014;朱华友,2014)。在民权制冷产业发展过程中,身份认同与关系资产形成的隐性关系网络发挥着重要作用。2000年以来,在"老冰熊"重组、分化过程中,大量的技术、销售、管理人才有的实现了本地自主创业,有的在外出闯荡成功后再回乡创业。根据2013年的调研资料,民权制冷产业集群中大部分企业内均有"老冰熊"员工,58.33%的企业总经理曾经是"老冰熊"员工,在民权本地企业中这一比例高达80.95%。可以说,今天枝繁叶茂的民权制冷产业还是生长在"老冰熊"孕育的产业土壤中,大多数民权制冷企业还都带有鲜明的"老冰熊"烙印。因此,有人将这一现象形象地描述为"一个'冰熊'倒下去,万千'熊兵'站起来"。

社会学将身份认同定义为行为主体在特定的社会文化语境中逐步认识自己在所处社会文化秩序中的角色,从而形成完整的自我认知,并形成对自我特征的表现以及与某一群体间共有观念的表现(钱俊希,2011;朱竑,2010,2012);而关系经济地理学认为关系资产是行为主体各方面关系共同形成的资产,反映了行为主体保持联络关系的可能(李小建,2007)。较强的身份认同有助于行为主体间关系的产生,而关系资产会影响行为主体自我中心网络构建,进而影响行为主体发展绩效。由于特殊的产业发展背景,在民权制冷产业集聚区中"老冰熊"已经成了一种符号,成了民权制冷企业经济属性之外的一种社会属性。"老冰熊"的身份认同以及企业主之间的血缘、地缘、学缘关系形成了一张隐性的关系网络,这种网络对集群内企业间产业联系的建立、社会交往的维系、缄默知识的传递产生着潜移默化的影响。在集聚区中,"老冰熊"们更多是在自己熟悉的圈子里建立经济联系、技术合作和社会交流关系,与其他企业的各种联系明显偏少。2010年前后,集聚区内成立了民权制冷产业协会,由兆邦电器有限公司总经理刘飞任会长。刘飞是最早一批自主创业的"老冰熊",民权制冷协会成立后其活动范围更多还是在"老冰熊"的圈子内,而万宝、澳柯玛等转移企业参与的积极性一直不高。与万宝等企业不同的是,香雪海虽然也是转移企业,但由于其同"老冰熊"的渊源深厚,香雪海同兆邦、冰航、恒凯等地方企业的各种联系都比较频繁。

5.2.4 整体处于产业价值链的相对低端环节

全球价值链理论认为在产品的生命周期中,设计、生产、营销等环节分布于价值链上并形成一条"微笑曲线",曲线底部生产加工环节附加值最低,曲线两段的设计研发、品牌营销环节附加值最高。民权制冷产业集聚区内大型企业比较少,中、小、微企业数量占到企业总量的70%以上。除了万宝、香雪海、澳柯玛、冰熊冷藏车等大型企业具有独立的研发部门外,其他整机企业如雪迎、雪牌、锦雪、科美瑞等大都是基于客户需求进行灵活生产,基本没有真正意义上的产品研发;冰航、恒凯、盛宝等配套企业一般根据整机企业要求进行冷凝器、蒸发器、玻璃门、塑料件、密封条等配件的加工生产,创新意识和品牌意识都还比较缺失。可见,民权制冷产业中处于ODM和OBM阶段的企业相对较少,多数企业还都处于OEM阶段。虽然集聚区内已经形成了完整的产业链,可以提供生产冰箱、冷柜所需绝大部分配件,但一些科技含量与附加值较高的配件如压缩机、电脑控制面板还主要是从区域外部采购。2010年,飞龙集团开始在民权投资生产冰箱、冷柜用压缩机,但集聚区内部进行采购的整机企业屈指可数,多数整机企业所用压缩机都购自黄石东贝或万盛钱江,在苦苦支撑几年后飞龙集团最终关停了压缩机生产业务。

尽管民权抓住第四次产业转移契机引入了万宝、香雪海、澳柯玛等国内较为知名的制冷企业,但整体来看民权制冷企业的品牌价值还相对较低,所生产的产品层次不高,价格和利润比一线品牌产品要低得多。如2014年12月20日在京东商城上查询国内外主要制冷企业产品价格(见表5-1),发现在配置接近的情况下,澳柯玛、万宝、冰熊、香雪海的冰箱要比其他一线品牌价格低不少。更为重要的是,在民权制冷产业集聚区中并没有形成良好的区域"创新空气",企业之间技术联系普遍较弱,缺少一般的技术联盟和共同研发情况,转移企业与地方企业的技术交流更少,技术溢出效应尚不太明显;而"创新空气"缺失、技术联系偏弱现象进一步限制了民权制冷产业的学习创新与产业升级,使民权制冷产业暂时还徘徊在相对较低的价值链环节。

表5-1 2014年底近似配置的几种品牌冰箱价格

品牌	型号	容积(升)	箱门款式	制冷方式	定频/变频	控制面板	价格(元)
西门子	KG22N1116W	225	三门	直冷	定频	无	2749
海尔	BCD-225SFM	225	三门	直冷	定频	无	2199
新飞	BCD-216DMGS	216	三门	直冷	定频	无	1899
美的	BCD-215TGM	215	三门	直冷	定频	无	1799
澳柯玛	BCD-223MHNE	223	三门	直冷	定频	无	1799
万宝	BCD-222SD	222	三门	直冷	定频	无	1799
冰熊	BCD-196B	196	三门	直冷	定频	无	1699
香雪海	BCD-222B	222	三门	直冷	定频	无	1599

5.3 民权承接大量转移企业的优势分析

2007年,民权制冷产业开始呈现复苏迹象,浙江华美集团与"冰熊"的联姻是民权制冷在经历十年严冬后见到的第一缕暖阳。此后,香雪海、万宝、澳柯玛等知名制冷企业纷纷入驻,使民权制冷产业逐步走出寒冬并开始呈现如火如荼的景象。可以说，正是产业转移的力量助推了民权制冷产业复兴。那么，香雪海、万宝等转移企业为什么把区位选择的目标最终锁定在民权，民权在激烈的招商引资竞争中又有什么独特的优势呢？

5.3.1 比较扎实的产业基础

民权制冷产业之所以能够吸引大量转移企业并实现区域产业复兴，与其具有扎实的产业基础是分不开的。20世纪80年代末、90年代初，冰熊制冷作为河南工业战线的旗帜之一，曾经享誉中原、行销全国，成为与海尔、澳柯玛并称的知名品牌。进入90年代后，冰熊制冷开始从单纯的冷柜生产逐步向冷藏车、冰粒机、空调器、洗衣机等相关市场进军，区域产业配套能力日益提升。1993年，冰熊(集团)有限责任公司成立时共有员工3100人，其中专业技术人员有500余人，冰熊冷柜有限公司的年设计产能达到了30万台；1996年，河南冰熊保鲜设备股份有限公司在上海证交所上市，成为国内轻工制冷行业首家上市公司(谢飞，2003；李凌，2005)。1999年后，虽然冰熊股份的生产经营每况愈下，但其他制冷企业如冷藏车厂、冰粒机厂、空调器厂在一段时期内还保持了较好的发展势头，如冰粒机一度占全国市场份额的65%，冷藏车占全国市场份额的40%。冰熊牌冷藏车1999年获得ISO9002国际质量认证证书，与北京三元、南京雨润、漯河双汇、洛阳天冰等企业建立了紧密的合作关系，2000年销售收入达到1.3亿元。虽然在一段兴盛期后走入了困境，但"老冰熊"还是为民权制冷产业留下了扎实的产业基础，在华美、香雪海等东部企业开始向西转移时，民权的制冷产业基础对其区位选择决策产生了重要影响。浙江华美电器有限公司总经理蒋端平到"冰熊"考察后，时隔22天即与民权方面签署了合作协议。因为以冷柜生产为主的"冰熊"拥有较为先进的生产线和配套设施，稍加改造就可实现6亿到7亿元的产能，与"冰熊"联姻相比另起炉灶具有诸多优势；而且，在冰熊产业实体外，"冰熊"商标更是成为转移企业竞相追逐的目标。2007—2011年，华美集团和飞龙集团对冰熊冰箱、冷柜商标所有权进行了旷日持久的争夺。华美集团把最终获得两大商标所有权视为民权投资战略的新起点，并基于此制定"3033"战略，计划在2017年左右实现年产值30亿元，利税3亿元，市场占有率进入全国前三强(吴春波，2013)。另外，在冰熊日渐衰落的同时，一批敢想敢干的员工离开

"冰熊"开始了自己的创业之路,兆邦、小牛、建翔、冰航等一批地方企业的崛起,极大地丰富了民权制冷的产业体系,优化了区域产业生态系统。"老冰熊"留下的有形、无形资产,众多中小企业构成的产业生态系统,成为民权吸引转移企业的首要砝码。

5.3.2 血缘、地缘、学缘关系构成的关系纽带

产业转移作为一种为社会所定位的经济现象,虽然比较优势、规模经济、创新环境等是转移企业区位选择的重要动因,但一些非经济因素如产业转出地、承接地之间的社会关系也会成为影响决策的重要因素(谭文柱,2012)。在民权承接东部地区制冷产业转移过程中,由血缘、地缘、学缘关系构成的关系纽带发挥了不可或缺的作用。"老冰熊"是民权制冷产业发展的原点,1997—2008 年,"老冰熊"由于种种原因陷入了举步维艰、艰苦困顿的境地,一些员工被迫离职离岗,或者在民权进行自主创业,或者到安徽滁州、浙江慈溪、广东中山、山东青岛等地的制冷企业中打工。不少"老冰熊"技术骨干到了新企业后很快崭露头角,并逐渐成为新企业的技术核心或管理高层。在民权提出振兴制冷产业、打造中国"冷谷"时,这些在外闯荡的"老冰熊"成为民权与转移企业联络沟通的纽带。如浙江香雪海集团在将生产线转移到民权之前,有近 1/3 的员工来自民权,"老冰熊"技术员赵鹏更是成为香雪海集团的副总经理。2005 年后,随着浙江沿海地区产业经营成本不断上升,香雪海集团开始进行产业转移区位选择,在众多伸出"橄榄枝"的区域中民权并不占有绝对优势,然而赵鹏等"老冰熊"对民权制冷产业的深厚感情,对家乡发展振兴的殷殷关切,成为影响企业转移决策的重要力量,在他们的努力和坚持下香雪海集团最终进驻民权。与此类似,来自无锡的明华塑业有限公司、来自深圳的华克动力设备有限公司、来自商丘的凯王制冷电器有限公司的负责人都是民权人,而且明华和凯王的负责人都曾是冰熊集团的员工。此外,郑州科美瑞商用冷柜有限公司、百盛制冷电器有限公司总经理分别与民权地方企业郑波制冷配件有限公司、力冷制冷设备有限公司总经理是同学,由于老同学的盛情邀约,科美瑞、百盛均整体搬迁到了民权。

5.3.3 区位优势

Dunning(2000)的国际生产折中理论提出,转移企业区位选择取决于所

有权优势(Ownership)、区位优势(Location)和内部化优势(Internalization)，其中区位优势指如果产业承接地的区位条件比转出地更具吸引力，则转移企业会倾向于在承接地投资以增强或拓展其竞争优势；基于转移企业对承接地的指向战略，可以将产业转移分为市场指向型(Market Seeking)、资源指向型(Resource Seeking)、效率指向型(Rationalized & Efficiency Seeking)、战略资产指向型(Strategic Asset Seeking)。民权能够获得众多转移企业青睐，主要因为具有三个比较突出的优势：一是交通优势。310国道、陇海铁路、连霍高速、郑徐高铁横贯东西，产业集群南邻连霍高速，北依陇海铁路，可以实现路网无缝对接。二是市场优势。随着中国社会经济迅速发展，冰箱等家电已经开始大面积走入寻常百姓家，河南作为人口大省具有很大的市场潜力。目前全国冰箱、冷柜生产的第一集团主要包括安徽、广东、江苏、山东，而河南只能归入第二集团，目前还有较大的产能缺口。转移企业抢滩民权可以迅速形成产能，占领河南乃至中部市场，并辐射广大北方地区。如华美收购冰熊资产和品牌，主要是为了在民权打造面向北方地区的生产基地，形成南华美、北冰熊的品牌和市场格局。三是劳动力优势。民权县总人口约为89万，随着近年农业生产机械化水平不断提高，产生了大量的农村剩余劳动力，而这些劳动力资源则成了吸引转移企业进驻和促进集群发展的强大动力。如2010年前后万宝集团广东中山生产基地雇用一名总装线熟练工人每月总支出大约为4500元，而在民权雇用同样岗位熟练工人的费用大约为3000元。民权制冷产业已经有30多年的发展历史，已经培育了大量的熟练工人，这些工人经过进一步培训，可以迅速适应现代化的生产和管理模式。

5.3.4 浓厚的区域创业氛围

庄子故里民权具有海纳百川、自强不息的气魄，民权人民具有中原儿女勤奋朴实、百折不挠的精神，民权制冷产业的源起、发展和复兴都离不开浓厚的区域创业氛围。1986年，通过引入国外先进设备，民权人在老旧的厂房中生产出了第一台冰熊牌冰柜。随着"冰熊"不断长大，她也逐渐成为民权乃至河南的骄傲，成为河南工业发展的旗帜和引领者；而且民权人没有满足，在冷柜生产之外他们还在积极探索冷藏车、冰粒机、空调器等新的制冷产品，努力打造属于民权人的制冷王国。在新的经济形态出现时,"冰熊"又成为河南轻工业领域第一个吃螃蟹的人。虽然"冰熊"上市的结局归于暗淡,但这毕竟是"冰熊"人力求突破传统路径依赖的一种尝试。在随后艰苦困顿的日子里,更多有胆略、有智慧的民权人开始走向了自主创业的道路,并催生了兆邦、冰航、建翔、力冷等一大批新兴制冷企业,可以说这些企业的创立,保存了民权制冷发展的脉络,进一步提炼、升华了民权人的创新、创业精神。如兆邦电器总经理刘飞曾在冰熊集团担任业务员,他带领几位"老冰熊"在一穷二白的情况下创立了兆邦,并使兆邦的产能迅速超越了"冰熊",一度成为民权制冷的第一。曾经在兆邦担任业务员的李国宝,则在刘飞的鼓励下于2007年创立了自己的企业,经过七年的摸爬滚打,李国宝已经拥有了果宝、盛宝两个制冷配件企业,这两个企业生产的篮筐和门封条几乎供应了集聚区内所有整机企业。民权人这种勇于打拼、敢于创造的精神,民权产业集聚区良好的创业氛围吸引了众多转移企业的目光,香雪海、百盛、华克动力等企业都将生产线整体迁入了民权。可以说,正是浓厚的区域创业氛围使民权制冷产业集聚区成为企业发展壮大的一方沃土,成为转移企业竞相入驻的上选之地。

5.3.5 地方政府的强力推动

在中国,政府对区域经济发展的作用不容忽视。有学者甚至发现苏州工业园中外资企业地方结网过程呈现与"地理接近—关系接近—制度接近"一般过程"逆向"的特征,"制度通道"成为外资企业首先接触的通道类型(艾少伟,2011)。在民权,政府的强力推动也是吸引转移企业并促进集聚区发展的重要力量。一是求真务实的民权理念。在承接产业转移和推动集群建设过程中形成了以"打好制冷产业基础,加快中国冷谷建设"的指导思想,提出了"建好高新区,搭建大平台,培育大产业,促进大发展"的建设思路。通过引入万宝、香雪海、澳柯玛等知名企业,建设国家级检测中心和院士工作站,使产业发展实现由量的扩充向质的提升转变,由民权制造向民权创造转变。二是行之有效的民权模式。首先通过亲情招商、以商招商、协会招商、重点区域招商等不同渠道引入转移企业;然后通过360度服务加快企业建设、促进企业成长,如代建厂房大大缩减了企业转移的时间成本和经济成本,代理招工解决了企业用工难的燃眉之急,代理培训提高了企业高效生产和科技创新的能力。三是有口皆碑的民权速度。为了让签约企业尽快落地并赶在销售旺季前投产,民权县政府对重点转移项目坚持一名县领导分包联系、一个部门对口帮扶、一套人马跟踪服务,建设工作中倡导"5+2""白加黑"精神,主管干部吃住在工作一线,不分白天黑夜,没有节假休息。2010年,香雪海项目从签约到投产仅用了98天,创下了国内制冷企业从建厂到投产的最快速度。2012年,根据万宝集团工期调整需要,最终在13天内保质保量地完成了2个月的建设任务。民权极富个性的发展理念、服务模式、建设速度坚定了转移企业的投资信心,加快了企业的发展步伐,最终为民权制冷产业发展提供了源源不断的动力。

第 6 章

民权制冷企业网络结构分析

第6章　民权制冷企业网络结构分析

20世纪80年代,一些经济学家和经济地理学家发现企业并非新古典经济学所定义的静态的点或者"黑箱",而是产生于社会网络关系构建的合法组织实体,并作为行为者嵌入该网络(Yeung,1998,2005;Amin,1999;Gulati,2000;Wal,2009)。综合相关学科的定义要点,企业网络是介于市场组织与科层组织之间的一种中介形态,是嵌入一定社会关系中的独立而又相互联系的企业的组织方式(曾菊新,2002;李二玲、潘少奇,2009;刘艳艳,2011)。不同学科对企业网络研究具有不同的侧重点。经济地理学侧重研究企业网络的类型、组织属性以及企业网络对经济活动空间集聚、生产系统空间组织的影响(李小建,2002;曾菊新,2002)。管理学主要探索何种企业网络结构更有助于资源的合理配置,更有助于提高企业的学习创新水平(Uzzi,1996,1997;Ahuja,2000;Tsai,2001;Reagans,2003;Bell,2005;Fleming,2007;Rost,2011;王长峰,2011)。政治经济学主要分析企业网络中的权力关系,认为企业网络的形成和维系主要基于企业间的权力依赖(林兰,2010;张巍,2011)。经济社会学着重研究社会资本对企业网络形成与演化的作用(Coleman,1988)。

随着企业网络理论的形成和发展,越来越多的学者开始基于网络视角研究产业集群的组织结构、竞争优势、演化过程。基于不同的关系类型,学者们关注的企业网络包括衍生网络、情感网络、咨询网络、合作网络、创新网络等(Schmitz,1995;李小建,2004;李二玲、李小建,2007,2009;韩玉刚,2011)。目前常见的网络研究范式主要有三种,即社会网络分析法(SNA)、行为者网络理论(ANT)和交易成本分析法(TCA)(李二玲,2009);后来兴起的复杂网络(Complex Network)分析方法也得到了比较广泛的应用(王茂军,2011)。对企业网络进行定量测度的指标主要包括中心性、中介度、密度、最短路径、集中度、稳健度等(刘军,2004;蔡宁,2006)。基于社会网络分析方法,李二玲(2009a)对河南省三个欠发达农区产业集群中的衍生网络、情感网络、咨询网络、合作网络进行分析,发现三者分别属于竞争性水平网络、互补性垂直网络、混合性转包网络。韩玉刚（2011）对安徽省宁国市耐磨铸件产业集群中的衍生网络、合作网络、创新网络进行分析，发现该集群企业网络呈现典型的"轴辐结构"，种子企业也是集群中的"孵化器"和技术领袖。企业网络结构对集群学习创新能力的影响也是学者们关注的焦点，国外学者基于埃塞俄比亚 Mercato 鞋业集群（Gebreeyesus，2013）、荷兰多媒体和生物科技产业集群（Gilsing，2008）、西班牙 Valverde 鞋业集群（Casanueva，2013），国内学者基于海宁软磁产业集群（嵇登科，2006）、浙江纺织产业集群（吴结兵，2006）分析了网络结构、节点角色对集群内部知识传递、技术创新的影响，得出了一些很有启示意义的结论。

基于网络化视角，企业不再是静态的点，而是具有渗透力的组织并具有高度模糊的边界，在关系构建和网络演变中，企业会接入周围的网络，并产生一些企业—地域交互领域（Dicken，2001）。产业转移本质上是一种"产业/企业—地域"相互作用的过程，承接地产业集群是转移企业地方嵌入的"场域"，而转移企业与承接地企业共同构成的企业网络则成为二者交互活动的载体。目前，基于网络视角的产业转移研究主要关注转移企业所代表的全球力量对地方生产网络的影响，关注全球—地方生产网络的联结与演化（Wei，2011，2012，2013；苗长虹，2006）。比如，有学者发现，苏州作为世界 ICT 产业落户中国的主要区域，技术、结构、空间和制度方面的错位在一定程度上限制了苏州 ICT 产业全球—地方生产网络的构建，而且苏州 ICT 产业网络具有二元结构，位于 GPN 和中国本土企业生产网络衔接的中间环节（Wei，2011）。

总体而言，基于网络视角进行的转移企业与承接地企业交互活动研究并不多见；已有研究多是从宏观尺度研究全球生产网络与地方生产网络的互动耦合，缺少企业层面上转移企业与承接地企业互动关系的微观研究。虽然学界就产业转移对承接地企业技术进步、网络升级的效应存在论争，但多数研究都根据转移企业具有更高技术能力的一般规律，将转移企业视为企业网络的"技术守门人"，对转移企业在承接地企业网络中的真实角色的分析很少，基于社会网络分析方法进行定量分析的研究更少。而且，对某一时间节点上转移企业与承接地企业交互网络结构的静态研究较多，对一定时间范围内网络形成、演化的研究很少。基于此，本章以河南省民权县制冷产业集群为研究案例,通过调研和访谈获取企业间的正式与非正式联系数据,进而提取集群内 2009 年、2013 年、2017 年的经济联系、技术合作、社会交流企业网络;然后利用社会网络分析方法分析区域企业网络结构及演化特征,判断转移企业地方嵌入的程度和效应,讨论区际转移企业地方嵌入过程中是否也存在嵌入困难和嵌入失效问题。

6.1 数据来源与研究方法

6.1.1 数据来源

研究数据主要源于对民权制冷产业集群的多轮次调研。2014 年 4 月底进行预调研,首先选定少量代表性制冷企业进行问卷调查,预调研后根据所获取信息和发现问题对调研问卷进行了修订。预调研期间还通过当时的民权县高新技术开发区及工业和信息化局了解民权制冷产业发展历史、集群内企业概况。修订之后的调研问卷主要收集在特定时间节点上民权制冷企业概况和对外联系情况,问卷内容包括:①企业基本情况,企业性质、建厂时间、员工人数、年末资产、年总收入、主要产品、研发情况等;②企业对外经济联系情况,集群内外的上游企业、下游企业、委托生产、共同投资情况;③企业对外技术合作情况,集群内外的共同研发、提供技术服务、接受技术援助情况;④企业对外社会交流情况,集群内外员工联系,企业主间的血缘、地缘、学缘关系等;⑤民权本地企业发展及全球嵌入的相关问题;⑥转移企业地方嵌入的相关问题。

2014 年 7 月中旬,对集群内制冷企业进行问卷调查。参与调研人员全部为河南大学地理与环境学院等单位的博士、硕士研究生,调研前对全体人员进行了集中培训。本次调查共获取问卷 56 份,其中有效问卷 39 份,有效性达到 69.64%。2014 年 9 月至 10 月,对 39 家企业负责人分别进行半结构式访谈,每位企业负责人访谈时间约为 1 小时;同时调研小组还对县政府、高新区、工业和信息化局、行业协会有关人员进行了访谈。通过问卷调查和访谈,获取了 39 家制冷企业 2013 年对外经济联系、技术合作和社会交流关系数据,以及 2009 年已在民权建厂的 15 家企业当年对外经济联系、技术合作和社会交流关系数据;同时,还获取了相关企业在不同时段的属性数据。2009 年的 15 家企业中，整机企业有 7 家，制冷配件企业有 8 家；通过产业转移落户民权的企业有 1 家，民权地方企业有 14 家（见表6-1）。2013 年的 39 家企业中，整机企业有 17 家，相关配套企业有 22 家；通过产业转移落户民权的企业有 23 家，民权地方企业有 16 家（见表6-2）。

表 6-1　2009 年民权制冷产业集群企业情况

企业名称	企业类别	民权建厂时间(年)	主要产品
BH	本地企业	2000	冷凝器、蒸发器，制冷机组
AX	本地企业	2007	商用冷藏柜
BXLCC	本地企业	1989	冷藏车、保温车
JX	本地企业	2009	商用冷藏柜
SC	本地企业	2009	冷藏车、保温车
XP	本地企业	2009	商用冷藏柜
ZB	本地企业	1992	冰箱、冷柜
HKPJ	本地企业	2001	塑料型材、玻璃门
JXPJ	本地企业	2007	冷凝器
LL	本地企业	2001	冷藏车专用制冷机组
XN	本地企业	1993	玻璃门、塑件
SB	本地企业	2007	门封条
YF	本地企业	2009	塑料件
ZBPJ	本地企业	2008	塑料配件、玻璃门
HM	转移企业	2007	冰箱、冷柜

注：受多种因素影响，调研未能涵盖集群内的全部制冷企业。根据企业要求，定量分析部分对企业名称进行编码处理。

表 6-2　2010—2013 年民权制冷产业集群新增企业情况

企业名称	企业类别	来源地	转移形式	主要产品
BS	转移企业	河南郑州	整体搬迁	商用冷藏柜
CX	转移企业	浙江慈溪	随 XXH 整体搬迁	密封条
WB	转移企业	广东广州	集团分公司	冰箱、冷柜
AJ	转移企业	浙江慈溪	集团分公司	蒸发器、冷凝器

续表

企业名称	企业类别	来源地	转移形式	主要产品
AAS	转移企业	河南郑州	整体搬迁	商用冷藏柜
AKMDQ	转移企业	山东青岛	集团分公司	冰箱、冷柜
FL	转移企业	浙江慈溪	集团分公司	制冷压缩机
GB	本地企业	—	—	食品篮筐
HKDL	转移企业	广东深圳	整体搬迁	商用冷藏柜
HKDQ	本地企业	—	—	蒸发器、冷凝器
LK	转移企业	河南郑州	整体搬迁	商用冷藏柜
SY	转移企业	河南郑州	整体搬迁	泡沫包装
XXH	转移企业	浙江慈溪	集团分公司	冰箱、冷柜
XY	转移企业	河南郑州	整体搬迁	商用冷藏柜
JS	转移企业	浙江慈溪	随XXH整体搬迁	模具
KMR	转移企业	河南郑州	集团分公司	商用冷藏柜
MH	转移企业	江苏无锡	集团分公司	玻璃门
HY	转移企业	浙江慈溪	随XXH整体搬迁	底座架
XM	转移企业	浙江慈溪	随XXH整体搬迁	玻璃推拉门
ASDDRSQ	转移企业	广东中山	集团分公司	热水器等
SNDQ	转移企业	江苏无锡	集团分公司	磁敏开关、传感器
XD	转移企业	浙江慈溪	随XXH整体搬迁	挤塑件
XLPJ	转移企业	浙江慈溪	随XXH整体搬迁	玻璃门、篮筐
ZC	转移企业	浙江慈溪	随XXH整体搬迁	包装泡沫

2017年11月至12月对案例集群开展了最后一轮调研，组织形式与之前保持一致，调研方式包括问卷调查和深度访谈两部分。通过调研发现，2014—2017年，集群内新增制冷企业11家（见表6-3），已有倒闭企业6家（XN、FL、AAS、XM、ZBPJ、JS）；所以2017年共有企业44家，其中整机企业有26家，相关配套企业有18家；通过产业转移落户民权的企业有27家，民权地方企业有17家。需要说明的是，笔者及所在课题组一直持续关注民权制冷产业发展。由于2020年以来集群内企业经营受新冠肺炎疫情影响很大，2020年之后的数据不适宜与前期数据进行对比研究，所以

没有再进行大规模调研和数据更新。

表 6-3 2014—2017 年民权制冷产业集群新增企业情况

企业名称	企业类别	来源地	转移形式	主要产品
AKMLCC	转移企业	山东青岛	集团分公司	冷藏车
ASDDJSJ	转移企业	广东中山	集团分公司	净水机等
HG	转移企业	河南郑州	整体搬迁	商用冷藏柜
JT	转移企业	广东中山	整体搬迁	壁挂炉
KBE	转移企业	广东广州	集团分公司	冰箱、冷柜
KW	转移企业	河南商丘	整体搬迁	商用冷藏柜
ZX	转移企业	河南郑州	整体搬迁	异形柜、特种柜
HX	转移企业	河南郑州	整体搬迁	钢化玻璃
DLB	本地企业	—	—	空调整机及配件
XL	本地企业	—	—	冷藏车、机组、箱体
YT	本地企业	—	—	冷藏车

6.1.2 研究方法

6.1.2.1 网络提取

首先对调研所获取的集群内部企业关系数据进行核实处理。企业之间的联系只有得到双方确认才予以保留并赋值为 1；否则赋值为 0。也即在对企业联系的调研数据进行分析时，只有 A 企业与 B 企业均认为它们之间存在某种联系（比如技术合作关系），该联系才能得到确认。换言之，如果 A 企业认为自己与 B 企业有技术合作关系，但 B 企业并不认为自己与 A 企业有技术联系，就不会认为 A 企业与 B 企业间存在技术联系。如此处理，是为了保证企业联系的客观性。通过对调研结果进行整理，最终构建各时间节点上集群内部企业间的经济联系、技术合作、社会交流对称关系矩阵，并在此基础上提取 2009 年、2013 年、2017 年民权制冷企业间的经济联系、技术合作、社会交流无向无权关系网络（见图 6-1）。

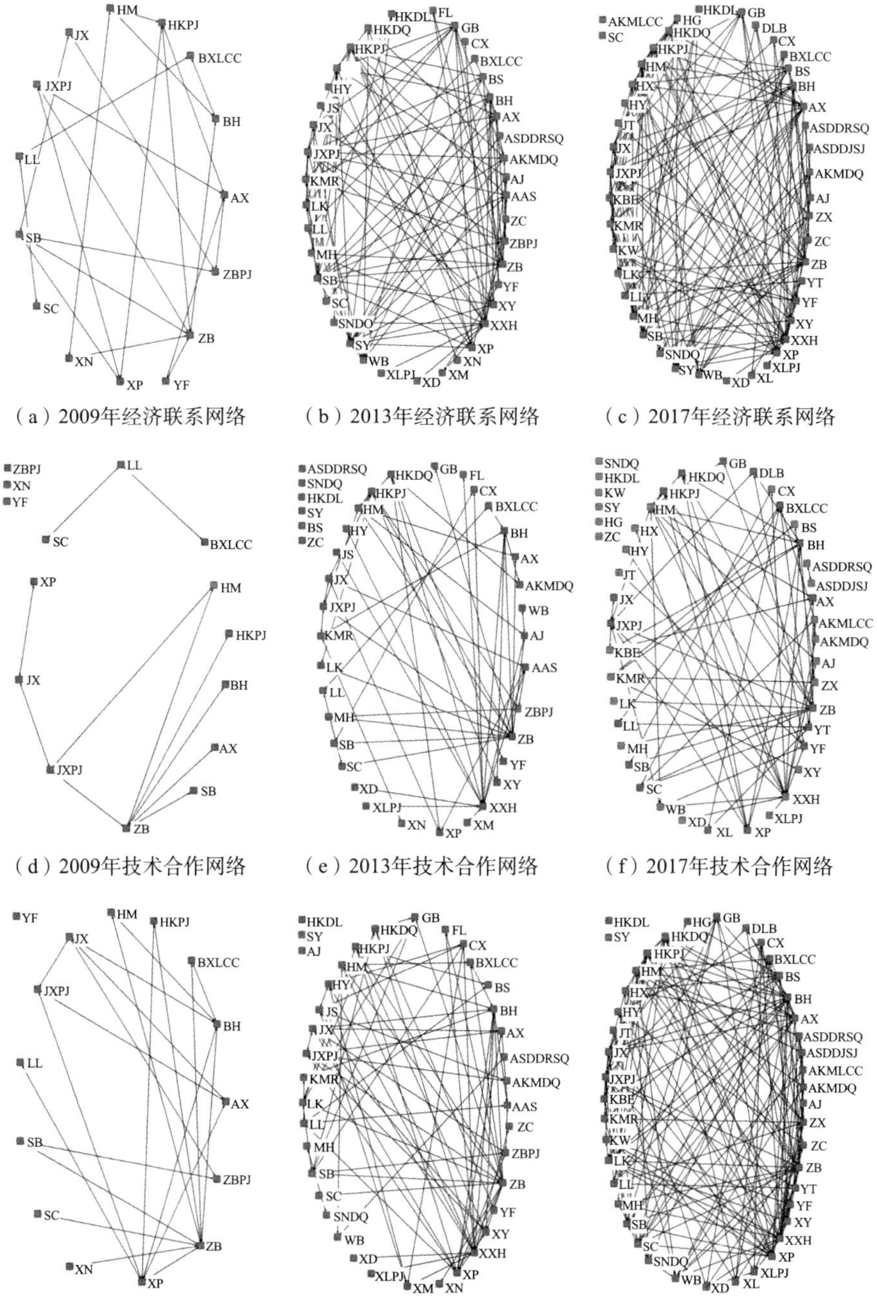

第6章 民权制冷企业网络结构分析

（a）2009年经济联系网络　　（b）2013年经济联系网络　　（c）2017年经济联系网络

（d）2009年技术合作网络　　（e）2013年技术合作网络　　（f）2017年技术合作网络

（g）2009年社会交流网络　　（h）2013年社会交流网络　　（i）2017年社会交流网络

图 6-1　民权制冷企业网络

6.1.2.2 网络测度分析

企业网络分析旨在考察网络结构特征、演化规律,识别重要节点,主要通过节点度、聚类系数、中间中心度、网络密度、中心势、平均最短路径、核心边缘结构等指标进行分析(刘军,2004)。由于本书构建的是无向无权网络,因此以下列出的指标测度方法均主要针对无向网络。

(1)度数中心度(Degree Centrality)。度数中心度一般简称为度(Degree),是网络分析的主要工具之一,用于反映节点的"网络权力"。绝对度数中心度是节点i的连接边数目。测度公式如下:

$$D_i = \sum_j x_{ij} = \sum_i x_{ji} \qquad (6-1)$$

式中,D_i为节点i的绝对度数中心度,x_{ij}为节点i到节点j间的连线。

由于实际经济实践中企业网络规模可能存在很大差距,不同规模企业网络节点的绝对度数中心度相互比较没有意义,而相对度数中心度可以弥补这个缺陷。相对度数中心度是节点绝对度数中心度与最大可能度数中心度的比值。测度公式如下:

$$D'_i = D_i/(n-1) \qquad (6-2)$$

式中,D'_i为节点i的相对度数中心度,其值在0到1之间。节点相对度数中心度为0说明该节点是网络中的孤立点,为1说明该节点是网络中的核心节点之一,比如可能是星形网络的核心。

(2)聚类系数(Clustering Coefficient)。聚类系数是指与节点i存在有效连接的节点j、节点k彼此也有效连接的概率,在企业网络中可以理解为某人的朋友们是否也是朋友,反映了节点i组织全连通网络的能力。测度公式如下:

$$C_i = \frac{2E_i}{k_i(k_i-1)} \qquad (6-3)$$

式中,C_i为节点i的聚类系数,k_i为节点i和其他节点有效关联数,E_i为k_i个节点间实际存在的有效关联数。

(3)中间中心度(Betweenness Centrality)。中间中心度为多个非邻接节点对间通过节点i的最短路径的概率之和与理论最大值的比值。中间中心度高表示节点i很大程度上会成为其他节点两两连接的中介,占据着保障和控制网络连通的关键位置。测度公式如下:

$$B_i = \frac{2}{(n-1)(n-2)} \sum_{j>k} \frac{b_{ijk}}{b_{jk}} \qquad (6-4)$$

式中，B_i 为节点 i 的中间中心度，b_{jk} 为节点 j 和节点 k 之间的最短路径数，b_{ijk} 表示节点 j 和节点 k 之间经过节点 i 的最短路径数，n 为整个网络节点数。

（4）网络密度（Density）。网络密度顾名思义是网络联系的稠密程度，用网络实际拥有的联系数与网络理论存在最多联系数的比值来表示。测度公式如下：

$$DN = 2x/n(n-1) \qquad (6-5)$$

式中，DN 为网络密度，n 为网络节点数，x 为网络中实际存在的关系或者连线的数量。网络密度 DN 值在 0~1，密度越高说明网络内部联系越频繁，全连通网络的密度为 1。

（5）中心势（Centralization）。图的度数中心势用来表征网络对核心节点的依赖程度。如果包含 n 个节点的网络中节点度值都一样，比如都等于 $n-1$，说明网络没有什么中心点，没有依赖个别核心节点的趋势；反之，如果节点度值差距越大，说明网络对某些重要节点的依赖性越强，网络中心性越突出。网络度数中心势测度公式如下：

$$CN_D = \frac{\sum_{i}^{n}(D_{\max} - D_i)}{\max\left[\sum_{i}^{n}(D_{\max} - D_i)\right]} \qquad (6-6)$$

式中，CN_D 为网络度数中心势，$D_{\max}$ 是网络中节点绝对度数中心度的最大值，D_i 为任意节点的绝对度数中心度值，分母为企业网络中绝对度数中心度可能最大值与其他节点绝对度数中心度差值之和的可能最大值。CN_D 小于 1 大于等于 0，值越大说明网络对核心节点的依赖越强，全连通网络 CN_D 为 0。由于在星形网络中式（6-6）的分母才能达到最大值 n^2-3n+2，所以，式（6-6）也可以表达为：

$$CN_D = \frac{\sum_{i}^{n}(D_{\max} - D_i)}{n^2 - 3n + 2} \qquad (6-7)$$

（6）平均最短路径（Average Shortest Path Length）。在企业网络中最短路径指从节点 i 到节点 j 所经过的最少连接线数目，平均最短路径是网络中任意两个节点最短路径的均值。测度公式如下：

$$LN = \frac{2}{n(n-1)} \sum_{i>j} d_{ij} \quad (6-8)$$

式中，LN 为网络平均最短路径长度，d_{ij} 为节点 i 到节点 j 间的连接线数目，n 为企业网络中的节点数。网络平均最短路径反映网络中各节点相互联系的通达程度，平均最短路径值越小说明网络节点相互联系越便捷。

（7）网络结构相似性。本书主要基于经济联系、技术合作、社会交流三种网络来分析转移企业与承接地企业互动及产业集群发展问题。为了分析同一时间节点上三种网络在结构上的相似程度，进而分析它们是否具有相似的演化规律，笔者还提出了一个测度网络结构相似性的模型。假设无向无权网络 X 与 Y，二者的节点完全一致，但网络中的连接关系可能不同，则两个网络的相似度测度公式如下：

$$S_{XY} = 1 - \frac{\sum_{i \neq j}^{n} \sqrt{(X_{ij} - Y_{ij})^2}}{n(n-1)} \quad (6-9)$$

式中，S_{XY} 为网络 X 与 Y 的相似性，X_{ij} 为 X 网络中节点 i 与 j 之间的联系，Y_{ij} 为 Y 网络中节点 i 与 j 之间的联系，在无向无权网络中若节点间存在联系则 X_{ij}、Y_{ij} 等于 1，否则等于 0，n 为节点个数。S_{XY} 的值介于 0 到 1 之间，值越大则说明相似度越高。S_{XY} 值为 1 说明网络 X 与 Y 完全一致，为 0 说明二者没有任何相同的网络关系。

6.2 网络结构分析

6.2.1 网络发育不平衡，企业对外连通能力差异很大

从表 6-4 可以看出，在三个时间节点上民权制冷产业集群内部企业网络节点度值差距十分明显：2013 年经济联系、技术合作、社会交流网络节点度极差值分别为 14、11、14，2009 年分别为 5、6、8，2017 年分别为 17、13、19。网络中绝大部分节点的度值都比较小，高度值节点数占节点总数的比例很小。2009 年经济联系、技术合作、社会交流网络中节点度值小于等于中位数的比例分别为 75.00%、87.50%、75.00%，2009 年分别为

74.29%、74.29%、57.14%，2017 年分别为 59.09%、77.27%、65.91%。

表 6-4 民权制冷企业网络节点度值

分类号	企业名称	2009 年			2013 年			2017 年		
		经济联系	技术合作	社会交流	经济联系	技术合作	社会交流	经济联系	技术合作	社会交流
T1	AAS	—	—	—	5	4	4	—	—	—
T1	AKMDQ	—	—	—	7	2	2	6	2	7
T1	AKMLCC	—	—	—	—	—	—	0	4	3
T1	ASDDJSJ	—	—	—	—	—	—	2	1	6
T1	ASDDRSQ	—	—	—	1	0	1	3	1	6
T1	BS	—	—	—	5	0	2	8	2	8
T1	HG	—	—	—	—	—	—	6	0	2
T1	HKDL	—	—	—	3	0	0	7	0	0
T1	HM	3	2	2	11	6	5	11	10	12
T1	JT	—	—	—	—	—	—	1	1	1
T1	KBE	—	—	—	—	—	—	7	3	4
T1	KMR	—	—	—	6	3	2	9	4	5
T1	KW	—	—	—	—	—	—	5	0	5
T1	LK	—	—	—	5	2	5	7	1	9
T1	WB	—	—	—	7	1	2	9	4	9
T1	XXH	—	—	—	14	11	12	17	13	19
T1	XY	—	—	—	6	2	6	4	1	6
T1	ZX	—	—	—	—	—	—	6	2	9
T2	AJ	—	—	—	4	4	0	3	2	1
T2	CX	—	—	—	1	2	5	3	2	5
T2	FL	—	—	—	2	1	2	—	—	—
T2	HX	—	—	—	—	—	—	12	1	6
T2	HY	—	—	—	1	1	4	1	1	5
T2	JS	—	—	—	1	1	5	—	—	—
T2	MH	—	—	—	3	2	1	11	1	4
T2	SNDQ	—	—	—	2	0	1	6	0	5
T2	SY	—	—	—	15	0	0	15	0	0
T2	XD	—	—	—	1	1	1	1	1	5

续表

分类号	企业名称	2009年			2013年			2017年		
		经济联系	技术合作	社会交流	经济联系	技术合作	社会交流	经济联系	技术合作	社会交流
T2	XLPJ	—	—	—	1	1	1	1	1	5
T2	XM	—	—	—	2	1	4	—	—	—
T2	ZC	—	—	—	1	0	1	5	0	6
L1	AX	4	1	3	7	2	4	12	4	12
L1	BXLCC	2	1	2	2	2	3	3	5	6
L1	DLB	—	—	—	—	—	—	3	3	4
L1	JX	2	2	4	5	4	6	9	1	12
L1	SC	1	1	1	2	2	1	0	4	9
L1	XL	—	—	—	—	—	—	2	2	5
L1	XP	3	1	6	7	3	9	10	6	14
L1	YT	—	—	—	—	—	—	2	5	4
L1	ZB	6	6	9	9	11	14	12	10	17
L2	BH	3	1	5	10	6	9	11	8	16
L2	GB	—	—	—	10	1	4	8	2	7
L2	HKDQ	—	—	—	4	5	5	7	5	13
L2	HKPJ	4	1	2	10	6	5	15	4	14
L2	JXPJ	3	3	3	12	4	6	14	8	13
L2	LL	2	2	2	2	2	4	3	2	7
L2	SB	4	1	2	15	2	6	14	2	10
L2	XN	2	0	2	1	1	1	—	—	—
L2	YF	2	0	0	3	1	1	9	5	4
L2	ZBPJ	3	0	3	7	3	4	—	—	—

注：部分企业2009年、2013年无数据是因建厂晚于2009年或2013年，部分企业2017年无数据是因到2017年该企业已经倒闭。T1为转移整机企业，T2为转移配套企业，L1为本地整机企业，L2为本地配套企业。

节点度值具有分层现象，度分布概率近似呈现"右倾斜长尾"特征（见图6-2），说明民权制冷企业网络发育并不平衡，少数节点掌握着较大的"网络权力"，大部分节点度值不高，比较依赖网络中的核心节点。在2009年三类关系网络中，ZB的度值均居于首位，且远高于其他节点，在经济联系网络中ZB度值是排名第二位节点度值的150.00%，而在技术合作网络和社会交流网络中这一比例则分别高达 200.00%、133.33%,说明在 2009 年民权制冷企业网络中 ZB 是绝对的网络核心。2013 年,在集群内部技术合作网络中,ZB 与 XXH 并列高居首位;在社会交流网络中,ZB 度值居于首位,XXH 排名第二;但在内部经济联系网络中,XXH 度值排名第二,ZB 却居于第九位。经济联系网络中名列前茅的主要是 SB、SY、JXPJ 等配套企业,出现这种现象是因为集群内整机企业数量较多且配套企业分工明确,SB 等企业几乎向所有整机企业供货;但由于这些企业的规模都比较小,高度值并不意味着它们拥有很强的"网络权力",事实上,在经济网络中真正拥有话语权的还是 XXH、HM、ZB 等大型整机企业。2017 年,在三种网络中 XXH 的度值均高居首位,说明 XXH 已经成为网络中的绝对核心;ZB 在技术合作网络和社会交流网络中均位居第二位,在经济联系网络中也是仅次于 XXH 的整机企业,说明 ZB 在网络中的作用也举足轻重。

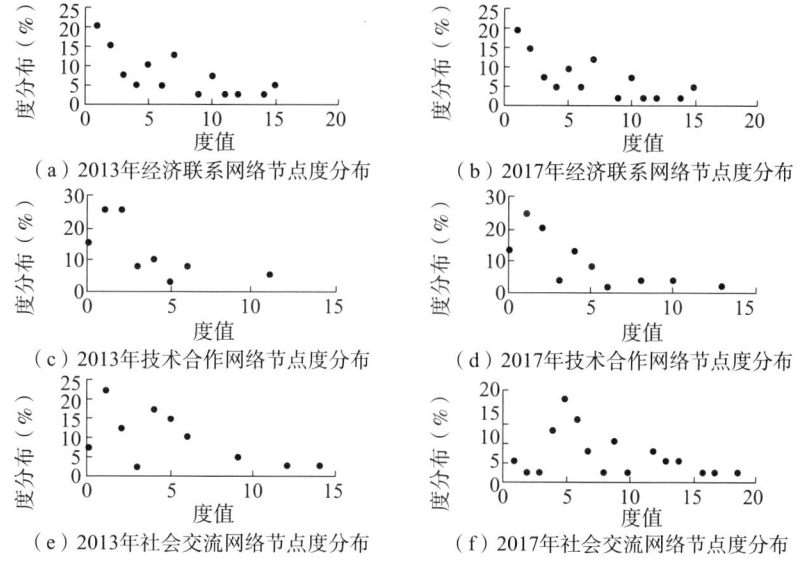

(a) 2013年经济联系网络节点度分布　　(b) 2017年经济联系网络节点度分布

(c) 2013年技术合作网络节点度分布　　(d) 2017年技术合作网络节点度分布

(e) 2013年社会交流网络节点度分布　　(f) 2017年社会交流网络节点度分布

图 6-2　民权制冷企业网络节点度分布

民权制冷企业网络之所以表现出上述特征主要取决于其产业发展历史。2003 年,"冰熊"冷柜已经基本陷入停产境地。在这种背景下,一些"冰熊"员工开始离职自主创业,以 ZB 为首的一批私营制冷企业蓬勃兴起。到 2009 年,民权本地制冷企业已经发展到 14 家。其中,4 家冰箱、冷柜整机企业分别是 ZB、AX、JX、XP;2 家冷藏车企业分别是 BXLCC、SC;

9家配套企业除LL是专门为BXLCC、SC提供冷藏车制冷机组外,其余8家都主要生产冰箱、冷柜配件。在冰箱、冷柜整机企业中ZB规模最大,技术能力最强,因此9家配套企业中有6家都向ZB供货,集群内有6家整机或配套企业都与ZB有技术方面的合作或联系。在14家本地企业中,13家企业的创办人都曾是"老冰熊"员工,由于有着共同的身份标签,这些企业主在自主创业过程中不仅在经济、技术方面相互扶持,也保持着比较密切的社会交流关系。ZB创办人原为"冰熊"业务员,他第一批离职创业且业绩最为突出,因此ZB也自然而然地成为社会交流网络的核心。另外,2009年,民权承接产业转移的热潮还未到来,转移企业HM规模虽然很大,但其在民权刚刚开始生产2年,同地方企业的经济、技术、社会联系都处于构建初期。因此,在2009年民权制冷企业网络中ZB成了当之无愧的领导核心。

2010年后,民权开始大规模承接东部地区转移企业。2010—2013年民权制冷产业集群新承接转移企业22家,其中包括XXH、WB、AKMDQ、XY、KMR、HKDL、AAS、LK、BS、ASDDRSQ等10家整机企业,FL、CX、AJ、SY、JS、MH、HY、XM、SNDQ、XD、XLPJ、ZC等12家配套企业。另外,集群还新增HKDQ、GB两家地方配套企业。2013年民权制冷产业集群产业格局与2009年相比变化很大,整机企业中WB、AKMDQ、XXH、HM、ZB、XY的产能分别位居1~6位,2009年ZB一家独大的格局已经彻底改变。因此,在2013年民权制冷企业经济联系网络中,ZB的度值排名已经跌至第九位。度值超过ZB的整机企业是XXH和HM,二者的产能都大于ZB,而且XXH和HM同"老冰熊"都有着千丝万缕的联系,因此它们同民权地方配套企业很快建立起了比较多的产业联系。XXH落户民权后还陆续吸引了其在浙江的配套企业JS、XM、HY、CX、XD、XLPJ、ZC跟随入驻,所以2013年XXH在整机企业中度值排名最高。在2013年的技术合作网络中,ZB和XXH以同样的度值居于首位,说明这两家大型整机企业同集群内的其他企业具有密切的技术联系,是网络中的技术核心和神经中枢。WB和AKMDQ虽然是集群内最大的企业,但由于发展战略、企业文化等方面的原因,它们同其他企业的技术交流却少之又少,对集群整体的技术创新帮助不大。在2013年的社会交流网络中,ZB和XXH分列一、二位,这主要是因为两家企业都同"老冰熊"关系密切,因此它们与同样具有"老冰熊"渊源的企业有较多的社会交流。而且，在社会交流网络中排名前 10 位的企业背后都有着"老冰熊"的影子，这也说明基于"老冰熊"的关系资产在企业社会交流网络形成、发育过程中发挥着重要作用。

2014—2017 年，集群的扩张速度有所减缓，仅新增制冷企业 11 家，同时还有 6 家企业倒闭或被兼并。但随着时间推移，企业间的关系网络逐渐发育固化，分层结构和领袖企业更加清晰。XXH 的度值在三种网络中均高居首位并成为网络中的绝对核心；ZB 作为规模最大的本地企业虽然度值位次有所下降，但在网络中依然具有很强的影响力；HM 的表现与 ZB 类似，整体上仍名列前茅。但经过几年的接触、融合，WB、AKMDQ 在网络中合作伙伴依然不多，建厂较晚的 ASDDRSQ 和 ASDDJSJ 因为产品属性的关系在网络中更显得形单影只。由此可见，在集群近 10 年的发展壮大过程中，"老冰熊"的身份认同一直是企业交流合作的重要纽带，也是部分转移企业能够在民权制冷产业集群深度嵌入的催化剂。同时，缺少这种身份认同的企业也走上了另外一条结网路线，它们一方面不断强化与结伴迁入企业之间的联系，努力构建关系紧密的小圈子；另一方面又始终与区域之外的上下游企业保持联系，保证企业经营的灵活性和韧性。所以说，转移企业在民权制冷产业集群的地方嵌入，主要呈现"深度融合"与"内紧外松"两种结网方式。

6.2.2 网络呈现比较明显的核心—边缘结构

通过对网络进行核心—边缘结构分析发现（见表 6-5），民权制冷企业网络表现出了很强的核心—边缘分布特征，核心区与边缘区密度差异非常大。2009 年经济联系网络中位于核心区的节点有 6 个，位于边缘区的节点有 9 个，核心区、边缘区的密度分别为 0.53、0.17；技术合作网络中位于核心区的节点有 12 个，位于边缘区的节点有 3 个，核心区、边缘区的密度分别为 0.17、0.00；社会交流网络中位于核心区的节点有 8 个，位于边缘区的节点有 7 个，核心区、边缘区的密度分别为 0.46、0.05。AX、XP、ZB、HKPJ、JXPJ 等 5 个节点在三种网络中均位于核心区，XN、YF、ZBPJ 等 3 个节点在三种网络中均位于边缘区。2013 年经济联系网络中位于核心区的节点有 15 个，位于边缘区的节点有 24 个，核心区、边缘区的密度分别为 0.43、0.01；技术合作网络中位于核心区的节点有 23 个，位于边缘区的节点有 16 个，核心区、边缘区的密度分别为 0.15、0.00；社会交流网络中位于核心区的节点有 16 个，位于边缘区的节点有 23 个，核心区、边缘区的密度分别为 0.34、0.05。AX、BH、GB、HKPJ、HM、JX、JXPJ、SB、XP、XXH、ZB、ZBPJ 等 12 个节点在三种网络中均位于核心区，ASDDRSQ、BS、FL、HKDL、HY、JS、LL、SNDQ、XD、XLPJ、XM、XN、YF、ZC 等 14 个节点在三种网络中均位于边缘区。2017 年经济联系网络中位于核心区的节点有 20 个，位于边缘区的节点有 24 个，核心区、边缘区的密度分别为 0.44、0.07；技术合作网络中位于核心区的节点有 15 个，位于边缘区的节点有 29 个，核心区、边缘区的密度分别为 0.35、0.04；社会交流网络中位于核心区的节点有 14 个，位于边缘区的节点有 30 个，核心区、边缘区的密度分别为 0.64、0.09。AX、BH、GB、HKDQ、HKPJ、HM、JXPJ、XP、XXH、ZB 等 10 个节点在三种网络中均位于核心区，AKMDQ、AKMLCC、ASDDRSQ、ASDDJSJ、BXLCC、CX、HY、JT、KW、LL、SNDQ、XD、XL、XLPJ、XY、YT、ZC、ZX 等 18 个节点在三种网络中均位于边缘区。

表 6-5 民权制冷企业网络核心—边缘结构

项目	2009 年			2013 年			2017 年		
	经济联系	技术合作	社会交流	经济联系	技术合作	社会交流	经济联系	技术合作	社会交流
核心区密度	0.53	0.17	0.46	0.43	0.15	0.34	0.44	0.35	0.64
边缘区密度	0.17	0.00	0.05	0.01	0.00	0.05	0.07	0.04	0.09
核心—边缘区密度	0.15	0.00	0.13	0.16	0.03	0.06	0.10	0.03	0.15

就 2009 年核心—边缘结构看，在三种网络中均处于核心区的 5 个节点中，ZB 是网络的绝对核心，XP 和 AX 两家整机企业规模和产业联系在集群内也名列前茅，HKPJ 生产的玻璃门、塑料件以及 JXPJ 生产的冷凝器、蒸发器是所有整机企业的必要配件，而且这 5 家企业的创始人都曾是"老冰熊"员工，因此它们在 2009 年的三种企业网络中均位于核心区。在三种网络中均处于边缘区的节点是 HX、LL、XN、YF、ZBPJ，其中 LL 生产的冷藏车专用制冷机组只供应 BXLCC 和 SC 两家企业，而 HX、XN、YF、ZBPJ 则分别生产热弯玻璃、冷柜塑料件和商用冷藏柜玻璃门中的一种，它

们的规模相对较小,而且在集群内有其他更大的竞争性企业。因此,这 5 家企业在三种网络中都处于边缘区。在 2013 年企业网络核心边缘结构划分中,转移企业中只有 HM 和 XXH 同时位于三种网络的核心区,但在三种网络中均位于边缘区的 15 家企业里转移企业却占到了 11 家。到 2017 年,转移企业中依然只有 HM 和 XXH 同时位于三种网络的核心区,但在三种网络中均位于边缘区的 18 家企业里转移企业却占到了 14 家。这充分说明大部分转移企业还没有很好地融入民权制冷产业集群的经济、技术和社会网络中。

6.2.3 网络发育不完善,整体连通能力不强

虽然民权制冷产业已有较长的发展历史,但其企业网络构建还不完善,网络连通能力亟待加强。研究期内,民权制冷企业网络的密度值都小于 0.20,平均最短路径都在 2 以上(见表 6-6),说明民权制冷企业网络节点间的相互联系比较稀疏,网络发育尚不完善,企业之间的"关系邻近"程度较低。表现尤为明显的是技术合作网络,三个时段的技术合作网络密度都小于或等于 0.10,说明企业间的技术联系强度还不足全连通网络的 1/10;而且研究期内技术合作网络平均最短路径不断增大,说明技术合作网络还有逐渐稀疏的趋势。

表 6-6 民权制冷企业网络密度和平均最短路径

	2009 年			2013 年			2017 年		
	经济联系	技术合作	社会交流	经济联系	技术合作	社会交流	经济联系	技术合作	社会交流
密度	0.20	0.10	0.19	0.14	0.07	0.10	0.16	0.07	0.17
平均最短路径	2.66	2.08	2.07	2.45	2.71	2.52	2.30	2.93	2.17

注:平均最短路径计算只能考虑度值大于等于 1 的节点,算法会自动去除网络中的孤立点;存在孤立点的网络在平均最短路径计算中会获得额外的优势。

民权制冷企业网络连通能力不强的另一个表现是,虽然有很多节点与核心节点具有联系,但是这些节点之间却鲜有联系。这一点可以通过聚类系数来衡量。聚类系数是衡量与某节点相联系的其他节点是否也相互联系的概率,可以被形象地理解为是测度某一个体的朋友们是否也都是朋友的指标。从各网络中度值排名前 5 位节点的聚类系数可知,这些高度值节点

的聚类系数都很小甚至为0(见表6-7)。这也就意味着众多与核心节点联系的节点间都非常陌生,基本没有经济、技术和社会联系。

表6-7 民权制冷企业网络高度值节点的聚类系数

排序	2009年(节点/聚类系数)			2013年(节点/聚类系数)			2017年(节点/聚类系数)		
	经济联系	技术合作	社会交流	经济联系	技术合作	社会交流	经济联系	技术合作	社会交流
1	ZB/0.00	ZB/0.07	ZB/0.14	SB/0.133	ZB/0.09	ZB/0.19	XXH/0.05	XXH/0.13	XXH/0.22
2	HKPJ/0.00	JXPJ/0.33	XP/0.20	SY/0.00	XXH/0.00	XXH/0.15	HKPJ/0.13	ZB/0.02	ZB/0.35
3	SB/0.17	JX/0.00	BH/0.30	XXH/0.00	BH/0.00	BH/0.28	SY/0.03	HM/0.22	BH/0.38
4	AX/0.00	LL/0.00	JX/0.17	JXPJ/0.00	HKPJ/0.13	XP/0.36	JXPJ/0.06	BH/0.18	XP/0.50
5	BH/0.00	HM/1.00	AX/0.67	HM/0.02	HM/0.27	JXPJ/0.47	SB/0.06	JXPJ/0.11	HKPJ/0.44

民权制冷企业网络联系比较稀疏主要基于两方面原因:一是网络发育深受产业特征和同业竞争影响,集群内整机企业与配件企业联系比较多,整机企业与整机企业、配件企业与配件企业的联系则很少。比如在经济联系网络中,2009年度值排名第一位的整机企业ZB所联系的6家企业均为配套企业,2013年度值排名第一位的配件企业SB所联系的15家企业中有13家都是整机企业。上述特征在技术合作网络、社会交流网络中表现得也比较明显。这说明,民权制冷产业集群中的企业联系还以上下游联系为主,企业间横向联系相对较少,这也意味着集群中产业竞争的态势比较明显,同业企业通过深化技术合作、社会交流以实现合作共赢的氛围还不浓厚。二是转移企业与民权地方企业间的联系普遍较弱,这一点在技术合作和社会交流网络中表现得更加明显。比如在2013年技术合作网络中,度值排名第一位的ZB所联系的11家企业中有7家是民权本地企业,而与ZB并列居于第一位的XXH所联系的11家企业中民权本地企业仅有2家。因此说,在民权制冷产业集群中,地方企业往往倾向于同地方企业联系,转移企业也更愿意建立自己的"个人俱乐部",转移企业与地方企业间的联系相对较弱,这种局面不利于民权制冷产业集群的转型升级和突破性发展。

6.2.4 经济、技术、社会关系网络具有近似的结构特征

利用公式(6-9)计算各时间节点上三种网络任意两者的相似度(见表6-8)。结果显示，2009年三种网络两两相似的程度比较接近，而2013年和2017年三种网络间的相似程度总体表现为"社会交流—技术合作相似度>经济联系—技术合作相似度>社会交流—经济联系相似度"。虽然从表6-5可知民权制冷企业的经济联系网络与社会交流网络密度值相仿，都远高于技术合作网络密度，但从网络结构相似度看社会联系网络与技术合作网络的结构最为接近(相似度值越大说明网络结构越接近)，这一现象也恰恰印证了已有成果对社会交流是缄默知识传递润滑剂的论断。另外，在三个时间节点上社会交流网络的度数中心势都居于首位，说明社会交流网络构建具有更强的指向性，整个网络的连通更加依赖核心节点。与一般理解有差异的是，社会交流网络与经济联系网络的相似度最低，说明在民权制冷企业网络中企业间经济联系和社会交流之间存在较强的异构性，企业间经济联系和社会联系之间的相互影响最弱。

表6-8 民权制冷企业网络相似度

	经济联系—技术合作(%)	社会交流—经济联系(%)	社会交流—技术合作(%)
2009年	76.92	76.92	75.82
2013年	88.85	85.77	91.03
2017年	86.36	83.09	86.79

2009年前，民权县制冷产业还处于蓄势待发阶段，"老冰熊"身份认同是维系企业间技术传递和产业联系的纽带；由于当时民权企业数量不多，产业联系的脉络比较简单，ZB作为当时集群内规模最大的企业，当之无愧地成为三种网络的核心；网络整体上形成了以ZB、XP等整机企业，JXPJ、HKPJ、BH等配件企业为核心，其他较小的整机企业和配件企业为外围的核心—边缘结构。2010—2017年，民权制冷产业集群承接了大量的转移企业，集群企业网络节点的异质性进一步增强，WB、AKMDQ等企业一般很少与民权地方企业进行技术合作，更很少进行社会交流，这种状况使社会资本促进本地企业深化技术合作的效应进一步凸显，因此2013年社会交流与技术合作网络的相似程度表现为最高。WB等转移企业虽很少与地方企

业进行社会交流,但本地采购的需要使它们同地方企业间建立了一定的产业联系,而基于这些产业联系,双方会主动或被动地开展一些技术的交流或传递,因此经济联系与技术合作网络的相似性相对居于中游,而社会交流与经济联系的相似性则最低。而且,由于 WB 等转移企业与地方企业存在经济联系明显、技术合作较少、社会联系极少的特征,他们的入驻进一步强化了民权制冷企业网络"社会交流—技术合作相似性>经济联系—技术合作相似性>社会交流—经济联系相似性"的特征。

6.2.5 社会交流网络的中心依赖性最为突出

研究期内,在经济联系、技术合作和社会交流三种网络中,社会交流网络的中心势都居于首位(见表6-9),这意味着社会交流网络更加依赖核心节点,拥有雄厚社会资本的网络核心对协调、促进民权制冷企业间的非正式交流发挥着很大的作用。

表6-9　民权制冷企业网络度数中心势

	经济联系网络(%)	技术合作网络(%)	社会交流网络(%)
2009 年	25.27	37.36	42.86
2013 年	26.67	23.40	28.31
2017 年	24.81	24.25	28.57

根据度值分析,2009 年、2013 年民权制冷企业社会交流网络的核心节点都是 ZB。ZB 的社会资本是在民权制冷产业发展中逐步累积形成的。20世纪 90 年代末期,部分"冰熊"员工开始走上自主创业之路,同事、朋友、亲戚等关系资产成了促进这些企业相互支持、共同发展的纽带。ZB 创始人最早离开"冰熊"自主创业,并在很短时间内发展壮大,从"冰熊"手中接过了民权制冷企业的旗帜。2009 年,集群内 14 家其他企业中,有 8 家都和 ZB 存在社会交流关系,而与其具有经济联系或技术合作的企业数均为 6 个,所以 2009 年社会交流网络的中心势最高。随着大量转移企业入驻,2013 年民权制冷产业集群中已有企业 39 家,在经济联系和技术合作网络中,由于 XXH、WB、HM、AKMDQ 等大型整机企业入驻,ZB 一枝独秀的状况得以改变。在社会交流网络中,基于"老冰熊"的身份认同依然是主要关系基础。ZB 作为"熊兵"中的领头羊,自然而然地成为 2013 年社会交流

网络的核心,其社会交流网络度值高达 14,而在经济联系和技术合作网络中的度值则分别为 9 和 11,所以 2013 年社会交流网络的中心势在三种网络中依然最高。2017 年,XXH 已经全面取代 ZB 成为新的网络核心,但在社会交流网络中 XXH 和 ZB 分别居于第一、二位,两家企业都与"老冰熊"有密切的血缘关系,它们一起共同强化了社会交流网络的中心依赖性。

6.2.6 网络呈现多核心化趋势

2010—2017 年,民权县制冷产业集群承接了大量转移企业,2017 年集群内企业数量达到了 2009 年的 3 倍。由表 6-10 可知,随着网络规模迅速扩大,网络密度值大体呈现出先下降后上升的规律,网络平均最短路径值大体呈现先上升后下降趋势。出现上述规律的原因在于,2009 年以前,民权制冷产业集群以本地企业为主,集群内整机企业与配套企业的产业联系比较紧密,技术合作和社会交流也比较频繁。2010 年后,越来越多的转移企业开始落户民权,由于转移企业对地方供应商产品质量并不信任,部分转移企业还吸引了原有配套企业跟随进驻,同时受既有生产习惯影响,转移企业同民权地方企业的产业联系并不密切,技术合作网络和社会交流网络也呈现同样特征。所以,2009—2013 年网络密度有所下降。2014 年后,企业数量增速放缓,集群内部产业链条逐步完善,网络连接逐步发育,以 XXH 和 HM 为代表的转移企业在民权制冷企业网络中的嵌入程度不断提高,XXH 还取代 ZB 成为新的网络核心。所以,2014—2017 年网络密度又有一定的回升。

表 6-10 民权制冷企业网络密度和平均最短路径

	经济联系网络密度	技术合作网络密度	社会交流网络密度	经济联系网络平均最短路径	技术合作网络平均最短路径	社会交流网络平均最短路径
2009 年	0.20	0.10	0.19	2.66	2.08	2.07
2013 年	0.14	0.07	0.10	2.44	2.71	2.52
2017 年	0.16	0.07	0.17	2.30	2.93	2.2

随着网络的成长发育,2009 年 ZB 一家独大的局面出现明显改变,网络呈现出多核心化趋势。2013 年,在技术合作网络中 ZB 与 XXH 并列居于首位,且度值远超其他节点;在社会交流网络中 ZB 与 XXH 又分居一、二

位;在经济联系网络中,XXH度值排名第三,ZB却居于第九位。所以,到2013年老牌本地企业ZB一家独大的局面已经改变,转移企业XXH也已成为网络核心节点。2017年,在三种网络中XXH的度值都稳居首位,ZB、HM、BH、HKPJ则交替跟随,说明2017年XXH已经取代ZB成为网络绝对核心。值得注意的是,在2017年技术合作网络中XXH、ZB、HM位居前三位,其余节点的度值都在10以下;但在经济联系网络和社会交流网络中,排名前十位的节点度值差距不大且都在10以上。而且,2017年三种网络的度数中心势比2009年有明显下降(见表6-9)。这些现象都说明,随着XXH、HM等大型转移企业入驻,民权制冷企业网络的多中心特性更加凸显。

6.2.7 中介节点具有较强的异质性

节点在网络连通中的重要性也即其"网络权力"不仅与其度值有联系,更与其在网络中所能发挥的中介作用息息相关。中间中心度是描述节点中介作用的参数,其意义是网络中任意两个点对最短路径通过某节点的概率与理论最大概率的比值。中间中心度高的节点往往在其他节点最短连接线上担当中介,成为其他节点相互联系的"掮客"(broker)。比如,两个生产冷凝器的配套企业同时直接与一个整机企业有联系且仅与该整机企业有联系,则该整机企业就是两个配套企业联系的"掮客"。但考虑到经济联系网络中产品会有特定的流向,同时与一个整机企业联系的两家配套企业可能很少发生产业联系,则在三个节点中整机企业的"掮客"意义大打折扣。所以下文重点识别技术合作网络、社会交流网络中的中介节点。在三个时间节点上均取中间中心度值排名前20%的节点进行分析(见表6-11)。

表6-11 民权制冷企业网络中的中介节点及其中间中心度

排序	2009年		2013年		2017年	
	技术合作(%)	社会交流(%)	技术合作(%)	社会交流(%)	技术合作(%)	社会交流(%)
1	ZB/24.18	ZB/42.95	XXH/30.64	XXH/27.87	ZB/22.65	XXH/27.38
2	JXPJ/13.19	XP/28.48	ZB23.66	ZB/27.50	XXH/22.52	ZB/11.91
3	JX/7.69	BH/14.10	BH/18.33	BH/13.50	BH/18.08	JXPJ/8.47
4	—	—	HKDQ/8.55	HM/9.23	KMR/10.85	BH/8.42

续表

排序	2009 年		2013 年		2017 年	
	技术合作(%)	社会交流(%)	技术合作(%)	社会交流(%)	技术合作(%)	社会交流(%)
5	—	—	AJ/8.51	XP/6.71	SC/10.70	HM/8.20
6	—	—	HM/6.47	HKDQ/5.68	JXPJ/9.13	WB/6.31
7	—	—	HKPJ/4.96	WB/4.55	HM/6.65	HKDQ/5.72
8	—	—	AAS/4.86	SB/4.47	AKMDQ/5.54	HKPJ/3.77
9	—	—	—	—	XP/4.57	ZX/2.97

注：网络中介节点识别并没有公认的比例，本书取中间中心度排名前20%的节点为中介节点。

由表 6-11 可知，民权制冷企业网络中的中介节点具有较强的异质性，既包括大型的整机生产企业也包括规模较小的配套企业，既包括民权本地企业也包括新近入驻的转移企业，且整机企业和本地企业所占比例稍大。例如，在 2009 年的两种网络中，中介节点既包括 ZB、XP、JX 等整机企业，也包括 JXPJ、BH 等主要配件企业。在 2013 年技术合作网络中介节点中，整机企业占了 75.00%，配件企业占了 25.00%；本地企业为 BH、ZB、BXLCC、HKDQ，转移企业为 XXH、HM、AJ、AAS。在 2013 年社会交流网络中介节点中，整机企业和配件企业分别各占 75.00% 和 25.00%，本地企业为 ZB、BH、XP、HKDQ、SB，转移企业为 XXH、HM、WB。在 2017 年技术合作网络中介节点中，整机企业占了 77.78%，配件企业占了 22.22%；本地企业为 ZB、BH、SC、JXPJ、XP，转移企业为 XXH、KMR、HM、AKMDQ。在 2017 年社会交流网络中介节点中，整机企业和配件企业分别各占 85.71% 和 14.29%，本地企业为 ZB、JXPJ、BH、HKDQ、HKPJ，转移企业为 XXH、HM、WB、ZX。

ZB 在三个年度的技术合作和社会交流网络中都是重要的中介节点，BH、XXH、HM、HKDQ 的中介作用也比较突出。比如在 2013 年的社会交流网络中，LK 和 HM 都同时与 ZB 具有联系，但除了 ZB 外 LK 和 HM 没有其他共同的关联企业，在这种情况下 ZB 成为 LK 和 HM 开展社会联系的首选"掮客"。

ZB、BH、XXH、HM、HKDQ 之所以能够成为相关网络的中介节点，主要有两方面原因：一是这些节点在网络中的度值比较高，是众多节点联系的对象。由于民权制冷企业网络联系并不是特别发达，这些节点所具有的高度值优势也可以转为中介作用优势,成为企业节点相互联系的"掮客"。比如 ZB 在 2009 年三种网络,2013 年技术合作网络、社会交流网络中度值均排名首位,自然也成为网络中重要的中介节点。二是部分节点扼守在两组关联较少节点相互联系的必经之路上,虽然度值不高但中介作用却十分突出。如图 6-3 所示,WB 在 2013 年社会交流网络中的度值仅为 2,只有 HM 和 ASDDRSQ 与其有技术联系,HM 和 ASDDRSQ 的度值分别为 5 和 1,与 HM 联系的 ZB、XXH、BH、BXLCC 如果要与 ASDDRSQ 建立社会交流则必须通过 WB,因此虽然 WB 在 2013 年社会交流网络中度值排名仅为第 24 位,但其中间中心度排名却为第 7 位。

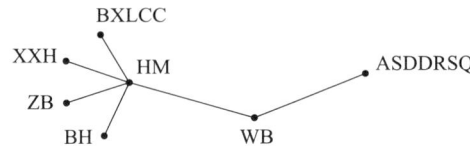

图 6-3 低度值节点 WB 的中介作用示意

如果以三个年度技术合作、社会交流网络中所有节点的度位序和中间中心度位序分别为 X 轴和 Y 轴制作关联图(见图 6-4),可以发现民权制冷企业网络节点中间中心度与度位序间存在较强的正相关关系。虽然有研究证实一些度值不高但扼守网络关键位置的节点也可以具有很高的中间中心度(潘少奇,2014;李亚婷,2014),但由于民权制冷企业数量较少且联系并不紧密,因此节点度对其中间中心度的影响比较显著。

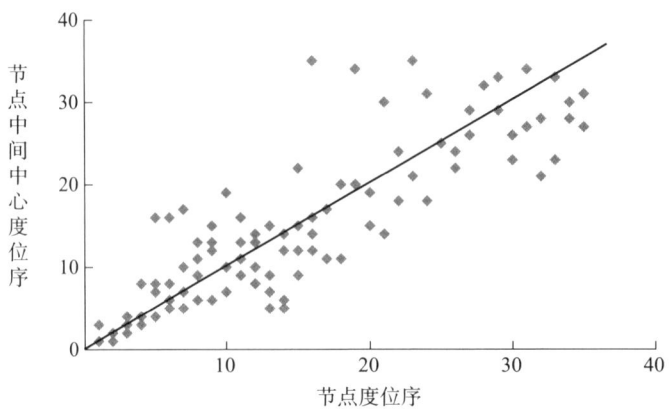

图 6-4 节点度与中间中心度位序关联情况

6.2.8 部分转移企业地方嵌入程度不高

考察转移企业的核心—边缘分布可知,大部分转移企业都分布在边缘区或核心—边缘交界区,位于核心区的企业数量很少。2017 年,在三种网络中均位于核心区的企业共有 10 个,其中转移企业仅有 2 个;在三种网络中均位于边缘区的企业共有 18 个,其中转移企业则有 14 个。由此可见,大部分转移企业并没有进入民权制冷企业网络的核心圈层,在网络中的嵌入程度并不高。

为了深入分析转移企业地方嵌入不足的原因,在三种网络中分别计算转移整机企业(T1)、转移配套企业(T2)、本地整机企业(L1)、本地配套企业(L2)任意类别之间以及各类别内部的企业连接数(企业分类参见表 6-4),并将连接数进行标准化(即实际连接数与理论最大连接数的比值)。由图 6-5 可知,在经济联系方面,2013 年及 2017 年均呈现 L1-L2>T1-L2>T1-T2>T2-L1 的特征,说明转移企业与周边企业的经济联系相对较弱。在技术合作方面,2013 年及 2017 年均呈现 L1-L1>L1-L2>T1-L2>T1-T2>T1-L1>T2-L1>T2-L2 的特征,说明转移企业与周边企业的技术联系也相对较弱。在社会交流方面,2013 年呈现 L1-L1>L1-L2>T1-L2>L2-L2>T1-L1>T2-T2>T1-T2 的特征,2017 年呈现 L1-L2>L2-L2>L1-L1>T2-T2>T1-T1>T1-L2>T1-L1>T1-T2 的特征,说明转移企业与周边企业的社会联系更弱。

6.3 本章小结

通过对民权制冷产业集群的多轮次调研,获取了 2009 年、2013 年、2017 年相关制冷企业的属性数据和关系数据,在此基础上提取民权制冷产业集群内部企业经济联系、技术合作、社会交流的无向无权关系网络。采用社会网络分析方法(SNA),基于节点度、聚类系数、中间中心度、网络密度、中心势、平均最短路径、核心边缘结构等指标对企业网络结构及演化进行分析,得出如下结论:

(1)转移企业地方嵌入显著促进了民权制冷企业网络发育。2009 年,集群内 15 家企业中转入企业只有 1 家。2017 年,44 家主要企业中共包括

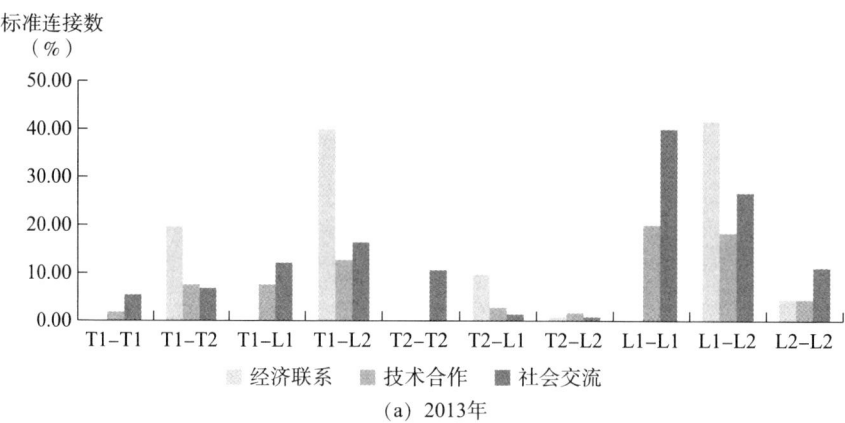

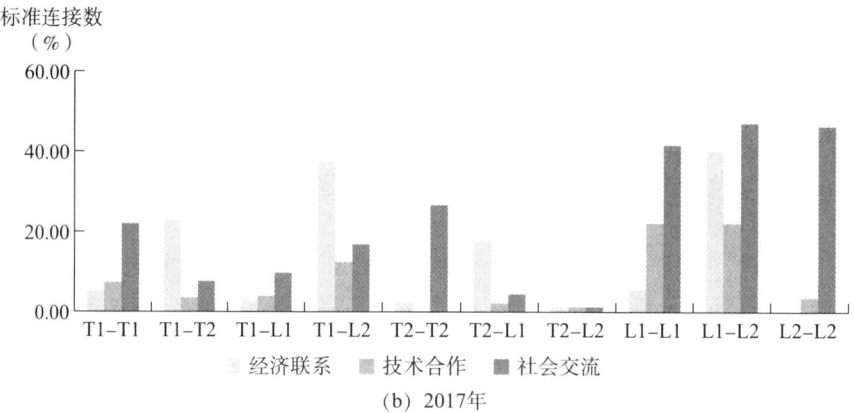

图6-5 2013年、2017年不同类型企业标准连接数

转移企业27家；转移企业不仅在数量上占据明显优势，其产值更是占到了集群总产值的80%以上，而且集群中规模大、效益好的明星企业基本都是AKMDQ、WB、XXH、ASDDRSQ这样的转移整机企业。可以说，正是转移企业地方嵌入促进了集群内部企业网络的发育。

（2）大型转移企业在集群中的"网络权力"日渐增强，并使网络呈现多核心化趋势。2009年以前，集群内绝大部分都是"老冰熊"衍生而来的本地企业，规模最大的整机企业ZB理所当然地成为网络核心。到了2013年，转移企业XXH和HM都有异军突起之势，本地企业ZB的绝对核心地位受到强烈冲击，民权制冷企业网络表现出了一定的多核心趋势。至2017年，转移企业XXH在三种网络中的度值都稳居首位，本地企业ZB和转移企业

HM、BH、HKPJ 则交替跟随；而且三种网络节点度分布的"右倾斜长尾"特征比 2013 年明显减弱。由此可见，在研究期内随着网络发育其多中心特征也更加明显。

（3）部分转移企业地方嵌入程度不高，网络整体连通能力不强。虽然集群在 2010 年以后承接了不少转移企业，但区域企业网络构建还不完善，网络整体连通情况并不理想。其中，技术合作网络不仅连通水平低还有逐渐稀疏的趋势，说明集群内部尚未形成良好的技术学习、协同创新氛围。核心—边缘结构分析结果表明，转移企业的地方嵌入程度不高，主要分布在企业网络的边缘区。出现这种现象的原因主要有三个：一是集群中的本地企业大多源于"老冰熊"，这种独特的"身份认同"使它们之间形成了比较紧密的正式和非正式联系，而部分转移企业由于缺乏这种社会资本所以网络表现并不理想。二是转移企业普遍对民权本地企业的配套能力、经营模式不太认同，WB、AKMDQ 等大型整机企业甚至舍近求远，从原转出地进行零配件采购。三是部分整机企业迁入民权时还带来了一些原有的配套企业，它们之间形成了更加紧密的联系，并表现出了较强的"个人俱乐部"特征。

（4）网络中介节点具有较强异质性，部分大型转移企业的中介作用有待提高。计量结果显示，部分大型转移企业的中介作用并不突出，与人们的认识存在较大差异。一般来说，领袖型转移企业往往具有更强的资本和技术优势，也会拥有更大的"网络权力"，网络"结构洞"（Structural Holes）的位置使它们更容易成为全球—地方生产网络连接的绝对中介，在技术合作网络中类似企业更是被习惯称为"技术守门人"（Technological Gatekeeper）。民权案例中部分大型转移企业中介作用偏弱，其原因在于：一是相关企业的地方嵌入程度不高，比如 AKMDQ 的本地采购比例很低，其技术研发活动全部放在青岛总部，中高层管理人员周末都返回青岛休息。二是民权制冷产业集群还属于区域性的"马歇尔式产业区"（Marshallian Industrial District），与全球生产网络的战略耦合程度比较低。

（5）三种网络具有近似的结构特征，社会资本在网络发育中发挥着重要作用。本书通过构建模型对同一年任意两种网络间的相似度进行定量测算。结果显示，社会交流网络—技术合作网络相似度最高，且社会交流网络更加依赖核心节点。回顾民权制冷产业历史可知，"老冰熊"折枝成林催生了更多中小企业，同时也作为一种关系纽带吸引了不少转移企业迁入，这一现象被形象地称为"一个'冰熊'倒下去，万千'熊兵'站起来"。"老冰熊"身份认同作为一种重要的虚拟资产或社会资本在民权制冷企业网络发育中发挥着重要作用，基于这种身份认同所形成的隐性关系网络在一定程度上成为民权制冷企业网络的本底，并且对企业间的经济联系、技术合作，尤其是缄默知识的传递产生着潜移默化的影响。

（6）与国际转移企业相比，区际转移企业在地方嵌入过程中具有更强的适应性。研究发现，在制度环境适应、地方文化认同、社会资本润滑的综合作用下，区际转移企业较少遇到结构错位、认知错位等嵌入障碍，与国际转移企业相比较少出现地方嵌入困难、嵌入失效问题。根据上述发现，今后需要加强两个方面的研究：一是文化认同和社会资本在转移企业地方嵌入过程中的作用机理，二是社会交流对企业间经济联系、技术合作的潜在影响。

本章基于社会网络分析方法，定量测度了产业转移背景下民权制冷企业网络的结构特点，识别出了网络核心和重要的中介节点，通过两个时段网络结构的对比分析，发现产业转移作用下民权制冷企业网络结构变化特征。文章构建的网络相似性测度模型可以定量分析同一时间节点上经济联系、技术合作、社会交流网络的相似性，对理解三种网络的相互影响、理解网络的演化机理很有帮助。存在的不足之处是，调研过程中遗漏了一部分规模较小的企业，致使样本数量不多，所提取的企业网络只能最大限度地接近民权制冷产业实际状况；2009年企业相互联系数据仅凭访谈对象回忆所得，可能不是特别准确。将企业连接关系进行[0，1]二值化构建无向无权关系网络，不能反映连接的强度差异和方向性，在一定程度上会影响结构分析的准确度。

第 7 章

转移企业在民权制冷企业网络中的角色识别

第 7 章 转移企业在民权制冷企业网络中的角色识别

20世纪末期，曼彻斯特学派提出并逐步完善了全球生产网络理论，认为跨国公司可以依靠FDI将不同地域的生产体系连接并形成跨界网络（Coe，2004，2008；Hess，2006）。基于网络研究范式，产业转移作为一种全球或区域外部力量将影响承接地企业网络构建，并最终体现在全球生产网络演变中。虽然基于GPN视角研究产业转移现象已经成为学界的新常态，但不同研究对转移企业网络角色存在不同认知（Hardy，1998；文嫓，2005；景秀艳，2010；潘峰华，2010；赵建吉，2011），对其效应也存在诸多争论（童昕，2006；闫成基，2010；Sun，2011；Wei，2013）。识别转移企业网络角色与区域效应，对承接地制定科学合理的产业政策、充分利用产业转移的机会效应、实现地方企业的转型升级和区域经济的跨越发展具有重要意义。民权制冷产业集群在2009年以后承接了大量东部沿海地区转移企业，形成了比较完善的区域生产网络并正在积极构建全球—地方生产网络。本章将在企业网络分析的基础上，采用定量、定性相结合的方法识别转移企业的网络角色，并探讨转移企业网络角色形成的动因和机理。

7.1 转移企业网络角色识别方法

7.1.1 已有研究及启示

产业转移作为全球化背景下"产业/企业—地域"的交互活动，在实践上具有高度的关系构建性、情景敏感性、路径依赖性、集聚经济性和尺度相关性（赵建吉，2014）。受多重因素影响，转移企业在承接地生产网络中嵌入的方式、程度均存在很大差异，因此也具有多样化的网络角色。虽然很少有人系统阐述这一问题，但已有相关研究在企业网络角色识别方面已经做出了有益探索，形成了许多不同的认识，给本书的研究带来很好的启示。

基于价值链视角，把位于优势环节的企业视为价值链治理者。有学者提出受跨国公司所控制的全球价值链可以穿透国家或区域边界，将价值链不同环节联结起来，形成一种非连续性的地域空间结构，处在价值链优势环节的领先企业往往会成为企业网络中的价值链"治理者"（Dicken，2001；Humpery，2002；Gereffi，2005；文嫮，2005；Wei，2010）。如孟凡星（2009）对福州电子信息产业集群的研究发现，20世纪90年代以来福州承接了大量台资ICT企业，这些企业掌握着关键的信息和技术，主导着福州电子产业集群的发展，但这些核心转移企业所采取的准科层与科层治理模式强化了地方企业对它们的技术依赖，影响了地方集群的转型升级。

基于权力关系视角，把具有"网络权力"优势的企业视为区域生产网络核心或领导者。学者们认为技术、资本、品牌、信息、市场等因素共同决定企业的"网络权力"，而拥有绝对"网络权力"的企业可以通过控制进入权、代理权、组织管理权影响网络的构建和治理。在产业转移过程中，领导型企业会吸引配套企业围绕自己就近布局或者主动嵌入配套生产网络，而且基于"网络权力"作用，这些领导型企业将成为区域网络构建和治理的核心及领导者（景秀艳，2007，2009）。景秀艳（2010）在研究计算机产业巨头戴尔的全球生产网络时发现，戴尔公司凭借自己的"网络权力"掌控着全球生产网络区位布局的主导权，并驱动其供货商紧紧跟随，在新的投资地很快便可以形成以其为核心、跟随企业和地方企业环绕布局的区域性生产网络。戴尔的这种网络构建方式始于奥斯汀Topfer制造中心，通过在纳什维尔、槟榔屿、厦门等地进行上述模式的"精确复制"，戴尔已在全球建设了10处区域性生产基地。

基于网络结构视角，将位于地方—全球技术网络结构洞位置的企业视为技术守门员（Technological Gatekeeper）。一些转移企业不仅具有较强的"技术权力"，而且同区域内、外的企业都具有密切的技术联系，是地方生产网络与全球技术网络进行技术、信息、知识传递的技术守门员（赵建吉，2011；Guo，2011）。Morrison（2008）分析了意大利南部马泰拉地区家具产业集群中知识交互网络结构，发现一些技术能力突出的企业与区域外组织存在很好的联系，将从外部获取的知识向集群内部企业网络传递，从而扮演了技术守门人角色。毛宽（2008）对中国内生型产业集群知识溢出网络的研究发现，以关键性企业为技术守门员连接外部价值链高端环节，并构建内部知识流通网络是集群升级的必由之路。

基于嵌入性视角，将不与地方企业产生任何联系的转移企业定义为"外来者俱乐部成员"。部分转移企业为了规避承接地的"制度约束"以及避免"被动嵌入"所带来的限制，从区域外部选定或联合一些配套企业在承接地进行"供应链园区投资"，这些转移企业一般很少与承接地企业建立产业联系，其经济、技术、社会联系主要存在于转移企业群体内部，从而以转移企业为基础建立了"外来者俱乐部"，转移企业中的龙头企业成为俱乐部核心（Liu，2006）。潘峰华（2010）对诺基亚星网工业园的研究发现，诺基亚为了提高供应链管理效率和规模经济效益，带领14家跨国公司子公司共同入驻北京星网工业园，由此围绕诺基亚形成了一个转移企业的"个人俱乐部"；基于这种战略，诺基亚不仅获得了强大的产业竞争力，而且在一定程度上限制了核心技术外溢，但这种战略不利于中国本土企业进入外资产业链，同时限制了本土企业的技术学习和进步。同样基于嵌入性视角，有研究将完成转移后不与周边企业产生任何关联的转移企业定义为"沙漠中的教堂"（Hardy，1998；Lowe，1999）。类似转移企业在承接地基本没有网络嵌入现象，他们转移的动因主要是承接地廉价的土地或劳动力，这些企业的原材料和市场都在承接地之外，无须承接地生产系统的支持，比较典型的例子是20世纪末期中国东南沿海的"三来一补"型加工企业。这些企业在承接地的根植性最弱，一旦承接地的区位条件出现较大变化，它们就有可能迁往更具比较优势的区域，导致"候鸟经济"现象发生。

从以上分析可以发现，已有研究对转移企业网络角色的分析采用了多种识别标准，包括价值链环节、"网络权力"、技术权力、结构位置、关联对象等，不同研究可能有选择地采用了一种或几种识别标准，而且基本都是根据转移企业属性以及地方嵌入情况进行定性判断，缺少定量的测度和分析。已有的这些方法在识别典型性企业时比较有效，但要细致识别一个产业集群内所有转移企业的网络角色就显得相对乏力。比如全球著名代工企业富士康具有很强的"网络权力"，可以引领和驱动众多配套企业服务自己的全球拓张战略，如果仅基于权力关系进行判断，富士康应该成为区域企业网络的核心。但事实上富士康及其配套企业很少同承接地企业发生产业联系和技术合作，而是形成了基于转移企业的"外来者俱乐部"，富士康更多以"外来者俱乐部"核心的角色出现。由此可知，仅仅依据某一种识别标准来判断转移企业角色可能会造成理解的偏差或误读,综合多种识别标准并采用定性、定量相结合的方法才可能对转移企业网络角色进行较为准确的判读。

7.1.2 本书采用的识别方法与步骤

基于以上分析,转移企业网络角色指转移企业在承接地与区域外部力量交互所形成的全球—地方生产网络中所处的位置及所具有的网络作用。转移企业网络角色主要由其在生产网络中的关系强度及类型、网络位置、权力关系所决定。

转移企业地方嵌入首先是一个关系发育过程,随着转移企业逐步同周边企业建立经济联系、技术合作、社会交流等,这些具有不同对象、方向、强度和延续性的对外联系首先奠定了转移企业网络角色的关系基础。在企业网络中,不同的转移企业可能居于不同的网络位置,位置差异奠定了转移企业网络角色的结构基础。同时,转移企业具有不同的"网络权力"和"技术权力",权力关系差异奠定了转移企业网络角色的权力基础。所以,识别转移企业网络角色要以区域企业网络为基础,以社会网络分析为手段,沿着"关系强度及类型特征—网络位置特征—权力关系特征"的步骤,采用定量、定性相结合的方法进行判别(见图7-1)。

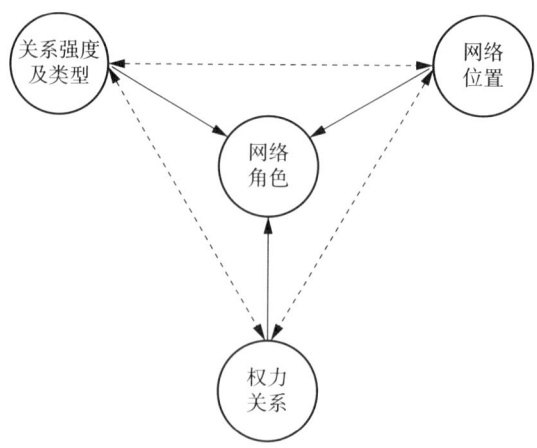

图 7-1 转移企业网络角色识别方法与步骤

借鉴已有研究对转移企业网络角色的认识,本书将转移企业在企业网

络中的角色分为 4 种(见表 7-1):

表 7-1 转移企业网络角色及特征

	关系强度及类型		网络位置	权力关系	
	与本地企业联系	与转移企业联系		网络权力	技术权力
领导核心	强	强	核心	强	强
主要成员	较强—弱	较强—弱	边缘	强—弱	强—弱
外来者俱乐部成员	无	强—弱	边缘	强—弱	强—弱
孤立点	无	无	孤立点	弱	弱
技术守门员	强—较强	强—较强	结构洞	强—较强	强—较强

(1)领导核心。领导核心企业与地方企业、转移企业、区域外部企业联系都很紧密，在网络分析中具有很高的节点度，一般居于企业网络核心位置，同时这些企业都具有较强的技术权力和"网络权力"，主导着地方生产网络的构建和治理。本书所定义的领导核心型转移企业与已有研究提出的网络治理者或网络核心的概念比较相似，但更加强调转移企业在网络中的关系和位置特征。

(2)主要成员。该类型企业是指那些地方嵌入程度不深、居于网络边缘区的转移企业。网络分析中这些企业的节点度值、中间中心度值都不高，一般居于网络边缘区；但它们的权力特征却比较复杂，既包括一些"网络权力"、技术权力都很突出的企业，也包括一些规模小、实力差的跟随型企业。

(3)外来者俱乐部成员。该类型企业基本不同地方企业发生产业联系，但与区域内部的转移企业关联密切，由此构成了基于转移企业的"外来者俱乐部"。具有"网络权力"和"技术权力"优势的转移企业会成为外来者俱乐部核心，这些企业的度值和中间中心度值可能较高，如果不基于连接对象认真区分很容易将其误判为网络领导核心或主要成员。

(4)孤立点。本书定义的网络孤立点与已有研究所描述的"沙漠中的教堂"类似，这些转移企业基本不同周边任何企业发生产业联系，其上下游企业及市场都位于承接地外部；在企业网络分析中它们的节点度值非常低，甚至为 0。

除上述 4 种角色类型外，还需关注企业是否具有技术守门员的特殊身份。本书所定义的技术守门员与已有研究相同，主要有 3 个特征：一是具有突出的技术权力，二是位于区域内部技术网络与外部技术网络联系的结构洞上，三是和区域内部、外部企业都有较密切的技术联系。一般而言，区域企业网络中的领导核心因为突出的技术权力和连接优势比较容易成为技术守门员，主要成员中的一些企业也可能因为占据结构洞位置而成为技术守门员；一些外来者俱乐部成员也可能具有很高的中间中心度，但本书认为它们向地方企业传递技术的中介作用有限，并不认可它们的技术守门员身份。

7.2 转移企业在民权制冷企业网络中的角色识别

第五章已经基于企业层面调研提取了民权制冷企业 2009 年、2013 年、2017 年的经济联系、技术合作、社会交流网络，并进行了网络结构分析。本章将在已有分析的基础上，利用节点度、中间中心度、核心边缘分布等指标，结合权力关系辨识转移企业在三种网络中的角色，并就同一节点在不同网络中的角色差异进行对比分析。由于 2009 年民权制冷产业集群仅有一家转移企业，因此主要基于 2013 年和 2017 年的企业网络进行转移企业角色识别。

7.2.1 2013 年企业网络中转移企业角色识别

7.2.1.1 2013 年经济联系网络中的角色识别

正如前文所述，辨识转移企业在企业网络中的角色不应从权力关系入手，而应该首先分析该企业在网络中的嵌入性。在网络分析中，节点度可以很好地反映转移企业的网络关系强度特征，中间中心度和核心—边缘分布可以反映其网络结构位置特征。首先根据转移企业在经济联系网络所有节点中的度位序及中间中心度位序制作象限图（见图 7-2）。在 2013 年经济联系网络中，位于第一象限的 SY、XXH、HM 的度及中间中心度都居于前列。位于第三象限的节点中，JS、HY、ASDDRSQ、CX、XD、XLPJ、ZC 在两个指标上都最落后，剩下的 13 家企业则居于中游。2013 年经济联系网络核心边缘分析结果也显示，SY、XXH、HM、WB、AKMDQ 位于网络核心区，其余企业位于网络边缘区（见表7-2）。

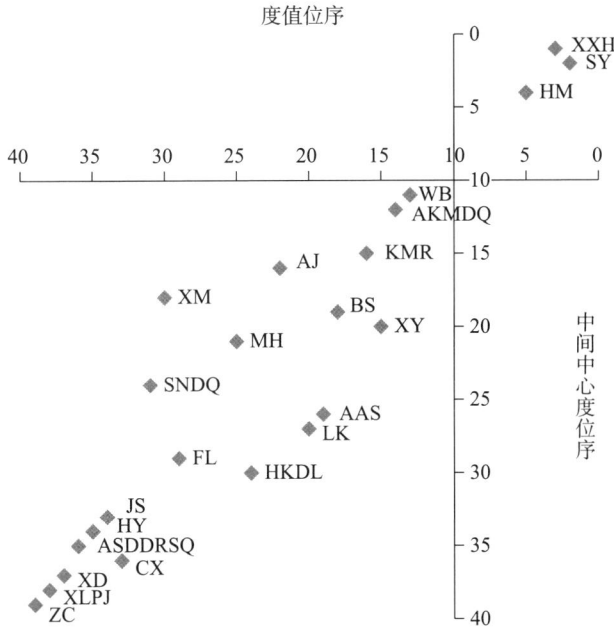

图7-2 2013年经济联系网络中转移企业度、中间中心度位序

注：2013年象限图坐标轴相交于第10位，落于第一象限的节点的度和中间中心度基本都处于全部节点的前1/4。下同。

表7-2 2013年民权制冷企业网络中转移企业核心—边缘分布

	核心区	边缘区
经济联系网络	WB、AKMDQ、HM、SY、XXH	LK、BS、CX、AJ、AAS、FL、HKDL、XY、JS、KMR、MH、HY、XM
技术合作网络	LK、HM、XXH	BS、CX、WB、AJ、AAS、AKMDQ、FL、HKDL、SY、XY、JS、KMR、MH、HY、XM
社会交流网络	LK、AAS、HM、XXH、XY	BS、CX、WB、AJ、AKMDQ、FL、HKDL、SY、JS、KMR、MH、XM、HY

度值是节点在网络中所具有的连接数，在企业网络中可以将节点度 D_i 分解为与本地企业连接度 DL_i 和与区域内转移企业连接度 DT_i。例如，在2013年经济联系网络中SY度值为15，其同地方企业的连接度为4，与其他转移企业的连接度为11。将转移企业在经济联系网络中的度值进行分解（见图7-3）。2013年，BS、WB、AAS、AKMDQ、HM、HKDL、XY、

KMR、LK 的对外经济联系对象都以本地企业为主；SY、XXH 的度值虽高但联系对象以转移企业为主；CX、JS、HY、ASDDRSQ、SNDQ、XD、XLPJ、ZC 同地方企业没有任何经济联系；其余节点同地方企业和转移企业都有或强或弱的联系。

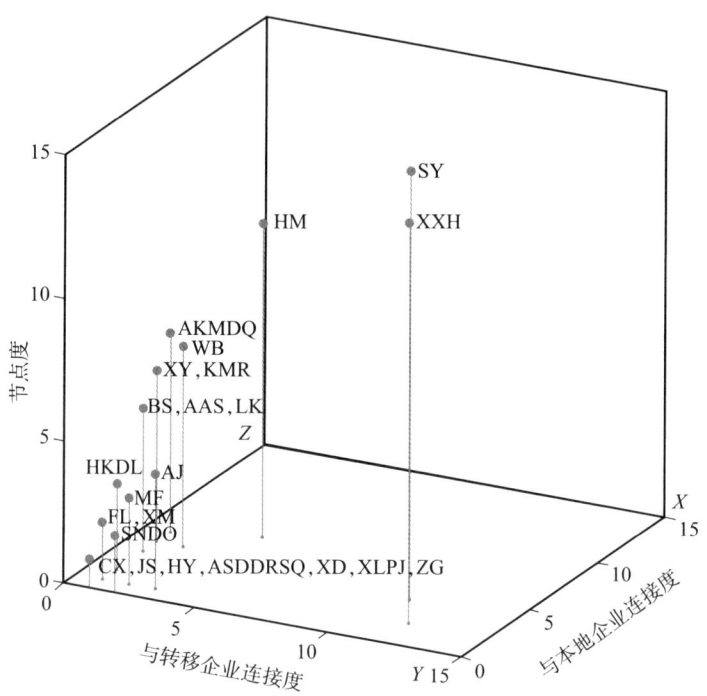

图 7-3　2013 年经济联系网络中转移企业度值分解

注：在度值分解图中，Z 轴为节点度，X 轴为节点与地方企业联系度，Y 轴为节点与区域内转移企业联系度。下同。

上述分析虽揭示了节点的网络关系强度、类型和位置，但不足以确定节点的网络角色，还必须考虑企业的权力关系。XXH、HM 都是全国知名的制冷整机企业，也是最早入驻民权制冷产业集群的大型企业，二者都具有较强的"网络权力"和技术权力，因此可以视为民权制冷企业经济联系网络中的领导核心。SY 是一家主要生产非核心部件的配套企业，并没有掌控其他企业的"网络权力"和技术权力，所以 SY 的度值虽高但依然难以成为网络核心，只是网络中的主要成员。与 SY 情况相反，WB、AKMDQ 的度值虽然不算很高，但它们的规模却都大于 XXH 和 HM，都具有突出的权力优势,因此也把它们视为网络核心。其余 18 家企业中除了 CX、JS、HY、ASDDRSQ、SNDQ、XD、XLPJ、ZC 属于外来者俱乐部成员外,剩下的 10 家在网络连接和权力关系方面都不突出,可以判读为网络主要成员。

7.2.1.2　2013 年技术合作网络中的角色识别

由图 7-4 可知,在 2013 年技术合作网络中,位于第一象限的 XXH、HM、AJ、AAS 的度及中间中心度位序都比较靠前。位于第二象限的 KMR 的度和中心度位序也都比较靠前。在位于第三象限的节点中,BS、HKDL、SY、SNDQ、ASDDRSQ、ZC 的度和中间中心度都为 0,意味着它们同周边企业没有任何技术合作;WB、FL、JS、HY、XM、LK、XD、XLPJ 的中间中心度为 0,说明它们在技术合作网络中没有起到中介作用。2013 年技术合作网络核心边缘分析结果显示仅有 XXH、HM、LK 位于网络核心区(见表 7-2)。

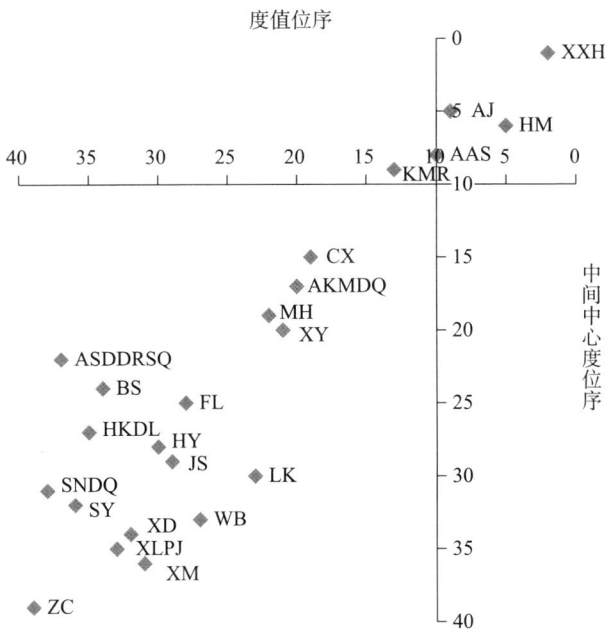

图 7-4　2013 年技术合作网络中转移企业度、中间中心度位序

将转移企业在技术合作网络中的度值进行分解(见图 7-5)。2013 年,AAS、AKMDQ、HM、XY、KMR、MH、LK 的对外技术合作对象都以本地

企业为主；XXH 的度值虽高达 11，但所联系的本地企业仅有 2 家；WB、FL、JS、HY、XM、XD、XLPJ 同地方企业没有任何技术合作；除了 BS 等 6 个孤立点其余节点同地方企业和转移企业都有或强或弱的联系。

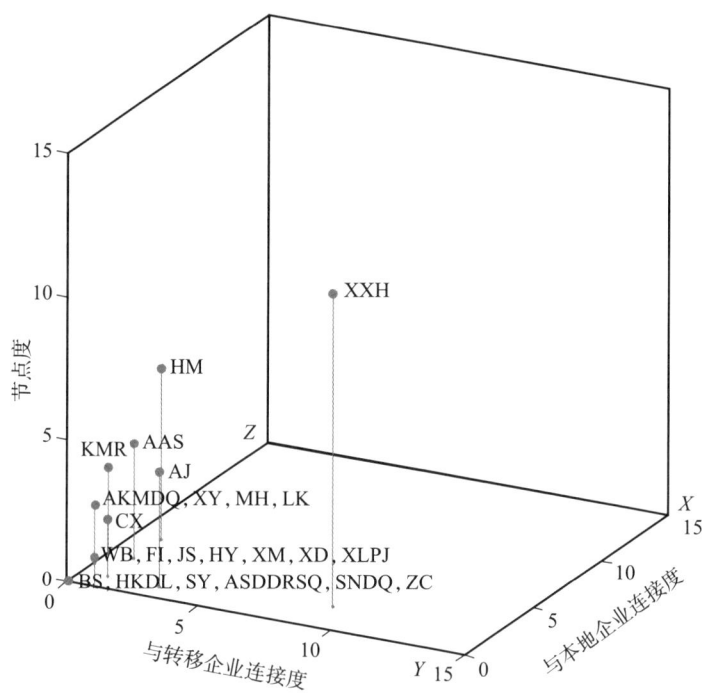

图 7-5　2013 年技术合作网络中转移企业度值分解

结合转移企业的权力特征看，XXH、HM 在网络中度值领先，且都具有突出的技术权力优势，可以被视为技术合作网络中的领导核心；WB、FL、JS、HY、XM、XD、XLPJ 由于没有同地方企业产生任何技术联系，成为技术合作网络中的外来者俱乐部成员；HKDL、SY、BS、ASDDRSQ、SNDQ、ZC 则是网络中的孤立者；其余节点可以被视为网络主要成员。

7.2.1.3　2013 年社会交流网络中的角色识别

由图 7-6 可知，在 2013 年社会交流网络中，仅有 XXH 位于第一象限，其在社会交流网络中的度位序为 2 但中间中心度位序为 1。XY 位于第四象限，其度位序为 8 但中间中心度位序为 19，说明 XY 在社会交流网络中的度值虽然较高，中介作用却相对较弱。在位于第二象限的节点中，HM 度位序为 12 但中间中心度位序为 4，WB 度位序为 24 但中间中心度位序为 7，说明 HM 和 WB 在社会交流网络中的位置比较关键。在位于第三象限的节点中，AJ、HKDL、SY 的度位序和中间中心度位序都为 0，意味着它们同周边企业没有任何社会交流；FL、MH、HY、XM、ASDDRSQ、SNDQ、XD、XLPJ、ZC 的中间中心度为 0，说明它们在社会交流网络中没有起到中介作用。2013 年社会交流网络核心边缘分析结果显示，LK、AAS、HM、XXH、XY 位于网络的核心区，其余企业位于网络边缘区（见表 7-2）。

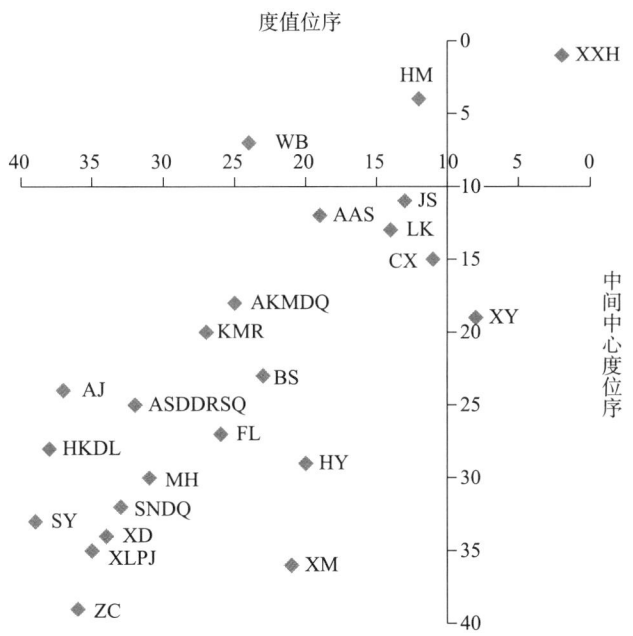

图 7-6　2013 年社会交流网络中转移企业度、中间中心度位序

将转移企业在社会交流网络中的度值进行分解（见图 7-7）。2013 年，BS、AAS、HM、XY、KMR、LK 的对外社会交流对象都以本地企业为主；XXH 的度值虽高达 12，但所联系的本地企业仅有 3 家；WB、JS、MH、HY、XM、ASDDRSQ、SNDQ、XD、XLPJ、ZC 同地方企业没有任何社会交流；除了 AJ 等 3 个孤立点其余节点同地方企业和转移企业都有或强或弱的联系。

结合权力特征看，XXH 具有突出的"网络权力"，尽管联系对象以转移企业为主，但 XXH 同民权制冷产业具有很深的历史渊源，因此 XXH 可以被视为社会交流网络的领导核心。XY、LK、HM 在社会交流网络中度值均较高，同时位于网络核心区，也将它们视为社会交流网络的核心。WB、JS、MH、HY、XM、ASDDRSQ、SNDQ、XD、XLPJ、ZC 一起同属社会交流网络中的外来者俱乐部成员。AJ、SY、HKDL 则成了社会交流网络中的孤立点。其余企业可以被视为主要成员。

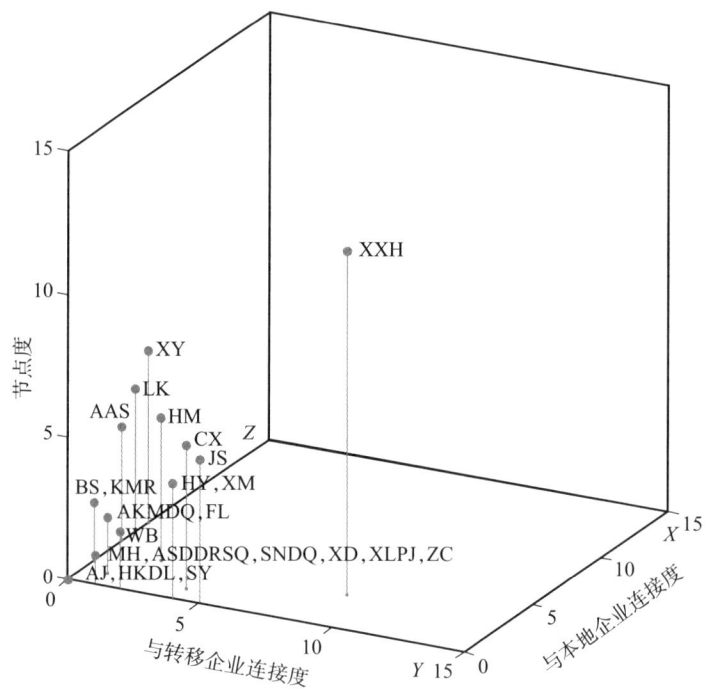

图 7-7　2013 年社会交流网络中转移企业度值分解

7.2.1.4　2013 年基于技术合作全网络的技术守门员识别

以上分析主要考虑了民权制冷产业集群内部企业间的技术合作关系，但事实上知识流与信息流更容易突破区域限制，所以现实世界中技术合作网络的边界会十分模糊，转移企业作为跨越区域边界的网络节点，更容易成为本地企业与区域外企业进行技术和信息交换的中介。比如，一家大型制冷整机企业转移到承接地后，同时从区域内、外的配套企业采购某型配件并与二者均存在技术合作关系，则两家配套企业可能以该整机企业为中介获得对方的一些技术和信息，此时该转移企业就成为地方企业与区域外部企业进行技术合作的中介。已有研究把地方企业网络与外部区域进行技术合作时发挥中介作用的企业或组织称为技术守门员,技术守门员一般由具有突出"网络权力"和技术权力的转移企业或承接地龙头企业担任(Giuliani,2011;赵建吉,2011)。在区域内、外相互关联企业共同构成的技术合作网络中,技术守门员经常位于结构洞位置上,因此具有较高的中间中心度;而且基于保证技术传递效率的角度,技术守门员在区域内、外都要有一定数量的技术合作企业,也即内部嵌入和外部嵌入程度都比较高。

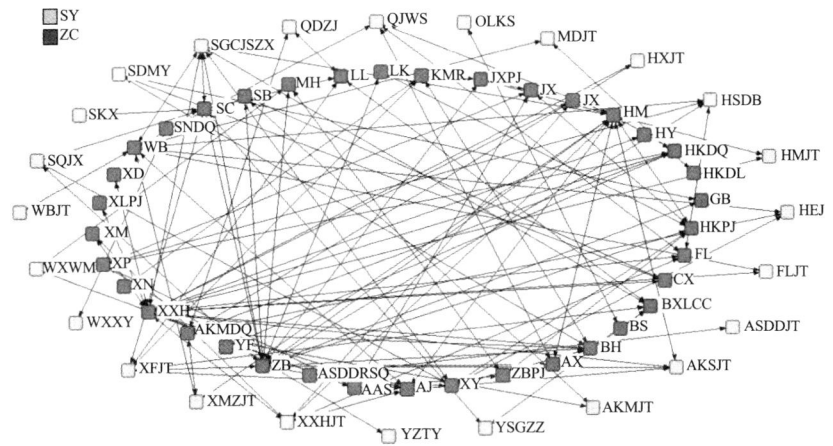

图 7-8　2013 年民权制冷企业技术合作全网络

注:民权制冷企业与集群企业网络外节点的技术合作关系数据(2013 年、2017 年)同样来自调研和访谈,但需要说明的是这些联系信息没有经过外部节点的二次核实。

本书根据民权制冷企业与区域外部企业或组织间的技术合作情况,制作了 2013 年民权制冷企业技术合作全网络(见图 7-8)。在民权制冷企业技术合作全网络中,集群企业网络外的节点共有 22 个,主要包括民权制冷院士工作站(YSGZZ)、河南省科协(SKX)、河南省制冷工程技术中心(SGCJSZX)、商丘职业技术学校(SQJX)等机构,以及万宝集团(WBJT)、海尔集团(HEJT)、阿诗丹顿集团(ASDDJT)等企业。当外部关联节点加入后,民权制冷企业节点的度和中间中心度都出现了一定变化,在技术合作全网络中,中间中心度排名前 1/4 的企业共 6 家(见表 7-3),其中转移企业为 WB、XXH、HM,本地企业为 ZB、HKDQ、BH、SC。

表 7-3　2013 年技术合作全网络中主要转移企业情况

节点	全网中间中心度(%)	区域内部网络中间中心度(%)	全网度	区域内部节点联系度	区域外部节点联系度
XXH	23.21	30.13	17	11	6
ZB	20.13	23.66	16	11	5
WB	10.54	0.00	9	1	8
HM	8.64	10.03	12	6	6
BH	8.42	18.33	7	6	1
AKMDQ	5.84	1.31	7	2	5

其中，XXH 的中间中心度和度均高居榜首，说明 XXH 不仅是民权制冷企业技术合作网络的核心，而且也是网络的技术守门员；HM 的情况与 XXH 比较类似，同时兼具技术合作网络核心和技术守门员的身份；WB、AKMDQ 在技术合作全网络中的度和中间中心度都有极大提升，原因在于它们同集群企业网络外的节点有大量的技术合作行为，但考虑到它们极少与民权制冷产业集群内部企业开展技术合作，WB、AKMDQ 难以成为网络的技术守门员。同理，本地企业 ZB 可以被判读为技术守门员。

7.2.1.5　2013 年转移企业网络角色的综合辨识

以上部分分析了转移企业在民权制冷企业经济联系、技术合作、社会交流网络中的角色，从分析结果看同一企业在三种网络中的角色可能并不一致，部分企业的角色差异甚至非常巨大。如在经济联系网络中 SY 和 WB 都是非常重要的成员，但在技术合作和社会交流网络中 SY 却是没有任何连接的孤立点，而 WB 则是外来者俱乐部成员。为了形成比较统一、明晰的认识，现根据三种网络的辨识结果进行综合分析(见表 7-4)。

(1) 领导核心。XXH 和 HM 在三类网络中都发挥着核心作用，因此可以将它们识别为民权制冷企业网络的领导核心。同时，两家企业在民权制冷企业与外部技术网络的连接中处在结构洞位置上，是外部技术流入的枢纽和中转站，因此它们同时也是民权制冷企业网络的技术守门员。

(2) 主要成员。包括 WB、AKMDQ 等 13 家企业，其中 AAS、KMR、AKMDQ、LK、XY 等 5 家企业在三类网络中均属主要成员或领导核心；另外 8 家则在不同类型网络中扮演着不同的角色。WB 在技术合作和社会交流网络中都属外来俱乐部成员,但其在经济联系网络中的地位却比较突出;CX 在经济联系网络中属于外来者俱乐部成员,但在技术合作和社会交流网络中都属于主要成员。因此,将 WB、CX 综合判读为网络主要成员。与此类似,AJ、BS、FL、HKDL、MH、SY 在技术合作和社会交流网络中可能属于外来俱乐部成员或孤立点,但鉴于它们同集群中的地方企业和转移企业都存在或强或弱的经济联系,因此将它们综合判读为网络主要成员。

表 7-4　2013 年转移企业网络角色综合辨识

	经济联系网络	技术合作网络	社会交流网络	综合辨识
领导核心	XXH、HM	XXH、HM	XXH、HM、XY、LK	XXH、HM
主要成员	AKMDQ、WB、AJ、AAS、KMR、XY、MH、LK、FL、XM、BS、HKDL、SY	AJ、AAS、KMR、CX、AKMDQ、XY、MH、LK	AAS、KMR、CX、AKMDQ、FL、BS	AAS、AKMDQ、BS、CX、FL、HKDL、KMR、LK、MH、SY、WB、XY、AJ
外来者俱乐部成员	CX、JS、HY、ASDDRSQ、XD、SNDQ、XLPJ、ZC	WB、FL、JS、HY、XM、XD、XLPJ	WB、JS、MH、HY、XM、ASDDRSQ、SNDQ、XD、XLPJ、ZC	ASDDRSQ、XM、SNDQ、JS、HY、XD、XLPJ、ZC
孤立点		HKDL、SY、BS、ASDDRSQ、ZC、SNDQ	AJ、SY、HKDL	

(3)外来者俱乐部成员。包括 ASDDRSQ 等 8 家企业,其中 ASDDRSQ、SNDQ、JS、HY、XD、XLPJ、ZC 在三类网络中均属于外来者俱乐部成员或孤立点;XM 在经济联系网络中除了向 XXH 供货外,还与 YF 有一定的生产联系,但 XM 是跟随 XXH 来到民权的配套企业,与民权地方企业存在的各种联系都不强,因此将其综合判读为外来者俱乐部成员。

7.2.2　2017 年企业网络中转移企业角色识别

7.2.2.1　2017 年经济联系网络中的角色识别

与前面的分析方法相同,由图 7-9 可知,在 2017 年经济联系网络中,SY、XXH 依然位于第一象限,XXH 的度和中间中心度位序均为第一。HM

和 HX 位于第四象限，它们的中间中心度位序略低于度位序，但整体表现突出。WB 位于第二象限，其度位序为 15 但中间中心度位序为 4，说明 WB 在经济联系网络中的位置比较关键。位于第三象限的节点中，AKMLCC 的度和中间中心度都为 0，意味着 AKMLCC 同周边企业没有任何经济联系；ASDDJSJ、JT、HY、XD、XLPJ 在两个指标上都全面落后；剩下的企业居于中游。2017 年经济联系网络核心边缘分析结果显示，BS、HG、HM、HKDL、LK、SY、XXH、HX、KMR、MH 位于网络的核心区（见表 7-5）。

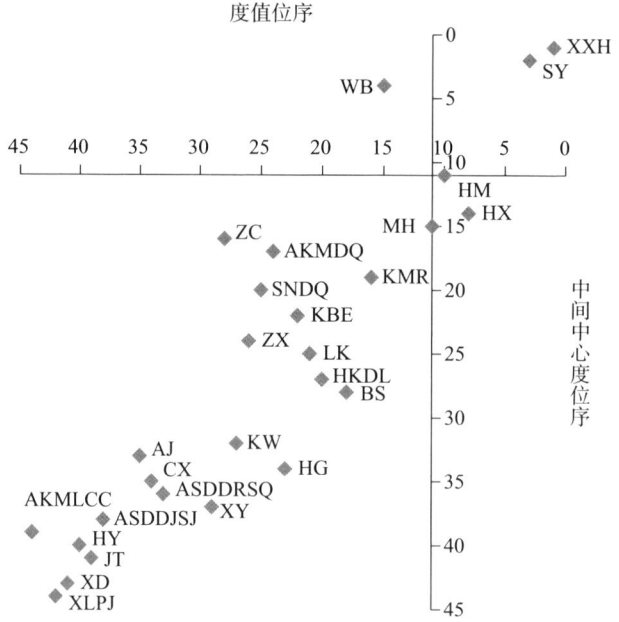

图 7-9　2017 年经济联系网络中转移企业度、中间中心度位序

注：2017 年象限图坐标相交于第 11 位，落于第一象限的节点的度和中间中心度基本都处于全部节点的前 1/4。下同。

表 7-5　2017 年民权制冷企业经济联系网络中转移企业核心—边缘分布

	核心区	边缘区
经济联系网络	BS、HG、HM、HKDL、LK、SY、XXH、HX、KMR、MH	ASDDRSQ、CX、WB、AJ、AKMDQ、KW、XY、JT、KBE、SNDQ、HY、XD、XLPJ、ZC、ZX、ASDDJSJ、AKMLCC

续表

	核心区	边缘区
技术合作网络	WB、AJ、HM、XXH、KBE	ASDDRSQ、BS、CX、HG、AKMDQ、HKDL、KW、LK、SY、XY、HX、JT、KMR、MH、SNDQ、HY、XD、XLPJ、ZC、ZX、ASDDJSJ、AKMLCC
社会交流网络	HM、LK、XXH	ASDDRSQ、BS、CX、WB、HG、AJ、AKMDQ、HKDL、KW、SY、XY、HX、JT、KBE、KMR、MH、SNDQ、HY、XD、XLPJ、ZC、ZX、ASDDJSJ、AKMLCC

将转移企业在经济联系网络中的度值进行分解（见图7-10）。2017年，HM、HKDL、LK、KW、XY、JT、KBE的对外经济联系对象都以本地企业为主；SY、XXH、HX、MH的度值虽高但联系对象以转移企业为主；ASDDRSQ、AJ、HY、XD、XLPJ、ASDDJSJ同地方企业没有任何经济联系；除了AKMLCC其余节点同地方企业和转移企业都有或强或弱的联系。

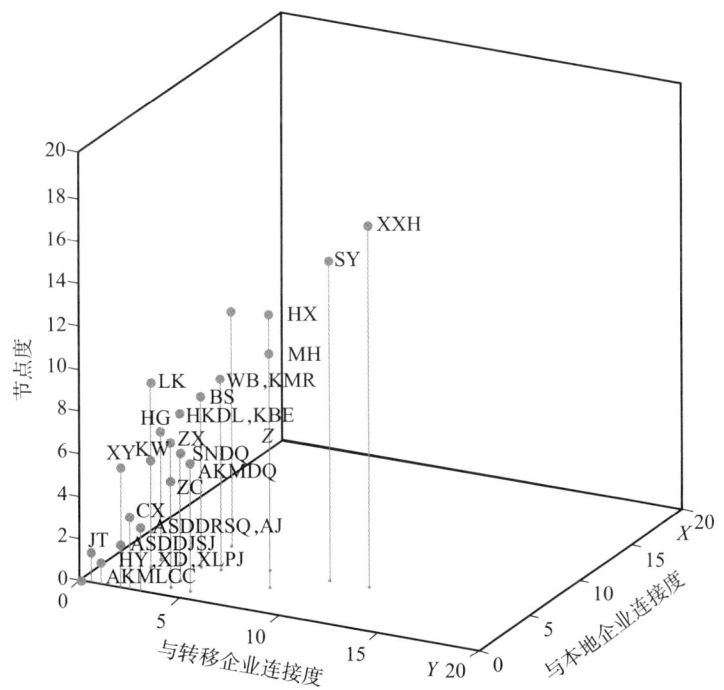

图7-10 2017年经济联系网络中转移企业度值分解

XXH是集群中规模领先的企业，度和中间中心度位序均为第一，所以

XXH 是 2017 年经济联系网络的首要核心。HM 在经济联系网络中的整体表现突出，WB 在网络中发挥着比较重要的中介作用，加之两家企业规模大号召力强，所以把二者视为领导核心。HX 和 SY 虽然在度和中间中心度位序上表现优秀，但它们都是规模较小的配件企业，可判断为网络主要成员。ASDDRSQ、AJ、HY、XD、XLPJ、ASDDJSJ 属于网络中的外来俱乐部成员，AKMLCC 是孤立点，其余企业可以被视为主要成员。

7.2.2.2　2017 年技术合作网络中的角色识别

由图 7-11 可知，在 2017 年技术合作网络中，HM、XXH 依然位于第一象限，XXH 度位序为第一，中间中心度位序为第二。位于第二象限的节点中，KMR、AKMLCC 度和中间中心度位序都比较靠前；AKMDQ 度位序为 26 但中间中心度位序为 8，说明 AKMDQ 在技术合作网络中的位置比较关键。在位于第三象限的节点中，HG、HKDL、KW、SNDQ、SY、ZC 的度和中间中心度都为 0，意味着它们同周边企业没有任何技术合作；ASDDRSQ、BS、AJ、LK、XY、HX、JT、MH、HY、XD、XLPJ、ZX、ASDDJSJ 的中间中心度为 0，说明它们在技术合作网络中没有起到中介作用。2017 年经济联系网络核心边缘分析结果显示，WB、AJ、HM、XXH、KBE 位于网络的核心区(见表 7-5)。

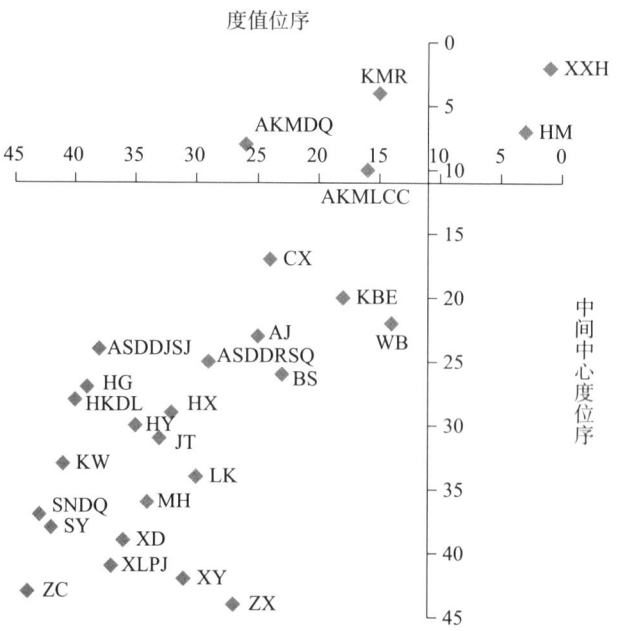

图 7-11　2017 年技术合作网络中转移企业度、中间中心度位序

将转移企业在技术合作网络中的度值进行分解(见图7-12)。2017年，HM、KBE、AKMLCC的对外技术合作对象都以本地企业为主；XXH的度值虽高但联系对象以转移企业为主；ASDDRSQ、BS、AJ、AKMDQ、XY、HY、XD、XLPJ、ZX、ASDDJSJ同地方企业没有任何技术合作；除了HG等6个孤立点其余节点同地方企业和转移企业都有或强或弱的联系。

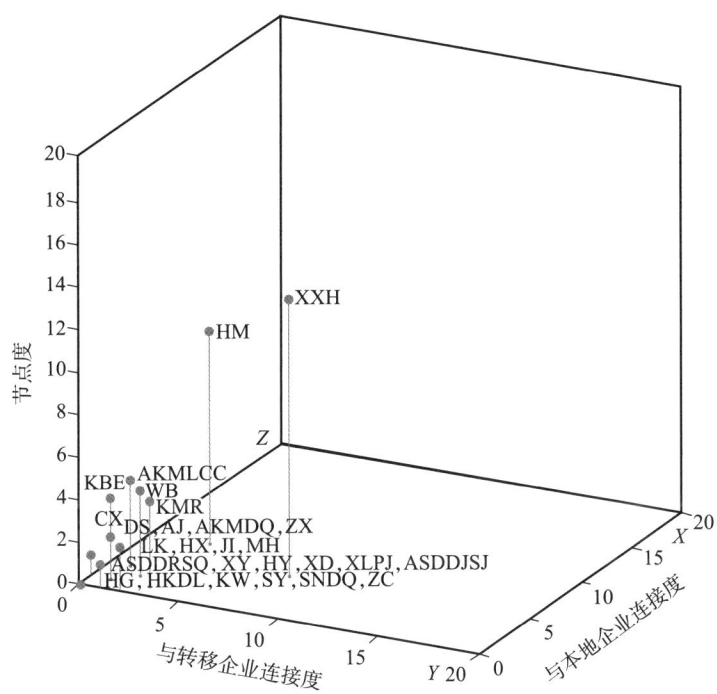

图7-12　2017年技术合作网络中转移企业度值分解

结合转移企业的权力特征和网络表现进行判断，XXH、HM可以被视为技术合作网络中的领导核心；ASDDRSQ、BS、AJ、AKMDQ、XY、HY、XD、XLPJ、ZX、ASDDJSJ属于网络中的外来俱乐部成员；HG、HKDL、KW、SY、SNDQ、ZC则是网络中的孤立者；其余节点可以被视为网络主要成员。

7.2.2.3　2017年社会交流网络中的角色识别

由图7-13可知，在2017年社会交流网络中，HM、XXH位于第一象限，其中XXH的度和中间中心度位序均为第一。位于第二象限的WB、ZX的度和中间中心度位序都比较靠前。在位于第三象限的节点中，HKDL、

SY 的度和中间中心度都为 0，意味着它们同周边企业没有任何社会交流；CX、AJ、JT、HY、XD、XLPJ 的中间中心度为 0，说明它们在社会交流网络中没有起到中介作用。2017 年社会交流网络核心边缘分析结果也显示，HM、LK、XXH 位于网络的核心区，其余企业位于网络边缘区（见表 7-5）。

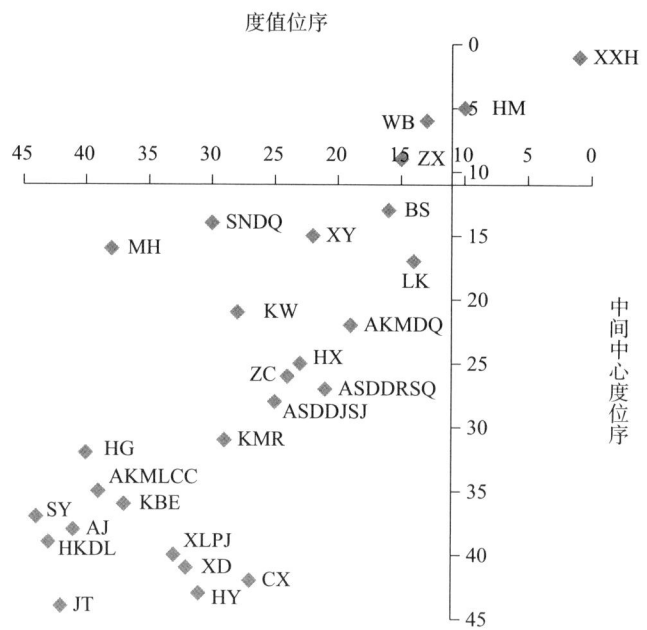

图 7-13　2017 年社会交流网络中转移企业度、中间中心度位序

将转移企业在社会交流网络中的度值进行分解（见图 7-14）。2017 年，HM、KW、LK、HX、KBE、AKMLCC 的对外社会交流对象都以本地企业为主；XXH、WB、BS、AKMDQ 的度值虽高但联系对象以转移企业为主；ASDDRSQ、CX、AJ、JT、SNDQ、HY、XD、XLPJ、ZC、ASDDJSJ 同地方企业没有任何社会交流；除了 HKDL、SY 等 2 个孤立点其余节点同地方企业和转移企业都有或强或弱的联系。

综合上述分析，XXH 的度和中间中心度位序均为第一，尽管联系对象以转移企业为主，但 XXH 同民权制冷产业具有很深的历史渊源，因此 XXH 可以被视为社会交流网络的领导核心。HM、LK、ZX 与本地企业和转移企业的联系比较均衡、密切，也应该被判定为网络领导核心。WB 的度值为 9 但其中仅有 1 家本地企业，所以将 WB 判定为外来俱乐部成员。AS-

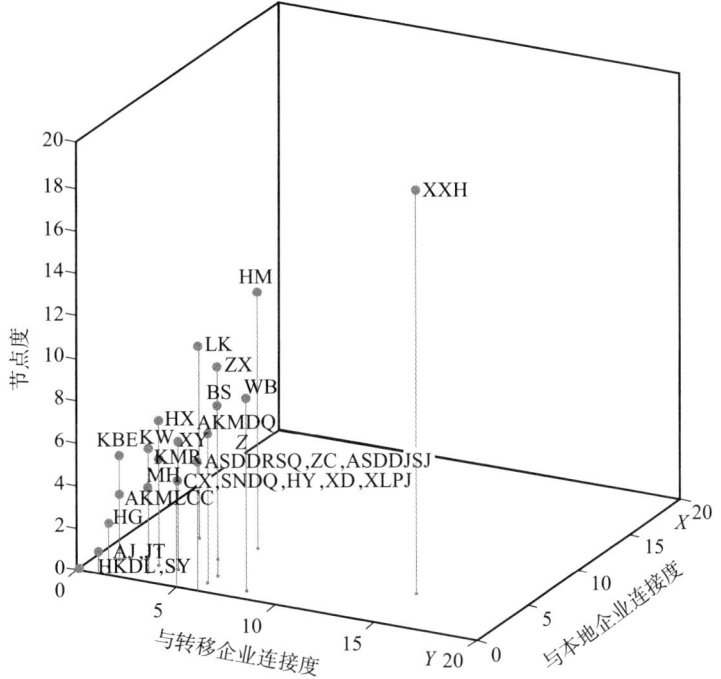

图 7-14 2017 年社会交流网络中转移企业度值分解

DDRSQ、CX、AJ、JT、SNDQ、HY、XD、XLPJ、ZC、ASDDJSJ 等仅与专业企业有联系也属于外来者俱乐部成员。SY、HKDL 则成了社会交流网络中的孤立点。其余企业可以被视为主要成员。

7.2.2.4　2017 年基于技术合作全网络的技术守门员识别

本书根据民权制冷企业与集群企业网络外的节点间的技术合作情况，制作了 2017 年民权制冷企业技术合作全网络图（见图 7-15）。2013—2017 年，民权制冷企业与外部节点的技术联系逐步增长。根据统计结果，在民权制冷企业技术合作全网络中，外部网络节点从 2013 年的 24 个增加至 38 个，各企业对外连接度总和从 66 增加至 125。

在技术合作全网络中，中间中心度排名前 1/4 的企业共 7 家（见表 7-6），其中转移企业为 WB、XXH、HM，本地企业为 ZB、HKDQ、BH、SC。XXH 和 HM 在技术合作全网络、集群内部网络中的度和中间中心度都很高，说明它们在民权制冷企业技术合作网络中起着内外部技术传递枢纽的作用，应该被判读为技术守门员。WB 的情况比较特殊，其在技术合作全

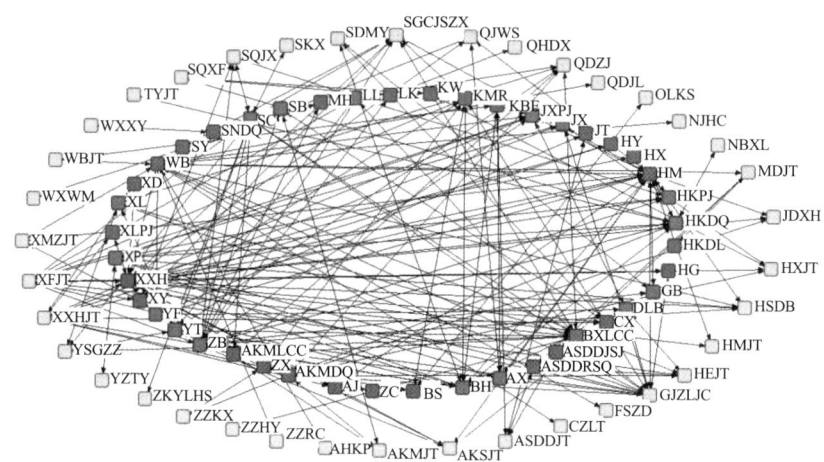

图 7-15　2017 年民权制冷企业技术合作全网络

网络中的中间中心度最高,但 WB 的技术合作对象以域外节点为主,这也导致其在集群内部企业网络中的中间中心度较低,考虑到 WB 的整体规模以及其广泛的外部技术联系,也将 WB 判读为技术守门员。同理,本地企业 ZB 应该被判读为技术守门员。

表 7-6　2017 年技术合作全网络中主要转移企业情况

节点	全网络中间中心度(%)	区域内部网络中间中心度(%)	全网度	区域内部节点联系度	区域外部节点联系度
WB	22.963	0.24	17	4	13
XXH	21.754	22.52	23	13	10
ZB	16.101	22.65	16	10	6
HM	10.761	6.65	19	10	9
HKDQ	9.712	1.85	9	5	4
BH	7.656	18.08	11	8	3
SC	7.399	10.70	11	4	7

7.2.2.5　2017 年转移企业网络角色的综合辨识

与 2013 年分析过程一样,根据上述经济联系网络、技术合作网络、社会交流网络以及技术联系全网络的初步分析结果(见表 7-7),对 2017 年转移企业的网络角色进行综合辨识。

(1)领导核心。XXH 和 HM 在三类网络中都发挥着核心作用,因此可以将它们识别为民权制冷企业网络的领导核心。同时,两家企业在民权制冷企业与外部技术网络的连接中处在结构洞位置上,也是民权制冷企业网络的技术守门员。

(2)主要成员。包括 WB 等 19 家企业,其中 LK、HX、KBE、KMR、MH 等 5 家企业在三种网络中均属主要成员或领导核心,WB、AKMDQ、BS、CX、HG、KW、XY、JT、ZX、AKMLCC 等 10 家企业都至少在两类网络中属于领导核心或主要成员,HKDL、SY、SNDQ、ZC 等 4 家企业在社会交流网络和技术合作网络中属于孤立点或外来者俱乐部成员,但它们都与本地企业建立了经济联系,所以将它们综合判断为网络主要成员。同时,WB 也是网络的技术守门员。

(3)外来者俱乐部成员。包括 ASDDRSQ、AJ、HY、XD、XLPJ、ASDDJSJ 等 6 家企业,它们在三类网络中均属于外来者俱乐部成员。

表 7-7 2017 年转移企业网络角色综合辨识

	经济联系网络	技术合作网络	社会交流网络	综合辨识
领导核心	XXH、HM	XXH、HM	XXH、HM、LK、ZX	XXH、HM
主要成员	WB、SY、HX、MH、KMR、BS、HKDL、LK、KBE、HG、AKMDQ、SNDQ、ZX、KW、ZC、XY、CX、JT、	WB、KMR、AKMLCC、KBE、CX、LK、HX、JT、MH	BS、AKMDQ、XY、HX、KW、KMR、KBE、MH、AKMLCC、HG	LK、HX、KBE、KMR、MH、WB、AKMDQ、BS、CX、HG、KW、XY、JT、ZX、AKMLCC、HKDL、SY、SNDQ、ZC
外来者俱乐部成员	ASDDRSQ、AJ、ASDDJSJ、HY、XD、XLPJ	BS、AJ、AKMDQ、ZX、ASDDRSQ、XY、HY、XD、XLPJ、ASDDJSJ	WB、ASDDRSQ、ZC、ASDDJSJ、CX、SNDQ、HY、XD、XLPJ、AJ、JT	ASDDRSQ、AJ、HY、XD、XLPJ、ASDDJSJ
孤立点	AKMLCC	HG、HKDL、KW、SY、SNDQ、ZC	SY、HKDL	

7.2.3 基于转移企业网络角色辨识的新发现

通过对民权制冷产业集群内转移企业网络角色分析,发现了三种值得关注的现象,对这些现象的理解和探究有助于中西部地区制定更加合理的产业政策,并更好地利用产业转移的机会窗口效应。

(1) 规模和实力领先的企业未必能够成为网络核心。在民权制冷产业集群中规模排名前四位的企业分别是 WB、AKMDQ、XXH、HM,访谈中许多业内人士或集群管理者都认为这四家企业理所当然应该成为网络核心,因为它们的实力最为突出。本书角色识别结果显示,2013 年和 2017 年的民权制冷企业网络中 XXH 和 HM 是领导核心,而 WB 和 AKMDQ 却是主要成员。WB 在 2013 年的技术合作和社会交流网络中还属于外来者俱乐部成员;2017 年 WB 的网络连接情况有显著提升,甚至成为网络技术守门人、经济联系网络领导核心,但其在社会交流网络中依然属于外来者俱乐部成员,这意味着 WB 在民权制冷产业发展中并没有发挥应有的带动作用。

(2) 网络中存在比较明显的外来者俱乐部现象。2013 年包括 ASDDRSQ、XM、SNDQ、JS、HY、XD、XLPJ、ZC 等 8 家企业,2017 年还有 ASDDRSQ、AJ、HY、XD、XLPJ、ASDDJSJ 等 6 家企业。JS、HY、XD、XLPJ、XM、ZC 等跟随 XXH 进驻民权,它们的职能主要是为 XXH 做配套,因此极少和民权地方企业发生正式或非正式联系。已有研究认为这种"供应链园区投资"模式不利于地方企业进入转移企业产业链,并会限制转移企业核心技术外溢,进而抑制地方企业的技术学习和进步(潘峰华,2010)。民权制冷企业网络中外来者俱乐部规模虽然不大,但产业管理者依然需要通过一定措施改变这种构建"个人俱乐部"的倾向,引导相关企业提高地方嵌入度。

(3) 技术合作和社会交流网络中存在较多孤立点。技术合作网络中 HKDL、SY、ZC 等孤立点的存在意味着这些企业不同周边企业进行任何技术交流,这不仅限制了这些企业的可持续发展能力,而且还会对集群整体的运行效率和协同创新产生负面影响。社会交流作为企业间的非正式接触可以提高缄默知识传播速度并强化企业间的经济联系(Dahl,2004;Ramasamy,2006;Buckley,2006),HKDL、SY 等企业在社会交流网络中的孤立会影响它们在网络中的经济联系,并降低其技术学习和技术溢出效率。

7.3 转移企业网络角色形成原因

通过对转移企业在区域企业网络中的角色分析发现,企业在网络中扮演的角色并不相同,同一企业在经济联系、技术合作、社会交流网络中的角色也存在差异,部分企业的实际角色与人们的一般认识并不一致。正如已有研究认为产业转移在实践上具有高度的关系构建性、情景敏感性、路径依赖性、集聚经济性和尺度相关性,转移企业网络角色的形成也有其复杂的动因和机理(见图7-16)。

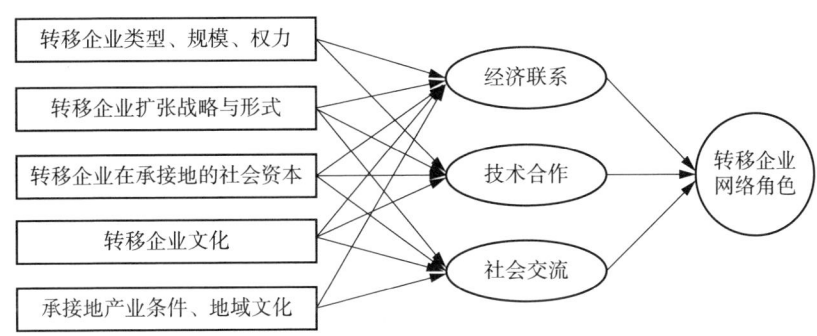

图7-16 转移企业网络角色形成机理

7.3.1 转移企业的属性特征

关系是形成网络的基础,判断转移企业网络角色首先要分析其与承接地内部、外部企业和相关机构的连接关系,转移企业属性特征对其对外连接关系具有根本性影响。

(1)转移企业的类型和规模。民权制冷产业案例分析结果显示,网络中的领导核心型转移企业都是大型整机企业,而外来者俱乐部成员和孤立点则以配件生产企业为主。这是因为在一般的产业集群中整机企业规模往往远大于配套企业,而配套企业的数量则大于整机企业。整机企业在生产中需要从各类配套企业采购部件,而且同种部件可能需要从几家配套企业同时采购;配套企业虽然也可同时向多家整机企业供货,但鉴于规模其在网络中的度值一般都小于整机企业。

(2)转移企业的"网络权力"。企业"网络权力"由技术、资本、品牌、信息、市场等因素共同决定,而拥有绝对"网络权力"的企业可以掌控网络的进入权、代理权、组织管理权,可以驱动或吸引原有的配套企业与其一起转移,并在承接地迅速形成以自己为核心的配套网络。因此,具有较强"网络权力"的企业更容易成为网络中的领导核心。在民权制冷企业网络中,XXH 原为浙江慈溪的一家大型整机企业,在其转入民权的次年,位于慈溪的 JS、XM、CX、HY 等配套企业也随之入驻民权,它们在 XXH 周边布局并以向 XXH 供货为主,XXH 之所以有较高的度值和中间中心度值也得益于这些企业的追随。

(3)转移企业的技术权力。在技术经济时代背景下,技术交流和学习已经成为企业间相互联系的重要内容。具有技术权力优势的企业通过对核心技术的掌握和控制,可以有效影响周边的网络成员,在网络联系中具有更强的主动性和号召力。因此,只有具有较强技术权力的企业才可能成为网络真正的领导核心。在 2013 年民权制冷企业经济联系网络中,度值最高的 SY 只是一家生产泡沫包装的非核心配件企业,因此虽然与 SY 具有产业联系的企业很多,但 SY 对它们并不具有掌控的权力;相反,XXH 和 HM 的度值虽然低于 SY,但由于二者是大型整机生产企业又具有较强的权力优势,所以它们才是网络真正的核心。

7.3.2 转移企业的扩张战略

转移企业进入承接地可能具有不同的战略指向,诸如资源接近、劳动力接近、市场接近、技术接近、政策接近等,不同的动因会使企业产生不同的行为方式,并影响到其在承接地企业网络中的关系构建和角色定位。一般而言,追求劳动力和市场接近的转移企业并没有与地方企业构建产业联系的迫切需求,受经营习惯的影响它们还会同原有的上下游企业保持较强的联系。相反,如果企业主要受承接地配套能力或先进技术吸引而转移,则它们会积极主动地同承接地企业建立经济和技术联系。制冷家电生产是一个技术含量较低的产业,WB、AKMDQ 等企业从沿海地区转出的主要原因是当地生产经营成本不断上升,迫使它们寻找更具比较优势的投资地;民权及中部地区丰富的人力资源、巨大的市场潜力是吸引它们进驻的首要原因,所以 WB、AKMDQ 等落户民权后还同原有的配套企业保持着较为密切的产业联系和技术合作，这正是 WB、AKMDQ 在民权集群中规模最大却难以成为网络核心的主要原因。XY、KMR 的转出地郑州与民权相距不远，民权比较完善的产业基础、突出的集聚优势是吸引它们的主要因素，因此 XY、KMR 迅速与集群中的配套企业建立起了较强的产业和技术联系。此外，JS、XM、CX、HY 等配件企业主要是追随大型采购商 XXH 而来到民权的，进入民权后它们在 XXH 周边就近布局并依然以向 XXH 供货为主，基本不同其他企业产生经济、技术和社会联系，这种结网方式也使它们在民权制冷企业网络中成为典型的"外来者俱乐部"。

基于一定的战略指向转移企业可能会采用不同的扩张方式，扩张方式的差异也会对转移企业网络角色带来显著影响。比如，XXH、HM 与 WB、AKMDQ 同属东部沿海转移企业并具有类似的转移动因，但 XXH、HM 在民权制冷企业网络中的角色显然比后者重要，这主要是因为它们的进驻方式存在明显不同。WB、AKMDQ 在民权的企业属于集团公司的区域性生产基地，主要布局生产和营销环节，并不具有产品研发、品牌塑造的职能，所以二者在经济联系网络中度值还比较高，但在技术合作、社会交流网络中度值则明显下降。XXH 在此次产业转移中则几乎实现了整体搬迁，企业的大部分职能都转移到了民权；而 HM 则采用了收购合作的路线，充分利用了"老冰熊"的有形和无形资产。因此，XXH、HM 在民权制冷企业网络中拥有更加丰富的连接关系，并成为网络的领导核心。

7.3.3 转移企业在承接地的社会资本

转移企业在承接地的关系培育和网络构建过程不仅是一种经济行为，还是一种嵌入特定社会背景中的社会行为，因此转移企业在承接地所拥有的社会资本对其网络角色也具有潜在但重要的影响。新经济社会学将社会资本定义为关系网络中个体或社会单位在有目的的行动中可以获取或动员的实际或虚拟资源的总和。在民权制冷企业网络中，企业主之间的血缘、地缘、学缘关系以及"老冰熊"的身份认同是社会资本的重要内容，也是民权制冷企业社会交流网络形成的基础。前文网络相似性分析发现，民权三种企业网络的相似程度总体表现出"社会交流—技术合作相似性>经济联系—技术合作相似性>社会交流—经济联系相似性"的特征，这也意味着在民权独特的产业环境中社会交流网络的发育会影响技术合作网络与经济联系网络的构建,这更加凸显了社会资本在转移企业角色塑造中的意义。

HM 是最早入驻民权的转移企业,是冰箱、冷柜系列"冰熊"商标的实际持有人,且其员工中半数以上都是"老冰熊"的骨干力量,可以说 HM 不仅继承了"老冰熊"冷柜厂大部分的有形资产,更继承了大部分无形资产尤其是关系资产,因此 HM 在民权产业集群三种企业网络中的度值均名列前茅。XXH 与民权制冷也有着深厚的渊源,在转入民权以前,XXH 有 1/3 的员工来自民权,管理层中民权人超过半数,这种深厚的地缘关系使 XXH 最终握手民权,同时也使其非常顺利地融入了地方社会交流、技术合作、经济联系网络。可见,XXH、HM 网络核心角色的形成离不开雄厚社会资本的支持。反观集群中规模最大的两家企业 WB、AKMDQ,显然二者并不具有与 HM、XXH 一样的社会资本,因此它们的个体中心网络构建并不理想,尤其是 WB 在社会交流、技术合作网络中甚至成为外来者俱乐部成员,这种状况严重削弱了它们在网络中的影响力,使其网络角色的重要性大打折扣。

7.3.4 转移企业的企业文化

已有研究发现转移企业在母公司的嵌入程度及企业文化是影响其地方嵌入的重要变量,一般而言,转移企业在母公司的嵌入程度越深则在承接地嵌入程度越弱,强调个人主义、理性主义、平等观念的转移企业容易实现地方嵌入,强调集体主义、等级观念的转移企业不易实现地方嵌入。因此,本书认为转移企业的企业文化尤其是与地方企业的文化差异也会影响其网络角色。

比如,WB 的企业精神是"博采众长、务实超越",在这种精神指导下 WB 的生产经营具有非常系统、严格的管理规范,在与其他企业的交流合作中也秉持着严谨、务实的风格。民权地方配套企业一般规模较小、经营管理相对粗放,而且在地方文化和社会资本的作用下企业交易更强调信誉与承诺。WB 所代表的现代化企业体制与地方企业粗放式生产经营方式间存在着显著的差异甚至冲突,企业文化差异使 WB 在与地方企业进行经济、技术合作时并不积极。同样,地方企业在同 WB 接触时也表现出了明显的不适应,有地方企业主坦言:"WB 这样的企业太难伺候,进 WB 厂区谈笔买卖出门儿还得检查汽车后备厢,所以我们都尽量少和它打交道。"由此可见，WB 与民权地方企业的文化差异严重制约了它们之间的关系构建，WB 在社会交流、技术合作网络中成为外来者俱乐部成员与此也不无关系。

HKDL 是一家从深圳转移而来的整机企业，企业创办者是民权人，一般来说在地缘关系作用下 HKDL 应该同地方企业建立较为密切的联系，然而 HKDL 在社会交流和技术合作网络中却成为孤立点，企业文化以及领导者的个人偏好是导致这种现象发生的主要原因。在课题组调研与访谈过程中，HKDL 一位负责人多次表示了对企业技术及创新能力的自信，"我们的生产技术在集群中是居于前列的，所以我们没有与周边企业开展技术合作的必要；而且因为技术更新速度很快，我们也不担心被他人模仿"。对于为什么不同其他企业开展业务外的非正式交流，该负责人一肚子苦水，"现在人都太聪明，请客吃饭、婚丧嫁娶，林林总总的各种关系弄得人疲于应付，天天搞这个怎么行，还是抓好生产最靠谱"。

7.3.5 承接地的产业条件及地域文化

承接地是转移企业网络角色塑造的舞台。虽然在本书的实证案例中，所有的转移企业都置身于同样的舞台上，但我们依然可以从转移企业的关系构建和角色塑造过程中窥探到承接地产业条件、地域文化的作用。

承接地产业基础往往是吸引转移企业入驻的重要因素，同时也是转移企业构建个体中心网络的基础。在"绿地投资"的情况下，转移企业需要从区域外部或其他转移企业中调用生产资源，比较容易成为外来者俱乐部成员或孤立点；而在"褐地投资"的情况下，转移企业可以基于地方企业构建自己的生产链条或网络，从而降低了成为外来者俱乐部成员或孤立点的可能性。在本案例中，民权制冷产业经过 30 多年的发展，已经形成了扎实的产业基础，有众多中小型企业可以为转移企业提供配套。通过对 2013 年转移企业在经济联系网络中的度值分解可以发现，23 家转移企业间的联系有 52 条，而它们同民权地方企业的联系也有 52 条，由此可见民权地方企业是转移企业关系构建的重要对象，区域产业基础对转移企业角色塑造影响很大。

对于转移企业而言，承接地的地域文化与转出地相比可能具有截然不同的内涵和气质，转移企业对承接地地域文化的理解和认同会对其关系培育与网络构建产生潜移默化的影响。地域文化是一个区域长期积淀所形成的社会历史、价值观念、文化环境、生活习惯等，其中每一方面都可能对转移企业行为产生影响。本书认为地域文化对转移企业的作用总体上可以分为两个方面，即包容性和排斥性。包容性的作用是承接地地域文化能够引起转移企业的认同和共鸣，使转移企业主动成为该文化的践行者，并有助于转移企业在承接地的深度嵌入。排斥性的作用是承接地地域文化与转移企业固有的文化观念产生矛盾冲突，不能得到转移企业的理解和认同，并成为转移企业地方嵌入的障碍。在本案例中，民权位于广阔的豫东平原上，是著名的庄子文化之乡，具有典型的乐观豁达、自由洒脱气质；《庄子·庚桑楚》中"春气发而百草生，正得秋而万宝成"的名句恰恰契合了 WB 对于春华秋实、创业维艰的理解，这种文化认同无疑对 WB 的地方嵌入具有积极的影响。另外，民权制冷产业独特的发展和衍生历史也使集群内部地方企业中存在强烈的"老冰熊"身份认同意识，这种身份认同成了部分地方企业交流合作的关系基础，同时也成了转移企业进入地方生产网络、社交网络的无形屏障。

以上论述中提出的包容性与排斥性并非地域文化的固有属性，而是承接地与转移企业间不同的文化认同程度对转移企业地方嵌入所产生的正向或负向影响。为了比较清晰地表述这一作用，我们借鉴地理距离、技术距离的概念称之为"文化距离"。在产业转移实践中，文化距离就是转移企业与承接地在社会文化方面的认同与契合程度，认同与契合程度越高说明文化距离越小。较小的文化距离有助于转移企业在承接地的深度嵌入，并有利于提高其在承接地生产网络中角色的重要性。

7.4 本章小结

本章主要基于 2013 年、2017 年民权制冷企业经济联系、技术合作、社会交流网络，利用节点度、中间中心度、核心—边缘分布等指标，结合权力关系辨识转移企业在三种网络中的角色，并在综合判读的基础上总结了民权转移企业网络角色的典型现象。最后，分析了转移企业网络角色形成的动因和机理。主要结论如下：

（1）结合已有研究总结了转移企业网络角色识别的方法和步骤。提出识别转移企业网络角色要以区域企业网络为基础，以社会网络分析为手段，沿着"关系强度及类型特征—网络位置特征—权力关系特征"步骤，采用定量、定性相结合的方法进行判别。

（2）提出了转移企业在承接地企业网络中角色的划分方法。将转移企业网络角色分为领导核心、主要成员、外来者俱乐部成员、孤立点四种，总结了各类角色应该具有的嵌入性和权力关系特征；在以上四种角色外还总结了技术守门员的辨识特征。

（3）基于经济联系、技术合作、社会交流网络分别辨识转移企业的网络角色，然后进行综合判读。识别结果显示，2013年XXH和HM是网络的领导核心，WB等13家企业是网络主要成员，ASDDRSQ等8家企业是外来者俱乐部成员，XXH、HM同时也是网络的技术守门员。2017年XXH和HM仍是网络的领导核心，WB等19家企业是网络主要成员，ASDDRSQ等6家企业是外来者俱乐部成员，XXH、HM、WB同时也是网络的技术守门员。

（4）通过转移企业角色分析发现了三个值得关注的问题：一是规模和实力领先的企业未必能够成为网络核心，从而限制了它们应有的带动作用；二是网络中存在比较明显的外来者俱乐部现象，抑制了转移企业的技术外溢和地方企业的技术学习；三是技术合作和社会交流网络中存在较多孤立点，影响集群整体的运行效率和协同创新。

（5）总结了影响转移企业网络角色形成的主要因素。一是转移企业类型、规模、权力等属性特征；二是转移企业的扩张战略和具体形式；三是转移企业在承接地的社会资本；四是转移企业的企业文化；五是承接地的产业条件和地域文化。

本章的创新之处在于，明确提出了根据"关系强度及类型特征—网络位置特征—权力关系特征"识别转移企业网络角色的思路和步骤，通过定量、定性相结合的方法，可以避免单纯定性分析所造成的误判。本章对案例区转移企业的角色识别结果与业内人士及管理者的一般认识存在明显差异，证实了引入定量分析的必要性。存在的不足之处是对转移企业的角色划分和命名还值得商榷，尤其是"主要成员"类型涵盖企业数量过多，掩盖了其中企业在嵌入性和权力关系方面的差异，不利于形势研判和政策制定。另外，由于一些企业属性数据缺失，加之企业战略、社会资本、文化距离等因素不易定量化，所以本书对转移企业网络角色的形成机理未能进行定量分析。

第 8 章

转移企业与民权本地企业的双向嵌入分析

第 8 章 转移企业与民权本地企业的双向嵌入分析

30 多年来，民权制冷产业虽然浮浮沉沉、一路坎坷，但坚忍不拔的民权人一直在努力实现路径的突破与创新。进入 21 世纪后，经济全球化尤其是产业转移浪潮为民权制冷产业提供了千载难逢的发展机遇，使民权制冷重新焕发了生机与活力。面对产业转移的机会窗口，民权制冷产业如何抓住机遇、奋起直追，完成由"低端道路"向"高端道路"的跨越，实现打造"中国冷谷"的宏伟目标呢？本章回顾了新区域主义理论与全球生产网络理论对全球化背景下区域发展方式的论争，采用转移企业与地方集群的双向嵌入视角，分析转移企业与民权本地企业双向嵌入的特点及障碍机制，并为民权推动转移企业与地方企业互动耦合，推动区域产业突破障碍、转型升级探寻对策。

8.1 理论框架构建

8.1.1 已有研究及启示

新国际劳动分工理论（New International Division of Labor，NIDL）认为，第一、第二次国际产业转移主要是产业间或产业内的垂直转移，而 20 世纪 80 年代以后的产业转移与之前有明显不同，转移的主体不再是某一产业或者产品，而是某一产业或产品的特殊生产环节或工序。这种垂直非一体化（Vertical Disintegration）过程使全球价值链开始呈现环节片段化和空间离散化状态（梅丽霞，2009；张鹏，2009；刘友金，2011）。已有研究发现价值片段并非随机分散而是高度集聚的，其空间分布具有"大区域离散，小区域集聚"的特征（Gereffi，1999；Dicken，2001；毛加强，2008）。价值链片段在小区域的集聚催生了一个个经济"马赛克"也即产业集群，然后这些块状经济体就如同一颗颗珍珠被以跨国公司为主导的价值链串起来，形成了跨越国家或区域边界的全球价值链和全球生产网络。

在新国际劳动分工与国际产业转移背景下，全球经济不再是一种独立的世界经济系统，而是一个生产中充满地方化、区域化和再区域化的区域的世界(Scott，1988；Storper，1997)。区域经济也不再是一个个封闭的"孤立国"，而是深受全球力量影响的世界的区域。在全球力量所代表的链状经济与地方力量所代表的块状经济的交互融合中，不同区域呈现了多样化的经济现象。学者们围绕"亚洲四小龙"(Yeung，2007)、北京中关村(马丽，2004；王缉慈，2010)、上海张江(曾刚，2004)、广东东莞(童昕，2006)、苏州工业园(艾少伟，2011；Wei，2011，2012)的研究发现，国际产业转移强力助推了承接地经济发展，为承接地打开了一扇"区位机会窗口"。但对东欧、中欧(Hardy，1998)，拉美(Lowe，1999)，中国大陆(Wei，2013)的部分研究也发现了大量"沙漠中的教堂"、"飞地经济"和伪嵌入现象，并证实了"贫困增长陷阱"及马太效应的存在(Haddad，1993；Kokko，1996；闵成基，2010)。为什么在同样的经济世界中不同区域表现出了差异性的甚至迥然不同的发展态势，全球化与地方化之间、区域的世界与世界的区域之间究竟具有什么互动关系呢？

针对上述现象和问题，经济地理学、区域经济学等学科给予了大量研究并给出了不同侧重的理论解释。新经济地理学主要是制度经济地理学尤其是新区域主义，通过制度、关系、文化转向过程成为一个强有力的分析视角。新区域主义强调区域制度、地方网络、地方资产、学习创新和内生增长，提出了一系列概念，如非贸易性依赖、关系资产、制度厚实、创新环境、区域创新系统、学习型区域等来解释全球化背景下的区域发展问题(Camagni，1991；Florida，1995；Asheim，1996；Storper，1997；Scott，1988，2006)。新区域主义虽然较好地解释了硅谷、巴登—符腾堡、"第三意大利"等区域经济发展现象，但也因为过于重视内生资产、制度厚实而忽视全球力量与大企业的影响而受到批判。与新区域主义不同，全球化理论强调资本自由流动、全球经济集成、FDI 的结构替代、地方空间向流动空间的转变，并逐步形成了全球商品链(GCC)、全球价值链(GVC)和全球生产网络(GPN)理论(Gereffi，1994；Gereffi，1995，2005；Henderson，2002)。"3G"理论将区域发展研究从原来主要关注内生资产转变为关注外部力量与区域发展间的复杂关系，尤其是曼彻斯特学派(Manchester School)所推崇的GPN理论超越了新区域主义并促进了全球化的区域发展概念，该理论强调跨国公司嵌入区域经济的地域基础和地理敏感性，并重视嵌入、权力、价值等维度间的复杂而活跃的相互依赖关系以及生产网络独特的地域特性（Henderson，2002；Coe，2004；Yeung，2005b；Hess，2006）。然而，由于 GPN 理论过于强调全球力量的影响因素而在解释部分区域发展时还存在明显局限，比如 GPN 理论并不适用于典型的内生增长型区域，产业转移所代表的外部力量对于承接地发展更多表现为一种或有效应等。

为了深入研究经济全球化尤其是产业转移背景下的区域发展问题，有越来越多的学者采用折中的思路，尝试突破新区域主义和 GPN 理论的分水岭，融汇两种理论下的相关工具去研究全球化浪潮中的区域发展问题（Wei，2010，2011，2012）。一些学者以新区域主义理论为基础，提出了提高集群竞争力的"地方传言—全球通道"模型，也即通过建设对外交流的全球通道，使缄默知识和编码知识一样在地方和全球间传递，并使地方企业和集群获得特别的优势（Bathelt，2002）。一些学者以 GPN 理论为基础，认为区域发展是全球、地方生产系统之间关系构建和网络联结的过程，其关键在于全球生产网络与区域资产的战略耦合（Coe，2004；苗长虹，2006；Wei，2011）。一些学者从系统论视角出发，建立起了"产业集群—区域产业转移"耦合系统时空模型，认为二者在效益目标、整合资源目标、结构升级目标、技术创新目标等方面均具有交互耦合关系（毛广雄，2009，2011）。还有更多学者以全球价值链理论为基础，认为承接地企业可以嵌入全球价值链中，并通过工艺升级、产品升级、功能升级、价值链升级等环节，实现在全球价值链上的攀升和跃迁（Humphrey，2000，2002；文嫮，2004，2005；Wei，2010）。

8.1.2 双向嵌入分析框架

已有研究证实，对于产业转移承接地而言，只有促进转移企业在本地的深度嵌入，才能避免"沙漠中的教堂""飞地经济""候鸟经济"现象，才能利用产业转移带来的资本流、技术流、信息流，才能充分发挥产业转移的"区位机会窗口"效应。承接地企业要充分利用产业转移所提供的联结通道，积极嵌入全球价值链和全球生产网络，通过学习创新提高区域内生增长能力，实现在全球价值链上的不断升级和在全球生产网络中的权力塑造,只有这样才能避免在产业承接过程中陷入"低端技术陷阱"和"贫困增长陷阱"。由此可知,产业转移承接地积极推动转移企业地方嵌入并推动本地企业在全球价值链和全球生产网络中嵌入,是其由"低端道路"迈向"高端道路"的必然选择(Kaplinsky,2000)。需要注意的是,由于中国具有完备的生产体系和庞大的市场容量,一件产品的设计研发、零部件制造、整合组装、流通销售、品牌建设等大部分或全部价值链环节都可以在国内完成,一些研究将这种由国内企业完成和控制的价值链称为国内价值链(National Value Chain,NVC),NVC不断成长延伸可以转化为GVC,企业沿着NVC同样可以实现价值链的攀升和跃迁(刘志彪,2007;康志勇,2009;杜宇玮,2011;刘向舒,2011;王晓萍,2013)。借鉴陈景辉(2008)、张鹏(2009)的研究成果,本书进一步完善了转移企业与承接地企业的"双向嵌入"研究框架(见图8-1)。

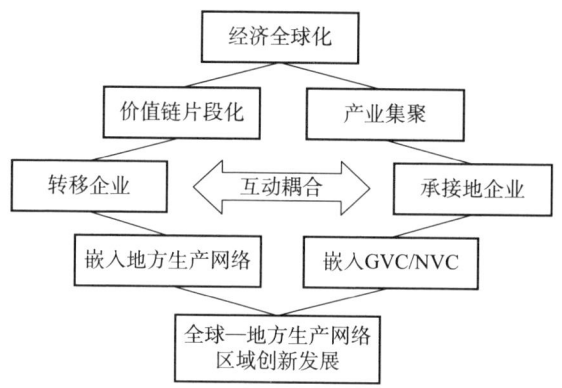

图 8-1 转移企业与承接地企业"双向嵌入"研究框架

该框架认为,经济全球化进程和新国际劳动分工使价值链呈现片段化,引发了产业在全球范围的调整和转移,而产业或功能的集聚也导致了地方集群的繁荣,因此在世界经济版图上出现了块状经济与链状经济并存的局面,块状经济与链状经济间存在着潜在的、不可分割的联系。所谓双向嵌入是指在经济全球化尤其是产业转移背景下,转移企业与承接地企业通过互动耦合,转移企业实现在地方生产网络中的经济嵌入、技术嵌入和社会嵌入,而承接地企业也可以借助于产业转移契机嵌入 GVC 或 NVC,通过二者的双向嵌入实现块状经济与链状经济有机融合,进而更好地促进区域经济发展。需要说明的是转移企业地方嵌入的概念源于国外学者提出的"Embeddedness",强调转移企业要通过各种关系构建融入地方生产网络与社会结构中,突出了牢固的、密不可分的"根植"含义。承接地企业在价值链嵌入的概念与"Insertion"类似,虽强调承接地企业要进入 GVC 或 NVC 并成为其中的一个环节,但却蕴含着可移动、可替代的含义。

8.2 转移企业地方嵌入分析

8.2.1 转移企业地方嵌入特点

学界目前对于嵌入分类的认识并不一致,Granovetter(1985)将嵌入分为关系性嵌入和结构性嵌入,也有研究将其细分为经济嵌入、技术嵌入、社会嵌入、制度嵌入等类型(赵蓓,2004;陈景辉 2008;邱国栋,2010)。本书主要基于民权制冷企业经济联系、技术合作、社会交流网络展开研究,因此将转移企业在民权的地方嵌入分为经济嵌入、技术嵌入和社会嵌入。这三种嵌入类型反映了转移企业在民权企业网络中的关系构建情况,本质上都属于 Granovetter 的关系性嵌入范畴。因为入驻民权的转移企业中没有来自海外的跨国公司,这些企业从东部沿海转入中原地区并不会面临社会制度的障碍,不会采取特殊的制度适应性行动以实现结构性嵌入,因此经济嵌入、技术嵌入和社会嵌入三种类型基本可以较好地概括转移企业在民权的地方嵌入行为。

第六章企业网络结构分析、第七章转移企业角色分析都已经不同程度地涉及了转移企业的地方嵌入行为,从分析结果看转移企业在经济联系、技术合作、社会交流三类企业网络中整体嵌入程度存在显著差异。转移企业在 2013 年三类网络中度值的平均数分别为 4.52、1.96、2.87,2017 年分别为 6.15、2.15、5.67,说明转移企业在民权的经济嵌入最明显,社会嵌入次之,技术嵌入最弱。

不同转移企业的地方嵌入程度差异很大。XXH 和 HM 是最早入驻的两家大型整机企业,它们同民权地方企业的经济、技术和社会联系都比较频繁,因此二者成了民权制冷企业网络中的核心节点;同时 XXH、HM 与集群内部企业和区域外部企业或机构都存在密切的技术联系,是集群与外部技术网络进行知识和信息交换的中介和枢纽，因此它们也是民权制冷企业网络的技术守门员。部分企业在地方企业网络中嵌入程度很弱，JS、HY、CX、XD、XM、XLPJ、ZC 几乎都未同地方企业发生任何正式或非正式联系，在集群内形成了一个规模不大的外来者俱乐部。

另外，同一转移企业的经济嵌入、技术嵌入、社会嵌入程度也明显不同，2013 年和 2017 年 SY 都同时为集群内的 15 家企业供货，成为经济联系网络中不可或缺的一环，然而 SY 没有任何技术、社会嵌入行为。WB 作为集群内规模最大的整机企业，在经济网络中具有较深的嵌入程度，2013 年和 2017 年都是经济联系网络的领导核心，但 WB 在技术合作、社会交流网络中的嵌入程度很弱，2013 年和 2017 年都属于社会交流网络中的外来者俱乐部成员。

已有研究根据转移企业地方嵌入的原因及主动性，将转移企业地方嵌入分为主动嵌入和被动嵌入，转移企业在民权的嵌入更多体现为主动嵌入。促使这些转移企业来到民权的作用力主要有两种，除了东部沿海地区"腾笼换鸟"政策推动外，更重要的是民权扎实的产业基础、显著的集聚经济效应、良好的创业氛围所产生的强大引力。因此，转移企业入驻民权后会尽快但有选择地同周边企业建立产业联系，以节约交易成本和运输成本；而且民权地方政府为了吸引更多高水平转移企业入驻，制定了非常优惠的产业承接政策，如代建厂房、代办手续、代为培训员工等，对转移企业的地方产业联系没有特殊的政策要求。因此，转移企业在民权制冷产业集群中的嵌入并未受到承接地的"制度约束"，而是一种转移企业为实现自己战略目标而采取的主动嵌入行为。

8.2.2 转移企业地方嵌入演进过程

针对学界普遍存在的将地理尺度概念化到嵌入理论的做法，Hess (2004) 曾经对嵌入进行了重新概念化，并建议将嵌入分为地理嵌入、网络嵌入、社会嵌入，认为这三种类型形成了一种逐层递进的关系，这与地理学界对"企业/产业—地域"关系是由"地理接近"到"关系接近"再到"制度接近"的一般认识恰恰是一致的(苗长虹，2007)。有国内学者通过对跨国公司在中国东部沿海地区嵌入过程的研究发现，跨国公司在华嵌入存在由经济嵌入向技术嵌入、社会嵌入、体制嵌入的逐层深化过程(邱国栋，

2010)。本书基于转移企业在民权的经济、技术、社会嵌入行为发现,它们的地方嵌入过程并不一致,存在两种比较明显的演进规律。

(1)"经济嵌入—技术嵌入—社会嵌入"的嵌入过程。呈现该类演进规律的企业主要有 WB、AKMDQ、FL、AJ、JS、KMR、CX、HY、XM、SY 等。这些企业共同的特点是与民权制冷产业没有历史渊源,当地较好的产业基础和显著的集聚经济效应是它们进驻民权的主要原因(见图8-2)。来到民权后这些企业为了降低运输成本和交易成本会与周边企业建立上下游联系;随着转移企业成为民权制冷企业经济联系网络中稳定的节点,该企业即实现了在民权的经济嵌入。由于企业间的前后向联系也会显著推动技术的交流与合作,这些转移企业的经济嵌入引发并促进了技术嵌入。比如转移企业中技术能力较高的整机企业为了获得高质量的配件产品或服务,可能会向周边配套企业提供设计、工艺、标准等方面的支持,帮助它们提高技术能力和水平;高水平的配套企业也可以通过提供高质量的产品帮助下游企业提升工艺和产品质量。需要注意的是,技术的流动往往是双向的,技术水平较高的地方企业也会成为转移企业的技术学习对象。更为重要的是,转移企业入驻使它们与周边企业有了面对面交流的可能,这对知识传递尤其是缄默知识传递具有特别重要的意义,通过竞争、示范、模仿、人员流动等形式,部分大型转移企业可能成为集群中技术溢出的源头。在频繁的经济联系与技术合作中,企业间形成良好的互信关系,尤其是企业主间产生密切的私人交往,通过企业主或员工间的非贸易性和非正式交流,转移企业会逐步积累形成自己的社会资本并实现在集群中的社会嵌入。

(2)"社会嵌入—经济嵌入—技术嵌入"的嵌入过程。呈现该类演进规律的企业主要有 XXH、HM、BS、AAS、XY、MH、LK、HKDL 等,这些企业共同的特点是它们与民权制冷都有深厚的关系基础,前7家企业的主要负责人都曾是"老冰熊"员工,HKDL 的创立者也是民权人并且和几家民权地方制冷企业负责人都是故交好友。可以说在这些企业进驻之前,它们同民权地方企业已经实现了一定的关系构建和网络连接。在血缘、地缘、学缘关系所形成的关系纽带作用下,这些企业进入民权后自然而然地融入了集群社会交流网络中,率先实现了在承接地的社会嵌入。前文已经证实,在民权制冷产业集群中,社会资本和基于"老冰熊"的身份认同是企业

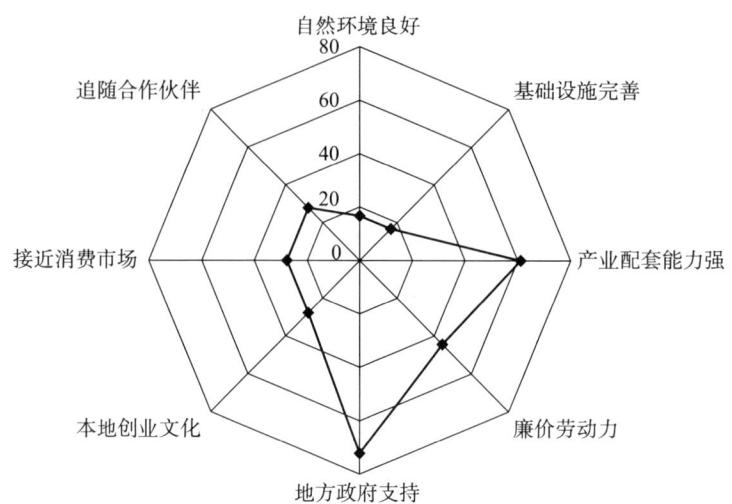

图 8-2　转移企业进驻民权的主要诱因(%)

间经济、技术联系的润滑剂。基于社会交流网络,这些企业可以迅速同周边企业尤其是存在社会交流关系的企业建立起产业前后向联系。随着产业联系日益稳固,这些企业便实现了在集群中的经济嵌入。在产业前后向联系的作用下,转移企业与周边企业会逐步产生技术的交流与合作。同时,基于社会网络的非正式交流可以显著促进缄默知识的流动,从而使这些企业在集群技术合作网络中的嵌入程度进一步加深。而且,由于转移企业具有同区域外部技术网络联系的优势,在集群经济合作网络中担任核心的转移企业还可能成为网络的技术守门员,比如 XXH 在技术合作网络中的度值在所有节点中居于首位,成为民权制冷集群的技术核心,且由于 XXH 同区域外部的大型制冷企业 XXHJT、AKSJT、HXJT 等存在密切的技术联系,因此 XXH 成为民权制冷集群对外技术联系的守门员。

8.2.3　转移企业地方嵌入障碍机制

尽管大批转移企业入驻为民权制冷产业复兴注入了强劲动力,但通过企业网络结构及节点角色分析可以发现,大多数转移企业并未实现在集群中的深度嵌入,而是居于网络的边缘区,部分节点甚至还属于网络中的孤立点或外来者俱乐部成员。调研结果显示,大部分转移企业都有与民权本地企业建立经济、技术、社会联系的意愿(见图 8-3),这与转移企业嵌入程度较弱的现实情况存在明显的矛盾，那么究竟是什么原因阻碍了转移企业的地方嵌入呢？Wei(2011，2012)对苏州、北京、深圳 ICT 产业的研究发现，外资企业与承接地之间在技术、空间、结构、制度等方面的错位(Mismatch)限制了全球—地方连接通道的构建，影响了外资企业在承接地的嵌入度。转移企业在民权制冷产业集群的嵌入显然不会遇到制度方面的障碍，因此本书从技术、组织、地域三个方面来探讨转移企业嵌入障碍机制，这三个方面也正好契合了 Storper(1997)构建的"技术—组织—地域"三位一体的区域发展分析框架，可以较好解释转移企业在民权制冷产业集群嵌入不足的问题。

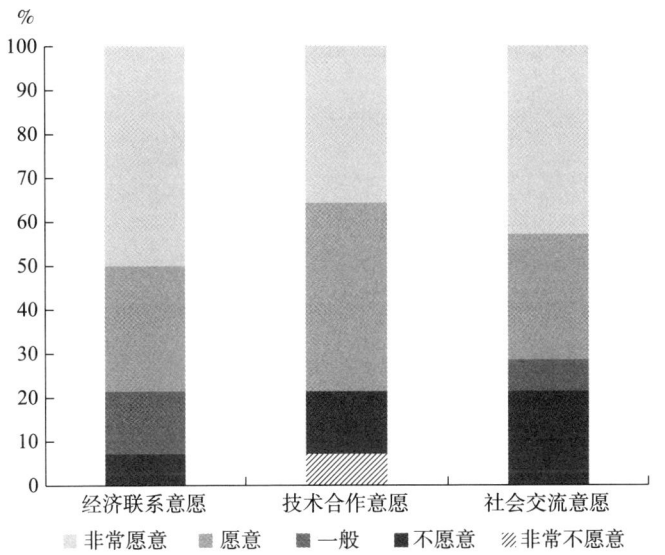

图 8-3　转移企业与地方企业建立经济、技术、社会联系意愿

8.2.3.1　技术错位的障碍分析

民权制冷产业虽然经过了近 40 年的发展，但集群整体的技术层次还有待提升。在 2007 年前，除了生产冷藏车的 BXLCC 和冰箱、冷柜整机企业 ZB 规模较大、技术能力较强外，其他的冷柜整机企业和配套企业规模都不大。9 家配套企业虽然可以生产制冷机组、冷凝器、蒸发器、玻璃门等主要配件，但却不能生产冰箱、冷柜的核心部件压缩机，也不能生产科技含量、价值含量较高的液晶控制面板等。可以说，当时民权制冷企业的整体

技术水平与 WB、AKMDQ、XXH 等知名制冷企业相比差距巨大。2007 年后这些大型整机企业陆续进驻民权，一般而言它们应该尽快与地方配套企业建立产业联系，通过地方采购降低生产成本。由于对地方企业产品质量并不信任，这些整机企业最初仍然选择从原有的区域外供货商中进行采购，只有在外部供应商难以满足生产需求时才从地方配套企业中采购少量的部件(见图 8-4)。而且，为保证货源质量一些大型整机企业还要求原有的供货商也跟随入驻，如 XXH 转入民权之后两年内，其在浙江慈溪的供货商 JS、CX、XM、HY、XD、XM、XLPJ、ZC 也随之迁入。目前，XXH 在生产经营中依然选择首先从跟随的配套企业中进行采购。由此可见，转移企业与地方配套企业在技术能力方面的错位严重影响了它们之间的经济联系，并成为转移企业地方经济嵌入的障碍。

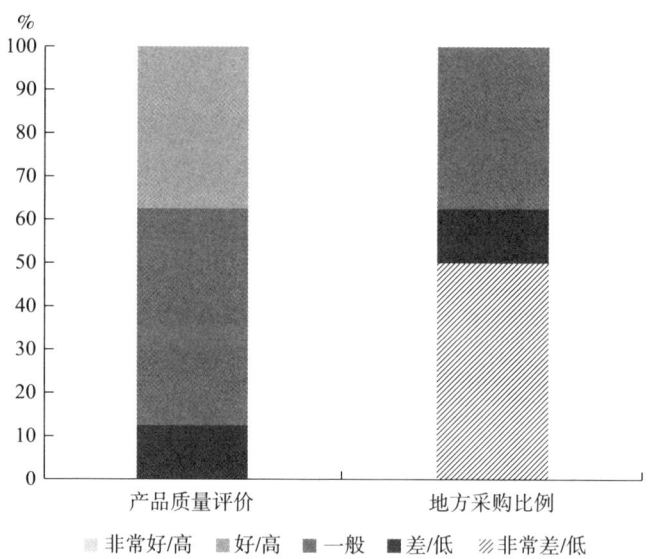

图 8-4 转移整机企业对集群配套产品质量评价和采购比例

注：转移整机企业地方采购比例，非常高为 80% 以上，高为 60%~80%，一般为 40%~60%，低为 20%~40%，非常低为 20% 以下。

深受技术错位影响的还有转入民权的配套企业 FL，该企业以生产冰箱、冷柜用压缩机为主，年设计产能为 300 万台，可以说该企业的进驻为民权制冷产业增加了新的引擎。现实情况是 2013 年除了 XXH 和 ZB 部分使用 FL 生产的压缩机外，集群内其余 12 家冰箱、冷柜整机企业都没有采购。FL 的产品大部分都供应到了区域外部。出现这种现象的原因除了 FL 投产时间短，集群内整机企业的生产链条还没来得及调整外，更重要的是很多企业对 FL 的技术能力和所产压缩机的质量并不信任。正是由于技术错位的影响，民权制冷产业才出现了压缩机外销、外购并存的尴尬局面。更加令人遗憾的是，2017 年课题组再到民权调研时获悉，FL 已经因为经营不善而倒闭了，民权制冷产业集群再次失去了压缩机生产能力。

技术错位对转移企业技术嵌入也有严重影响。根据已有研究，技术的交流与溢出只会在技术距离并不太大的两个企业间发生（Hatani，2009）。在民权制冷产业集群中，转入企业尤其是几家大型整机企业与周边配套企业存在明显的技术错位，过大的技术距离无疑严重阻碍了它们之间的技术交流与合作。AKMDQ 的技术能力要远高于同为转移企业的 KMR、KBN，然而 AKMDQ 与周边企业存在的技术联系还不及 AAS、KBN 和 KMR。技术能力高的企业在集群中曲高和寡，这也从一个侧面说明技术错位对转移企业技术嵌入的影响。

8.2.3.2 组织错位的障碍分析

关系经济地理学认为企业并非新古典经济学所定义的静态的点或者"黑箱"，而是产生于社会网络关系构建的合法组织实体，并作为行为者嵌入该网络，也就是说每一个企业都可能组织形成以其为核心的个体中心网络（Yeung，1998，2005；Amin，1999；Wal，2009）。本书的组织错位指转移企业个体中心网络与周边企业个体中心网络组织方式的差异。

组织错位首先影响转移企业的经济嵌入和技术嵌入。转移企业与民权地方企业之间甚至不同来源地的转移企业之间可能在生产经营方式上存在很大的差异，而这些差异将影响转移企业对外经济联系构建和地方经济嵌入程度。比如，WB 的母公司为广州万宝集团，该集团自 2003 年后连年位列中国企业 500 强，因此 WB 的生产经营完全属于现代化企业管理模式；而民权的地方配套企业一般都是中小型私营企业，企业生产经营的规范化程度不高，而且在相对封闭的企业圈子及社会资本作用下不太重视契约和规范，而更强调信誉与承诺。所以，以 WB 为代表的大型整体企业与地方企业在生产经营方式上存在着显著的差异甚至冲突，这些差异使 WB 等在与地方企业进行经济、技术合作时并不积极。

组织错位的影响还体现在转移企业的社会嵌入方面。一般而言，良好的经济联系和技术合作会促进社会交流,因此转移企业的社会嵌入主要受经济嵌入和技术嵌入的影响。但民权制冷产业具有特殊的发展历史和企业衍生关系,社会资本是企业间各种联系尤其是社会交流的润滑剂。通过前文对转移企业地方嵌入演进规律的分析发现,民权制冷企业网络深受"老冰熊"身份认同的影响,也表现出了一定的封闭性和排外性,这进一步提高了 WB、AKMDQ 等在集群中社会嵌入的难度,同时也影响了它们社会嵌入的深度。调研过程中,当询问转移企业遇到了什么社会交流障碍时,与民权制冷具有历史渊源的企业多半选择了"缺少良好业务合作"和"激烈的市场竞争",而缺乏社会资本的企业多半则选择了"地方企业具有自己的小圈子"。

8.2.3.3 地域错位的障碍分析

位于中原腹地的民权拥有丰富的劳力、广阔的市场、便捷的交通,这些区位条件使其在承接产业转移时具有很强的比较优势。调研中发现,转移企业虽然享有了一些优势条件,但同时也面临着一些因地域转换而产生的新问题,这种所谓的地域错位问题也严重影响了转移企业的地方嵌入。

2009 年,XXH 将位于浙江慈溪的生产线整体搬迁到了民权,期望通过产业转移降低生产成本,并借助于民权连南贯北、承东启西的地缘优势辐射广阔的北方市场。在企业运行一段时间后,XXH 发现虽然民权劳动力资源丰富,但实际单位用工成本并不低。造成这一现象的主要原因是那些年富力强、具有一定技术基础的熟练工人都不愿意在自己家门口打工,而是更愿意到"北上广"等大城市闯一闯。企业所能招募的劳动力不仅平均年龄偏大,需要花费更多的时间和成本进行岗前培训,而且他们的劳动效率也比较低,最终使 XXH 在民权的用工成本并没有明显降低。更为重要的是,XXH 进驻民权后通往部分市场的物流成本却显著上升。比如东北三省是 XXH 的传统市场,转入民权后企业与市场的空间距离明显拉近,但产品运输的费用却增加了不少。主要原因是,在慈溪生产时产品可以直接通过港口走海运抵达辽宁沿海诸港,而在民权生产的产品却要走陆路运抵市场,如此比较,一台冰箱从民权运到东北市场的费用比从慈溪还要高出一倍。居高不下的综合成本也影响了 XXH 在民权的投资和扩张战略,对其地方经济、技术嵌入也产生了不利影响。

遇到地域错位问题的还有 AKMDQ。AKMDQ 目前在民权的管理高层和技术骨干都是从青岛调派而来的,鉴于民权与青岛在自然环境、生活条件、医疗卫生、娱乐设施等方面存在很大差距，AKMDQ 采用定期轮岗方式，企业骨干在民权工作满两年后即可申请调回青岛。这种制度使民权 AKMDQ 高层更换频繁，对 AKMDQ 与周边企业建立长期、稳固的合作关系造成了很大影响。为了调动员工的工作积极性，AKMDQ 除了要为这些骨干人员增加薪金外，每周末还要安排班车送他们回青岛与家人团聚。因此，地域错位问题不仅增加了企业的经营成本，而且无疑也会影响 AKMDQ 在集群中的深度嵌入。

8.3 本地企业嵌入价值链与升级分析

8.3.1 本地企业嵌入价值链分析

诸多研究证实积极嵌入全球价值链或国内价值链是地方企业实现转型升级的有效路径，但多数研究并没有将地方企业的价值链嵌入置于产业转移的时空情境下，没有重点分析地方原发性企业如何借助于产业转移实现在全球价值链或国内价值链中的嵌入。本书所涉及的转移企业数量虽多，但其中 WB、AKMDQ 等企业的供应链和销售市场早已遍布全国甚至触及世界，XD、XM 等跟随型配套企业也早已在价值链中找到了自己的定位，讨论转移企业的价值链嵌入问题意义不大。因此，本部分将重点探讨民权原发性制冷企业如何通过与转移企业的互动耦合，实现在全球价值链或国内价值链中的嵌入。

全球价值链（GVC）是经济地理学、区域经济学、管理学界普遍认同和广泛使用的概念，而国内价值链（NVC）是中国学者结合中国产业、市场体系提出的一种发展战略，构建 NVC 有助于中国摆脱在 GVC 框架下被俘获的困境，实现对跨国公司主导的 GVC 的学习和赶超。概括而言，NVC 是由本土企业主导、治理并立足国内市场的生产和价值体系。NVC 上的本土领袖企业具有品牌建设、市场销售和技术研发优势，可以驱动价值链条向周边国家或地区延伸，形成区域性劳动分工和价值分配体系（Area Value Chain，AVC）；AVC 可以进一步延伸至全球市场，形成由本土企业主导的全球价值链（刘志彪，2007，2008）。在民权制冷产业集群中，2013 年转移企业规模排名前五位的分别是 WB、AKMDQ、XXH、HM、XY，这些企业虽然在国内享有较高的知名度，但在规模、市场、研发水平方面与西门子、海尔等大型跨国公司还有一定的差距，还都没有形成驱动和控制全球价值链的能力，只能被视为制冷产业国内价值链的领导者。这些企业的到来为民权地方制冷企业嵌入 NVC 并实现转型升级提供了路径。国内关于 GVC 和 NVC 的比较研究并不太多，但学者们一般认为 NVC 具有和 GVC 类似的驱动机制和治理模式，往往采用 GVC 的有关理论来分析 NVC 的相关问题（刘志彪，2007，2008；康志勇，2009；杜宇玮，2011；刘向舒，2011；王晓萍，2013）。

已有研究对地方企业嵌入全球价值链方式的认识并不一致，Gereffi（1999）提出地方企业嵌入全球价值链的主要模式有接单产品组装（OEA）、原始装备制造（OEM）、自主设计生产（ODM）、自有品牌生产（OBM）；Kaplinsky（2000）则根据地方企业嵌入 GVC 的环节差异提出了价值链嵌入的"低端道路"和"高端道路"，前者是追赶竞争和贫困增长方式，后者是产业升级和"蛙跳增长"方式。国内学者也从不同视角对地方企业的全球价值链嵌入进行了解读。文婷（2005）认为国内传统加工企业嵌入全球价值链主要采取代工、订单生产的形式，而高新技术企业主要通过技术贸易形式。刘丹栋（2004）认为发展中国家企业嵌入 GVC 主要通过加工配套、OEM、搭车、外包、渠道、第三方服务 6 种模式。曾咏梅（2011）根据 Gereffi 的全球价值链治理模式，提出地方企业嵌入 GVC 的模式主要有 5 种：被并购、贴牌生产、互利合作、交钥匙工程、出口。

民权制冷产业发展至 2007 年已呈现典型的马歇尔式产业区特征，区域内部企业规模较小，分工非常细致，而且由于特殊的衍生关系和社会资本作用，企业之间的联系非常紧密，但与区域外部企业联系则相对较少，区域生产网络具有明显的封闭性和排外性。2009 年后，随着 HM、XXH 等大批转移企业入驻，封闭性的区域内部网络被打破，转移企业通过与本地企业的关系构建和网络衔接逐步嵌入了地方生产网络，而本地企业也以转移企业为纽带开始嵌入 NVC 中。通过对民权制冷企业的问卷调查和深度访谈，可以发现民权本地配套企业主要是为转移整机企业提供配套服务，而本地整机企业除了从转移配套企业采购配件外，还与部分转移企业存在代工关系。本地企业普遍认为转移企业对自己市场开拓和技术创新的帮助比较有限，它们认为在同转移企业的经济和技术联系中话语权很小（见

图8-5)。由此可见,民权本地企业在与转移企业的交互中处于明显劣势的位置,尚处于"低端嵌入"阶段。

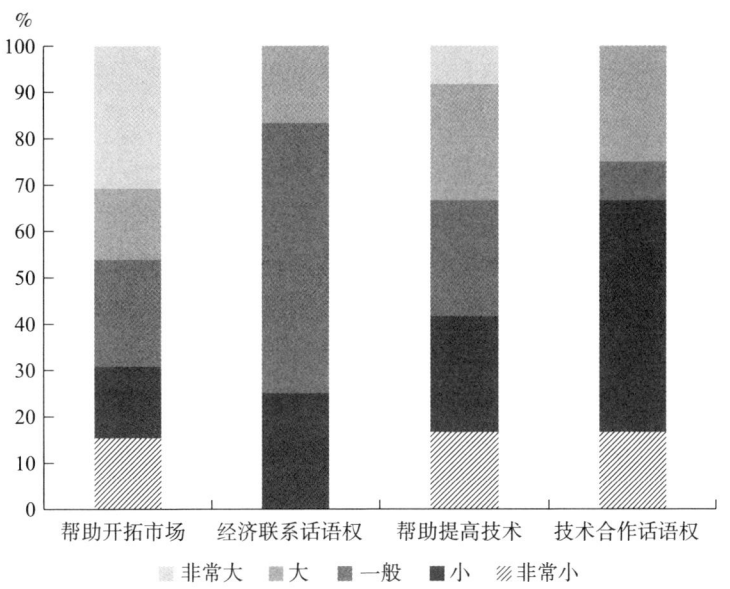

图8-5 本地企业对产业转移拉动作用及自己话语权的评价

Gereffi(1994)根据价值链驱动力将其分为生产者驱动型和购买者驱动型(见表8-1)。如果观察从生产环节到流通环节的价值增值曲线,生产者驱动型的价值增值率是边际递减的,购买者驱动型价值链则恰恰相反。后来,学者们发现IT等行业同时具备生产者驱动和购买者驱动的双重特征,便将这种双重动力驱动的价值链命名为混合驱动价值链。该产业链条的生产环节和流通环节的价值含量都比较高,在从生产环节向品牌、营销环节转换过程中,边际价值增值率表现出先递减再递增的特征(张辉,2004,2006;陈维忠,2012)。冰箱、冷柜等白色家电生产是一个发展相对成熟的产业,多数企业都实行产、研、销一体化,产品内分工并不发达,更多体现的是产业内分工。在冰箱、冷柜产业链条上,既有精确温控件、高质量压缩机生产等价值含量较高的生产性环节,同时又有物流配送、品牌塑造等价值含量较高的非生产性环节。一些大型整机企业主要通过对产业资本和核心技术的控制,利用垂直一体化手段来提高经济性;另一些企业则更强调品牌建设、市场开拓、物流配送,主要通过垂直非一体化手段来提高经济性。因此，冰箱、冷柜生产价值链不能简单归属为生产者驱动或购买者驱动价值链，而应归属为混合驱动型价值链。

表 8-1 生产者、购买者、混合驱动型全球价值链比较

项目	生产者驱动型价值链	购买者驱动型价值链	混合驱动型价值链
动力根源	产业资本	商业资本	二者兼有
核心能力	研发、生产能力	研发、市场营销	二者兼有
环节分离形式	海外直接投资	外包网络	二者兼有
进入门槛	规模经济	范围经济	二者兼有
产业分类	耐用消费品、资本商品	非耐用消费品	二者兼有
制造企业的业主	跨国公司	地方企业	二者兼有
主要产业联系	以投资为主线	以贸易为主线	二者兼有
主导产业结构	垂直一体化	水平一体化	二者兼有
辅助体系	硬件相对更重要	软件相对更重要	二者兼有
典型产业部门	航空器、钢铁等	服装、鞋、玩具等	计算机、家电等
典型跨国公司	波音、丰田	沃尔玛、耐克	戴尔

资料来源：张辉（2004，2006），陈维忠（2012）。

8.3.2 本地企业升级分析

要分析民权本地企业的升级问题，首先要弄清本地企业在价值链上的位置。通过普通无氟冰箱产销的价值链图（见图 8-6）我们可以清晰地看出，温控器、定时器、启动继电器、过载保护器等电气控制系统和压缩机位于价值链左上部分；价值链右上端被物流配送、品牌塑造、市场营销环节所占据；价值链中部则是蒸发器、冷凝器、毛细管、玻璃面板、铰链等非核心配件；密封条、制冰盒、搁物架、篮筐、底脚等附件则被牢牢锁定在链条最下方。民权制冷产业集群 2013 年共有本地企业 16 家，其中冷藏车整机企业 2 家，冰箱冷柜整机企业 4 家，配套企业 10 家。这些配套企业都无法生产高附加值的电气控制系统和压缩机，其中 LL 主要生产冷藏车制冷机组，BH、JX 和 HKDQ 主要生产蒸发器、冷凝器，SB 主要生产密封条，GB 主要生产食品篮筐，HKPJ、ZBPJ 主要生产玻璃门和塑料件，YF、XN 主要生产塑料件。直到 2017 年，民权本地配套企业主要生产低附加值

非核心配件的状况尚未得到改变。因此，在产业转移背景下，这些配套企业要通过与转移企业的交流合作，努力实现生产职能的转变，转而生产附加值较高的核心配件或者向具有自主品牌的整机企业转化；本地整机企业也要通过提升自己的核心技术能力和品牌价值，以保持和提升自己在价值链上的优势位置。

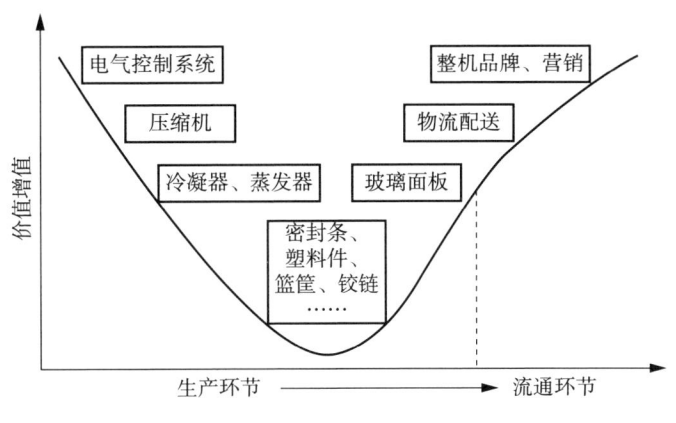

图 8-6　普通无氟冰箱价值链

不同价值链治理类型对嵌入其中的地方集群升级影响很大。Humphrey（2001）根据全球价值链不同环节上行为主体的权力差异和控制关系将价值链治理模式分为科层型、准科层型、网络型、市场型四种类型。从科层型到市场型价值链领导者对其他成员的控制和治理能力逐步减弱。在市场型治理模式中，交易主体间不存在控制与被控制关系，完全按照市场规则进行运作。通过对民权制冷产业集群的观察分析发现，本地企业与转移企业通过一段时间的互动耦合已经形成了相互合作、彼此依赖的密切关系，它们之间不仅存在经济联系，还存在一定的技术合作和社会交流关系，因此集群内的企业网络呈现出开放式学习创新网络特征。但需要注意的是，由于转移企业的规模和技术能力普遍优于本地企业，而且它们个体中心网络成员的异质性更强，不仅有集群内部企业还包括大量的区域外部企业，所以转移企业尤其是大型整机企业在与本地企业的联系中往往具有更强的主动权和话语权（见图 8-5）。民权本地整机企业一般同转移企业的经济联系较少，在为数不多的技术合作中本地整机企业也经常难以掌控主动权。根据 Humphrey 对价值链治理模式的划分，可以将民权本地企业嵌入的 NVC

视为准科层型价值链。

在价值链治理模式分析的基础上,Humphrey(2000)提出了企业在价值链上的四种升级模式:一是工艺升级,通过生产体系重组或改进加工工艺流程提升产品质量或效益;二是产品升级,改进已有产品或生产全新的产品;三是功能升级,实现产品内分工的转换,如从生产环节转向设计或营销环节;四是价值链升级,跨越到价值含量更高的链条。国内学者一般将嵌入 GVC 的地方企业升级模式与价值链治理类型契合起来,认为科层和准科层型价值链中的地方企业缺少主动权和话语权,其升级的难度相对较大;市场和网络型价值链中的地方企业由于和外部领先企业间存在一定的知识互补性,因此其升级过程受到的外界阻力相对较小。民权本地企业嵌入的价值链属于准科层型价值链,转移企业对本地企业升级的作用较小,本地企业转型升级比较困难。从图 8-7 中可以看出,有将近一半的本地企业认为产业转移对自己的产业升级没有帮助;其余企业对转移企业帮助的具体评价也不一致,大部分本地企业认为转移企业的帮助在于提供生产工艺和劳动效率,帮助实现产品更新换代次之,提升品牌价值和研发能力的作用最小。

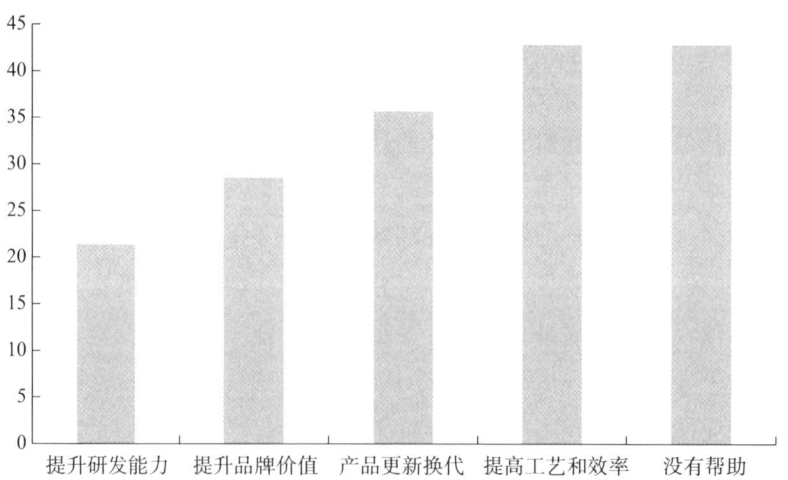

图 8-7 本地企业对转移企业技术拉动作用的评价

深度访谈所获取信息也证实,本地企业通过与转移企业交互主要获得了工艺升级和产品升级,而功能升级和价值链升级现象并不明显。如 JXPJ

是一家生产冷凝器和蒸发器的地方配套企业,这两种配件主要是用铜管或铝管弯折成连续"Z"形,截面为圆形的金属管在弯折时可能出现轻微形变,导致弯折部分的截面呈椭圆形,这种形变会使管路内径变细并影响制冷剂的流通效率,这一个看似很好解决的技术问题却一直困扰着 JXPJ 的技术人员。2009 年后,JXPJ 开始向 HM 供货,针对管路弯折形变问题两家企业组织精干技术人员联合攻关,通过生产设备改造和工艺革新最终成功解决了这一难题。地方配套企业 SB 则在与转移企业的经济和技术联系中实现了产品升级,从 2006 年建厂以来 SB 就主要生产冰箱冷柜用密封条,2009 年大量转移企业进驻后 SB 也开始与它们建立产业联系。在此过程中,SB 创办人敏锐地发现随着集群内冷柜整机企业数量增多,对食品篮筐的需求量将会急剧增加,而集群内部尚无专门的篮筐生产企业,于是 SB 在 XXH、HM 等企业的帮助下从区域外部引入设备和技术开始生产食品篮筐,2013 年又将食品篮筐生产业务独立开来成立了新企业 GB。JXPJ 与 SB 无疑是借助于产业转移实现工艺升级和产品升级的范例,但总体来说本地企业实现功能升级和价值链升级的现象比较鲜见。有学者根据国际分工深化和全球价值链碎化的趋势,提出当代全球生产分工包括基于产业内模块化分工和基于产品内价值链分工的双重结构,地方企业既需要进行模块化的升级过程,还需要实现价值链曲线攀升(张鹏,2013)。按照这种理论,民权本地企业很显然只是实现了模块化升级过程,在价值链曲线攀升方面还有很大的提升空间。

8.3.3 本地企业嵌入价值链与升级的障碍机制

8.3.3.1 技术距离

前文对转移企业地方嵌入技术错位的障碍机制分析已经证实,本地企业技术能力普遍偏弱的现象严重影响了它们与转移企业的经济联系和技术合作,并影响它们在价值链中的嵌入水平。本地配套企业不能进入转移整机企业的供货网络,使它们在尝试嵌入 NVC 时缺少有效的关系通道;不能很好嵌入 NVC 的状况使本地配套企业在依托价值链实现升级方面也显得缺乏动力。同样由于技术能力缺失原因,民权本地配套企业多数以生产价值含量低的非核心配件为主,即使嵌入 NVC 也往往被牢牢锁定在低端环节。民权本地整机企业较少为转移企业或区域外部企业提供代工服务,它们多数都在坚持从事自主品牌生产。除了 ZB、BXLCC 和 SC 等大型企业具有一定品牌影响力外，剩余的整机企业规模和品牌影响力都比较小，因此虽然它们也尝试通过品牌塑造占据价值链的优势环节，但其价值获取能力与 WB、AKMDQ 等知名企业相去甚远。

技术距离对本地企业转型升级的影响最为突出。课题组在调研中发现，由于本地企业规模普遍较小，除了 ZB、BXLCC、SC 具有稳定的研发队伍和研发投入外，其他本地企业都没有固定的研发机制，多数企业会根据技术任务临时成立项目组，部分企业甚至根本没有任何研发力量和研发活动，基本处于来料加工或照单加工阶段。本地企业与转移企业在技术权力方面的巨大差距，使转移企业缺少与本地企业进行技术合作的主动性，比如技术能力最强的 WB 就没有同本地企业产生任何技术合作关系。已有研究普遍认为本地企业技术吸收能力不强会使转移企业的技术溢出效应大打折扣，民权本地企业与领先型转移企业间明显的技术差距成为其吸收技术溢出的最大障碍。总体而言，转移企业对民权本地企业工艺升级和产品升级不无帮助，但民权本地企业自主研发能力严重匮乏，导致其在功能升级和价值链升级方面还存在巨大困难。

8.3.3.2　社会距离

社会学所定义的社会距离是指各社会存在体之间在空间、时间和心理上的距离，是基于价值观念、生活方式、行为方式等差异而产生的，同时又受到制度和环境的影响。本书借用社会距离概念来描述本地企业和转移企业在管理模式、企业文化、社会资本等方面的差异，并认为过大的社会距离会影响本地企业与转移企业的交互耦合，影响本地企业在价值链中的嵌入及升级。

前文分析已经提到，民权本地企业较为粗放的管理模式与 WB 等转移企业现代化管理模式之间存在巨大鸿沟，而且本地企业基于"老冰熊"的社会资本和身份认同也使它们与转移企业间存在显著的心理差距，这些因素共同作用形成了本地企业与转移企业间的社会距离。社会距离限制了民权本地企业与转移企业经济、技术、社会等各种关系的构建，阻碍了本地企业嵌入 NVC 的进程。一般来说，企业间社会交流网络作为一种非贸易、非正式网络，受社会距离的影响最为显著。前文分析发现，民权制冷企业社会交流网络与技术合作网络的相似性最高，这也意味着社会距离对企业间技术合作的影响也非常突出。课题组在调研中发现了一个有趣的现象,大部分转移企业都表示愿意和本地企业进行技术合作,而多数本地企业认为转移企业没有技术合作意愿且其技术拉动效果有限(见图8-8)。这种现象也充分说明本地企业与转移企业间并没有形成很好的非贸易、非正式交流机制,社会距离的存在使二者缺少有效的技术合作,并最终影响了本地企业的技术学习和转型升级。

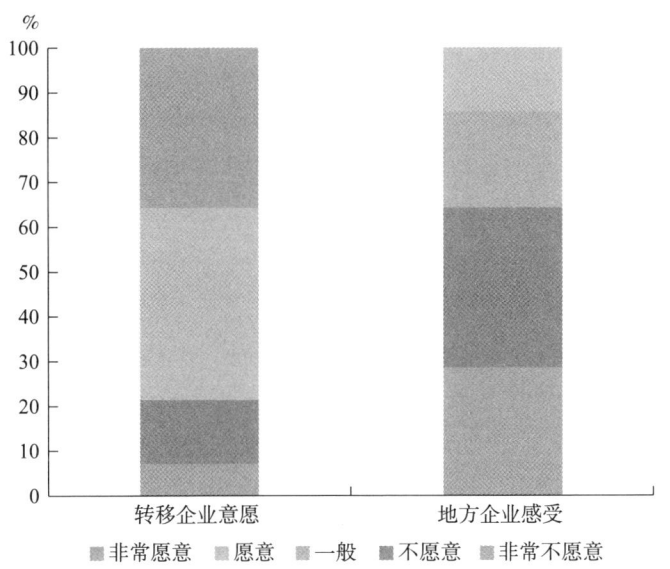

图 8-8　转移企业技术合作意愿与本地企业感受

8.3.3.3　转移企业的权力压制

GPN理论认为权力是维系生产网络运行的一种重要纽带,企业网络权力由技术、资本、品牌、信息、市场等因素共同决定,而拥有绝对"网络权力"的企业可以掌控网络的进入权、代理权、组织管理权。有研究发现,本地企业与转移企业的交互过程是双方通过竞合关系来维持并提高自身网络权力的过程,其中也会存在转移企业为维护自身竞争优势和市场地位而利用网络权力阻碍本地企业升级的现象(叶庆祥,2006)。文嫭(2005)通过对上海ICT产业集群的研究证实,如果本地企业的升级行为威胁到了转移企业的技术权力,不管是处于哪种升级阶段都会被转移企业阻挡和压制。此处的权力压制就是指转移企业利用自己的技术权力和网络权力压制或破坏本地企业升级过程的行为。在民权制冷产业集群中，本地整机企业 AX、JX、XP 都是以生产商用冷柜为主，2013 年以前这些企业的产品都属于直冷、有霜类型，其技术和价值含量相对较低，而 WB、AKMDQ 等大型转移企业则已开始生产风冷、无霜类型冷柜。虽然上述企业具有不同强度的经济、技术和社会联系，但 WB、AKMDQ 等转移企业对无霜冷柜的生产技术采取了严格的控制措施，本地企业很难触及它们无霜冷柜生产的核心技术和工艺；而且这些大型转移企业还经常以高薪或派到沿海总部任职等形式从本地企业"挖走"技术骨干，通过人力资源掠夺形式控制本地企业的自主研发和技术升级。

8.4 本章小结

本章主要通过转移企业与承接地企业双向嵌入视角，分析转移企业与民权本地企业双向嵌入的特点、过程及障碍机制，并为民权制冷产业突破障碍、转型升级探寻对策。

（1）提出了转移企业与承接地企业双向嵌入的分析框架，认为双向嵌入是推动转移企业与承接地企业互动耦合的必由之路。突破新区域主义理论和全球生产网络理论的分水岭，融汇两种理论下的相关工具去研究全球化浪潮中的区域发展问题，是经济地理学理论和实证研究中的一种重要趋势。本书在该趋势的基础上借鉴相关研究成果，进一步完善了转移企业与承接地企业的"双向嵌入"研究框架，认为通过转移企业在地方生产网络中的经济嵌入、技术嵌入和社会嵌入，以及地方企业借助于产业转移实现在 GVC（或 NVC）和 GPN 中的嵌入，转移企业和承接地企业才能实现互动耦合，块状经济与链状经济才能有机融合，区域经济才能更好地发展。

（2）分析了转移企业在民权制冷产业集群中嵌入的特点、过程及障碍机制。转移企业在民权制冷产业集群中的经济嵌入、技术嵌入和社会嵌入程度存在显著差异：经济嵌入最明显，社会嵌入次之，技术嵌入最弱。尽管转移企业的地方嵌入行为主要属于主动嵌入，但不同企业的地方嵌入程度、同一企业在不同网络中的嵌入程度都有很大差异。WB、AKMDQ、AJ、KMR、CX、HY、SY 等企业主要遵循"经济嵌入—技术嵌入—社会嵌入"的渐进过程，而 XXH、HM、BS、XY、MH、LK、HKDL 等企业主要遵循"社会嵌入—经济嵌入—技术嵌入"的渐进过程,出现两种演进过程的原因是转移企业在社会资本方面的巨大差异。转移企业在民权制冷产业集群中嵌入的主要障碍是双方在技术、组织、地域等方面的错位。

(3)分析了民权本地企业嵌入价值链和产业升级的特点及障碍机制。民权本地企业在与转移企业的交互中处于明显劣势位置,尚处于在 GVC 和 NVC 中"低端嵌入"阶段;由于冰箱、冷柜生产的特殊性,民权本地企业嵌入的价值链属于混合驱动型价值链。根据民权制冷产业集群中转移企业和本地企业的权力关系,本书认为民权本地企业嵌入的是准科层价值链,转移企业对本地企业升级的帮助较小,本地企业主要实现了工艺升级、产品升级,功能升级、价值链升级现象并不明显。民权本地企业嵌入价值链与升级面临的障碍主要是技术距离、社会距离以及转移企业的权力压制。

第 9 章

民权制冷企业网络演化分析

对于经济活动空间分布的解释，在经济地理学中也存在不同的理论范式，比如：制度经济学认为经济活动的空间差异主要是因为区域之间存在制度差异，而新经济地理学则将其归因为生产要素的移动和集聚。早期的理论范式都没有关注历史的作用，都没能很好地描述经济景观如何随时间的推移而演变。20世纪90年代，国际经济地理学界出现了"演化转向"，演化经济地理学认为经济是在时间和空间上逐步展开的演化过程（Boschma，2006）。该范式主要利用演化经济学的一些概念如选择（Selection）、路径依赖（Path-Dependency）、机会（Chance）、报酬递增（Increasing Return）来分析经济地理学的两个核心论题。第一个问题是如何解释空间环境对技术变化中新变种的影响，演化思想可以很好地描述和解释：区域环境中地方化的集中学习过程，快速变化世界中区域可能需要应对的问题，在新产业出现过程中报酬递增可能导致锁定的空间内涵；第二个问题是这些新变化如何影响空间系统的长期演化。

演化经济地理学家认为创新的出现具有不确定性和历史偶然性。他们将创新现象分为两种：一种是累积的、递增的、地方化的渐变式创新，另一种是革命性的、随机的、不可预测的甚至是破坏性的（Disruptive）突变式创新。由于经济实践中选择环境（Selection Environment）常常和新产业发展需要不匹配，所以新产业的出现并不会依赖或受制于选择环境，而会独立于已有的空间结构和条件而发展。演化经济地理学家认为特殊（Specific）条件如高新技术、特殊知识对新产业出现的影响并不比一般（Generic）条件大，而一般条件的广泛分布使其只能影响但无法决定创新出现的区域。新产业虽然可以在任意区域自发出现，但它可以打破区域原有的空间系统，基于自我强化机制将一般区域条件转化为特殊的知识、技能、资本等，进一步推动新产业的发展并呈现报酬递增态势。由于新产业出现具有不确定性和历史偶然性，因此区域生产空间系统长期演化也具有潜在的但非必然的不稳定性。如果创新不能利用已有地方条件支持自己的发展，区域将出现革命性的空间变化；相反，如果创新能够在一定程度上利用已有地方条件支持自己的发展，区域将逐步步入演化型发展轨迹。需要注意的是，区域发展的历史传统可能逐步强化形成路径依赖性，过度的路径依赖会导致区域在面对新的发展条件或适应新的生产技术时陷入困境也即消极锁定状态。基于上述理解，演化经济地理学家在解释区域产业集聚和发展时提出了区位机会窗口(Windows of Locational Opportunity，WLO)概念，认为新产业空间形式是任意激励触发的个人主动性的偶发性组合，影响区域产业空间演化的机制是机会和报酬递增，而不是选择环境和路径依赖(Boschma，1997；Boschma，1999)。

在演化经济地理学视角下，区域产业发展是各种要素动态的、演化的历史过程(刘志高，2011)。Storper(1997)提出区域产业网络发育是"技术—组织—地域"三位一体的发展过程，苗长虹(2006)认为全球化背景下的区域创新发展是"生产体系与社会生产机制—制度与协调机制—地方生产网络—全球生产网络"四位一体的协同演化过程。近40年来，民权制冷企业网络表现出了非常独特的演化轨迹，既有相对缓慢的渐进式演变，又有外部力量扰动下的革命性突变，既表现出了很强的路径依赖性，又表现出了明显的时空情景性和权变性。那么，地方资源禀赋、全球化力量在民权制冷企业网络演化过程中的作用是什么？究竟是什么因素奠定了企业网络结构蓝图，又是什么力量决定了网络发展方向？辨析上述问题、厘清内在机理对民权制冷产业发展很有帮助。

9.1 民权制冷企业网络演化阶段

9.1.1 1986年至2000年，从孤立点到松散性网络雏形

1986年，民权制冷产业刚刚发轫，河南省冷柜厂是产业发展的原点。当时的中国刚刚打开国门不久，计划经济的烙印依然清晰。河南省冷柜厂的生产设备和技术均来自国外，由于区域内部并没有制冷配件生产企业，除了极个别配件外河南冷柜厂几乎是在独立生产"冰熊"牌冷柜。1993年冰熊(集团)有限责任公司成立，下辖冰熊冷柜有限公司、冷藏汽车有限公司等7家子公司。这7家企业虽然隶属于同一个集团公司，且都生产制冷设

备，但其中 6 家都以生产整机为主，企业间几乎不存在上下游生产关系。因此，民权制冷产业虽实现了原点的裂变，但这些新点依然是互不联系的孤立点。1992 年，集团公司业务员刘飞、马献生等人离开"冰熊"创办了 ZB，企业最初以生产冷柜内胆用铝板为主，主要向冰熊冷柜有限公司供货，同时也向省外其他制冷企业供货。1993 年，冰熊冷柜技术部部长马龙腾创办了 XN，主要生产玻璃门和塑料件等；2000 年，"冰熊"市场营销办公室骨干江勇创办了 BH，主要生产蒸发器和冷凝器；XN、BH 也成了冰熊冷柜的主要供货商。20 世纪 90 年代末期，民权制冷产业拥有整机企业 6 家，配套企业 4 家，虽然企业的数量并未大幅度增加，但 ZB、XN、BH 等作为"冰熊"的供货企业打破了民权制冷企业相互孤立的局面，使区域内部呈现初步的松散性网络雏形。

9.1.2　2001 年至 2009 年，封闭性区域内部网络

进入 21 世纪后，民权制冷产业松散的网络雏形开始向关联较为密切的区域内部网络转变。此时，冰熊的生产经营每况愈下，ZB 和 XN 则从单纯生产制冷配件转向整机生产，2007 年 ZB 的冷柜产量已接近 30 万台，成为中原地区商用冷柜市场的领跑者。ZB 的成功发挥了很强的示范作用，短短几年时间里 SB、BH、LL、HKPJ、JXPJ、YF、ZBPJ 等配件企业蓬勃发展，AX、JX、XP、SC 等整机企业也强势崛起。2007 年 HM 入驻，2009 年新规划的产业集聚区正式获批建设。至 2009 年底，民权制冷产业集聚区中已有企业 15 家，其中整机企业 7 家，配件企业 8 家。此时的民权制冷产业集群属于典型的马歇尔式产业区，区域内部企业规模都不是很大，而且形成了比较细致的专业化分工，比如除了几家冷柜整机企业和冷藏车企业外，其余配套企业都专门从事一到两种配件生产，如 SB 只生产密封条，BH 只生产蒸发器和冷凝器。由于产业发展并不完善，集聚区整体竞争实力也不是很强，这些中小企业要"抱团取暖"来抵御严寒，因此当时的民权制冷企业在细致分工的基础上形成了比较密切的经济联系和技术合作，而且受血缘、地缘、学缘等关系资产作用，企业间的社会交流也非常频繁。ZB 作为当时集聚区内规模最大、技术实力最强的本地企业，当之无愧地成为网络核心，8 家配套企业中有 6 家都向 ZB 供货，有 6 家整机或配套企业与 ZB 有技术方面的合作或联系；在"冰熊"衰落后，ZB 成为民权制冷产业的新

旗手，不少"老冰熊"的生产和销售骨干都在 ZB 创始人刘飞、马献生的帮助下走上了创业之路，因此 ZB 也自然而然地成为民权制冷企业社会交流网络的核心。

2001—2009 年，虽然民权制冷企业网络的规模、密度、连通性都有很大的发展，但该网络还具有比较明显的封闭性区域内部网络特征。一是集聚区内绝大部分企业都是民权本地企业，网络发育过程基本就是本地企业的内部衍生过程。从 1992 年 ZB 创业开始，以"冰熊"为原点的企业裂变和衍生现象逐步显现，SB、BH、LL、HKPJ、JX、YF、AX、JXPJ 等新企业纷纷创立；从冰熊衍生而来的 ZB 也成为新的增殖点，SB 创办人李国宝、XP 创办人王永刚都曾在 ZB 任职。在上述企业衍生过程中，血缘、地缘、学缘等关系资产是重要的催化剂，这一特点也决定了当时的民权制冷产业还只是地方精英人才蓄势待发的舞台，当时的企业网络还属于一种地方精英联盟。二是企业的生产经营和其他非正式交流主要局限在集聚区内部，网络封闭性较强。这一时期的民权制冷业虽然正在逐步走出寒冬，但相较安徽滁州、山东青岛、浙江慈溪、广东中山等地的制冷业，民权制冷业几乎不占有任何比较优势，在这种背景下民权创业者们也形成了团结协作、相互帮衬的共识，本地企业间形成了密切的产业联系；尤其是民权县花大力气将这些企业汇拢到产业集聚区后，"隔墙生产"和"对门转运"的生产经营方式进一步降低了交易成本和运输成本，更加强化了企业间的经济联系。另外，由于民权制冷产业中特殊的企业衍生关系，社会资本成了企业间各种联系尤其是技术合作和社会交流的润滑剂，民权制冷企业网络深受"老冰熊"身份认同的影响，并表现出了一定的封闭性和排外性。比如，虽然这一时期民权本地企业间的各种网络关系得到了很好的增强和巩固，但与区域外部企业的各种联系普遍偏弱。另外，HM 作为新入驻民权的大型整机企业，与本地企业产业联系发展缓慢，比如 2009 年 HM 在区域内部经济联系、技术合作、社会交流网络中的度值分别为 3、2、2，基本处于节点度值平均水平。这种现象不仅与 HM 生产经营活动中的路径依赖有关，也与当时民权制冷企业网络的封闭性和排外性密切相关。

9.1.3　2010 年以后，开放性学习创新网络

2010 年开始，民权开始大规模承接外部转移企业，逐步形成了开放式

学习创新网络。2010—2013 年民权制冷产业集聚区新承接转移企业 22 家，新增本地企业 2 家，企业网络格局出现了很大变化。2013 年整机企业中 WB、AKMDQ、XXH、HM、ZB、XY 的产能分别位居第一至第六位，2009 年 ZB 一家独大的格局已经彻底改变。转移企业来源地除了包括广东中山、深圳、浙江慈溪、山东青岛外，河南郑州也是重要的转出地，XY、KMR、AAS、LK、BS、SY 等 6 家企业均来自郑州，而且除 KMR 外其余 5 家都整体搬迁至民权。这说明随着民权制冷产业生态系统不断优化，随着集群效应、吸聚效应日益凸显，民权在中部地区吸收产业转移竞争中也具有相对较强的比较优势。2014—2017 年，民权制冷产业集群新增转移企业 8 家、本地企业 3 家，总体上保持了旺盛的发展势头。新增企业中除了 AKMLCC、ZX、HX 等制冷整机或配套企业，还包括了主要生产净水机的 ASDDJSJ、生产壁挂炉的 JT、生产空调的 DLB。2017 年后，集群开始强化制冷装备产业链式整合和横向联合，又陆续引进了正邦铝业、天利成铝模、爱德时代等企业，着力打造制冷材料、制冷模块、制冷装备、配套零部件等上下游配套的全产业链。

  2009 年前，民权制冷企业网络以本地企业为主，外来转移企业仅有 HM 一家，本地企业具有同根同源的衍生关系，长期以来区域内部自产自销的经营模式使当时的民权制冷企业网络具有很强的封闭性。随着大量转移企业入驻，民权制冷企业网络开放性不断增强。一方面，民权制冷企业从集群外部采购原材料和零部件的种类及区域来源更加丰富。由于生产经营的路径依赖性，不少转移企业进驻民权后还同转出地上游企业保持着密切的产业联系，甚至部分转移企业一半以上的原料购自民权以外区域。另一方面，转移企业入驻拓展了民权制冷的销售渠道和销售范围。2009 年前，民权制冷产品销售市场主要位于中部各省，"冰熊"的品牌影响力和市场号召力也主要局限在这些省份；入驻的转移企业中大部分都来自沿海地区，基于这些企业的销售渠道，民权制冷企业的市场范围迅速涵盖全国，并进入北美、欧洲、非洲等众多国际市场。

  大量转移企业入驻也在很大程度上提高了民权制冷企业网络的学习创新水平。WB、AKMDQ、XXH、HM 等都是国内知名的大型制冷装备企业，都具有比较雄厚的创新、研发实力，这些企业进驻民权后产生了较显著的技术外溢效应，有力提高了集群整体学习创新能力。首先，由于产业集聚规模不断扩大,区域内部同业竞争的压力也日益增强,所有企业都不得不通过技术研发或技术学习来保证自己的竞争力。其次,转移企业进驻民权后需通过地方采购以降低经营成本,为了使供应商提供高质量的配件产品,大型企业会通过提供技术援助等形式对配套企业进行技术帮扶,如XXH就成为BH、HKPJ等企业重要的技术源泉。最后,随着转移企业进驻,民权制冷产业集群同区域外部的技术联系日益频繁,尤其是XXH、HM等大型企业不仅自己与区域外部企业保持着密切的技术联系,而且成为其他中小企业对外技术联系的桥梁和媒介。另外,地方政府和集聚区管理部门对提高区域产业学习创新水平比较重视,推动了国家级质量检测中心和院士工作站建设。

9.2 民权制冷企业网络演化机理

1986—2013年,民权制冷产业经历了"孤立原点—松散性网络雏形—封闭性区域内部网络—开放性学习创新网络"的演化过程(见图9-1)。对于民权制冷产业而言,其产业发展和企业网络演化过程既体现了一定的时空情境性和路径依赖性,同时也体现了较强的权变性。20世纪80年代中期,"冰熊"诞生并成为民权制冷企业发展的原点;随着市场经济不断深化,具有创新精神的"冰熊"员工开始自主创业,民权制冷产业首次呈现松散性的网络雏形;21世纪初,"冰熊"发展表现出愈来愈强的路径依赖性,并陷入僵化和锁定的陷阱,同时越来越多的创业者通过路径破坏与路径创造建立了更多的中小企业,而社会资本在封闭性区域内部网络形成过程中发挥着不可或缺的作用;2010年后,受第四次产业转移影响,在选择环境和比较优势作用下民权成为众多转移企业的锚地,产业转移作为一种外来偶发因素也打破了民权制冷企业网络既有的演化轨迹,成为民权制冷产业发展的"区位机会窗口"。随着报酬递增和区域自增强机制的作用,民权制冷产业集群成了转移企业的"吸聚场"与企业创新的"学习场",形成了开放性的学习创新网络(见图9-2)。

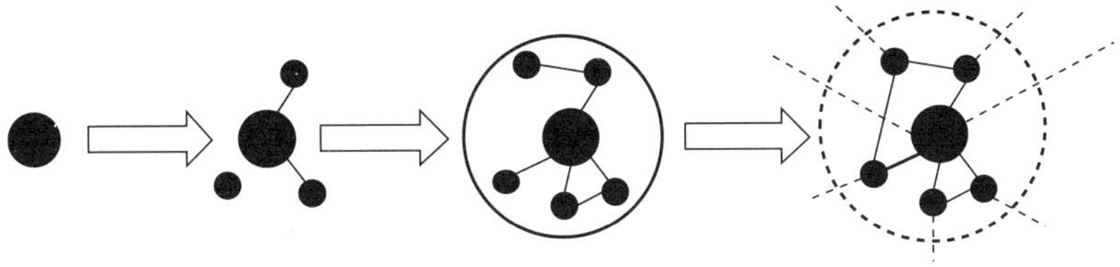

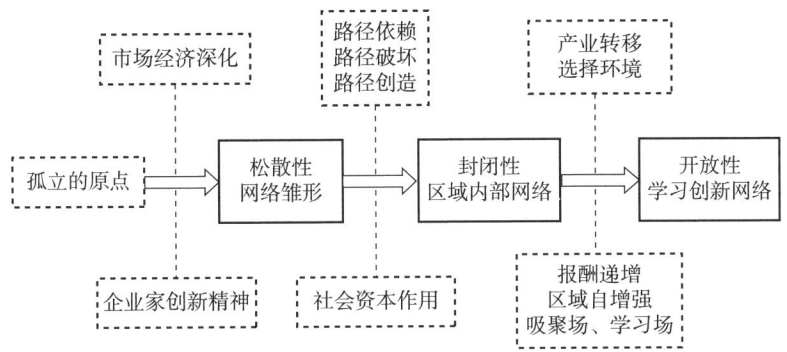

图 9-1　民权制冷企业网络演化过程

图 9-2　民权制冷企业网络演化机理分析框架

9.2.1　从冰熊到"熊兵"的衍生奠定了网络基础

"冰熊"是民权制冷产业发展的源流,从"冰熊"到"熊兵"的衍生脉络也成了民权制冷企业网络的基本架构。20世纪80年代中期,"冰熊"诞生并成为民权制冷产业的原点,之后几年虽然陆续成立了冷藏车厂、空调器厂、冰粒机厂,但这些企业的生产经营都是独立的,它们依然呈现孤立点的状态。随着市场经济不断深化,一些敢想敢干的"冰熊"员工开始尝试自主创业,1992年刘飞、马献生创办了ZB,1993年马龙腾创办了XN,2000年江勇创办了BH,几家企业均以向"冰熊"提供配件为主,使民权制冷产业首次出现了松散企业网络雏形。与ZB的风生水起不同,"冰熊"在经历了最初的辉煌后却在体制、机制、经营管理等多种因素的影响下表现出愈来愈强的路径依赖性,并逐渐陷入僵化和锁定的陷阱。2001年以后,更多的员工开始离开"冰熊"自主创业,从"冰熊"衍生而来的ZB、BH也逐渐成为新的增殖点。至2017年,民权制冷产业集群中有16家本地企业是直接或间接由"冰熊"衍生而来的(见图9-3),而且集群所承接的转移企业中有

8家企业的创始人或骨干人员是当年外出闯荡的"老冰熊"人。本书所构建的2017年民权制冷企业网络共包含企业44家,其中有21家与"冰熊"有直接或间接的衍生关系(有人将这一现象形象地描述为"一个'冰熊'倒下去,万千'熊兵'站起来")。从"冰熊"到"熊兵"的衍生过程可以清晰地透视民权制冷产业发展史,而且其衍生脉络也为民权制冷企业网络提供了基本架构。

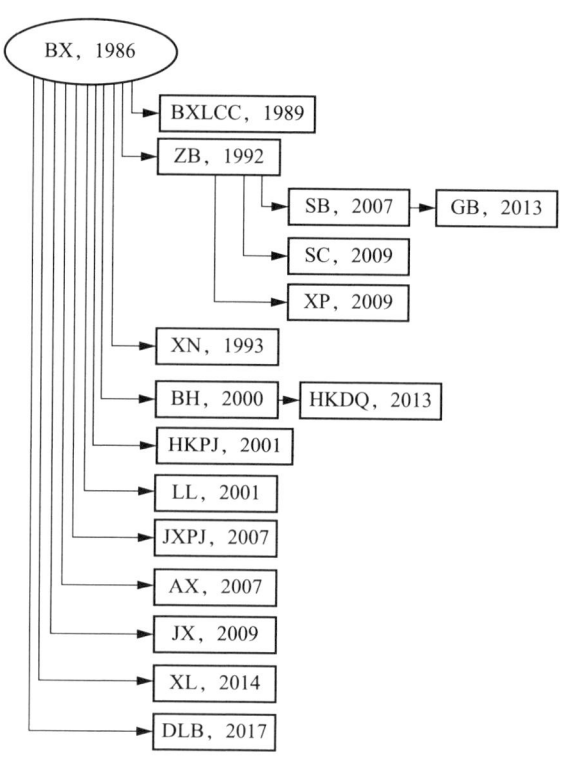

图9-3 从"冰熊"到"熊兵"的企业衍生过程

从"冰熊"到"熊兵"的衍生过程是不同时期政治、经济因素影响下的一种历史必然,但企业家创业精神对该过程也至关重要。刘飞和马献生当年都是"冰熊"的营销业务员,多年的摸爬滚打使他们既熟悉冷柜生产的关键环节,又了解全国的经济形势和市场需求。在"冰熊"风头正劲之时他们毅然决定自己创业,ZB创业之初员工仅有10余人,以生产冷柜内胆铝板为主。2001年ZB开始生产冷柜整机,凭借满腔的创业热情和船小好掉头的优势,ZB异军突起、迅速发展;2007年冷柜产量接近30万台,成为中原地区商用冷柜市场的领跑者。与此类似的还有 SB、GB 的创办者,1997 年李国宝进入 ZB 从事销售工作,并连年成为 ZB 的销售冠军。在马献生的鼓励下,2007 年李国宝创办了 SB,主要生产冰箱、冷柜用门封条,开始向周边几乎所有整机企业供货。仅仅时隔 6 年,2013 年李国宝又创办了专门生产冷柜用食品篮筐的 GB,并与大部分整机企业建立了产业联系。从刘飞、马献生、李国宝等的创业经历中可以看出,他们身上都有着强烈的勇于打拼、敢于创新、不屈不挠、不甘人后的创业精神,正是这种精神支持他们坚定地走上了创业之路,为民权制冷产业发展提供了源源不断的动力。

"民权人实在,讲信用,不怕苦,我最初跟着马老板搞销售,一年就回家两三趟,我一人的销售额和其他几个业务员的总和相当。马老板看我吃苦肯干就鼓励我也自己办个厂试试,结果 7 年过去我已经有两个厂了。几个月前,我刚刚向集聚区又申请了 23 亩地,准备把企业规模进一步扩大,而且现在我已经看好了新项目,到 2015 年准备再上一家厂。刘老板和马老板是我的老师,也是我奋斗的目标。我相信念念不忘,必有回响,只要咱肯干、实干,这就不是空话。"(访谈对象:GB、SB 总经理李国宝;地点:李国宝办公室;时间:2014 年 10 月 18 日)

9.2.2 选择环境与社会资本吸引了大量转移企业

区位机会窗口理论认为新产业的出现并不会依赖或受制于选择环境,因为环境和新产业的需要常常是不匹配的。因此,将地方环境视为一种静态的选择机制是错误的,具有支持意义的高效的地方环境更像是一种结果,而不是新产业崛起的先决条件。由于新产业可以基于自我强化机制将一般区域条件转化为特殊的知识、技能、资本等,所以在支持新产业发展方面一般(Generic)条件比特殊(Specific)条件的贡献更加突出(Boschma,1997;Boschma,1999)。民权承接东部地区产业转移始于 2007 年,基本与第四次产业转移浪潮同步。第四次产业转移的主要原因是中国东部沿海地区经营成本不断提高,环境管制日益严格,因此东部沿海地区实施"腾笼换鸟"政策,将大量劳动、资本密集型企业向中西部地区转移。民权县位于河南东部,工业经济并不发达,区域内相对廉价的土地、丰富的劳动力、巨大的市场潜力、便捷的交通条件使该县具备了承接东部地区产业转移的一般条件。如果民权仅仅具备上述一般条件是否就能成为众多制冷企业转移的锚地呢？对此存在两个疑问：一是如果单就一般条件而言，民权与邻近的睢县、宁陵县、兰考县并无太大差异，为什么只有民权承接了大量制冷企业呢？二是为什么有多家企业从交通、市场条件更加优越的省会郑州整体搬迁到民权呢？由此可见，区位机会窗口理论对一般条件的重视并不能很好地解释产业转移中的"民权现象"。民权一定有更具比较优势的特殊条件，而这些条件才是民权能够大量承接产业转移的答案。

相对周边县区而言，民权县最大的优势在于制冷产业发展历史较长，具备较好的产业配套能力，具有丰富的专业技术人才，而这些正是吸引转移企业入驻的选择环境。民权制冷产业已有近40年的发展历史，冰熊品牌曾经誉满中原、行销全国、走向世界。虽然盛极而衰，但"冰熊"折枝成林，衍生出了ZB、SC、BH等一大批新生企业，这些企业从"冰熊"手中接过了民权制冷的大旗，形成了更具弹性的专业化生产网络。在2010年转移企业大量入驻之前，民权已有整机企业7家，配套企业8家，可以生产除压缩机、控制面板以外的几乎所有冷柜用配件，这种专业化的地方生产网络和配套能力对东部转移企业而言自然具有很强的吸引力。"老冰熊"作为民权制冷产业的"黄埔军校"，为产业发展储备了可观的人力资源，转移企业入驻民权不仅可以解决用工难的问题，而且可以迅速建立生产、营销、管理等方面的骨干队伍。正是鉴于上述原因，浙江华美电器有限公司总经理蒋端平第一次到民权考察后便下定了投资决心，20多天后即与民权方面签署了合作协议。

"我们当年来民权投资最为看重的就是当地具有较好的产业基础，我们这种包装生产企业投资大、回本难、产品体积大、运输难，当年如果不是看民权已有20多家企业，可以满足我们的门槛产能，地方政府给的条件再优厚我们也不能来。"（访谈对象：SY总经理张××；地点：民权高新技术开发区会议室；时间：2014年10月17日）

在民权承接制冷产业转移过程中，血缘、地缘、学缘关系更是成为关键的桥梁纽带。在"冰熊"没落后，不少员工被迫到慈溪、中山、青岛等地打工，其中以慈溪最为集中。这些有技术、有闯劲的"老冰熊"人很快在新企业站稳了脚跟，不少人成为企业的技术核心或管理高层。在民权着力引进转移企业打造"中国冷谷"时，这些"老冰熊"人自然而然地成为民权方面与转移企业联络的桥梁。如浙江香雪海集团在将生产线转移到民权之前，有近 1/3 的员工来自民权，"老冰熊"技术员赵鹏时为香雪海集团的副总经理。在香雪海开始进行产业转移区位选择时民权并非首选，但正是在赵鹏等"老冰熊"人的努力和坚持下香雪海最终进驻民权。与此类似，MH、LK、HKDL 的负责人都是民权人，而且 MH 和 LK 的负责人都曾是"老冰熊"员工。此外，KMR、BS 的总经理分别与民权本地企业 ZBPJ、LL 总经理是同学，由于老同学的盛情邀约，KMR、BS 均整体搬迁到了民权。

"我们的企业原来在郑州，主要生产商用展示柜和医用阴凉柜，但郑州现在的综合成本确实有些高了，2013 年我开始考虑换个地方。LL 的老总和我是大学同学又在同一个行当里，平时联系就很多，这次能来到民权他确实帮了大忙。我最初来的时候厂房还没建好，为了保住一批订单我们还暂时借了一段 LL 的厂房进行生产，这才没有造成大损失。其实好多过来的企业都和民权有各种各样的关系，或者是亲戚，或者是朋友，有了这层关系我们才来得放心，干得顺心。"（访谈对象：BS 总经理××；地点：BS 经理办公室；时间：2014 年 10 月 18 日）

9.2.3 产业转移提供了发展的区位机会窗口

如今的民权制冷产业不仅重塑了"冰熊"时期的辉煌，而且在产业规模、层次等方面都有着长足的进步。但需要注意的是，民权制冷产业发展并不是一个单纯的内生增长过程，来自区域之外的产业转移浪潮在民权制冷产业发展中发挥了至关重要的作用。在 2009 年以前，民权制冷产业发展基本处于内部企业网络衍生过程，从 1992 年 ZB 起步到 2017 年 DLB 投产，26 年间民权新增本地企业 19 家，年均新增 0.73 家。但从 2007 年 HM 落户民权到 2016 年 KBE、AKMLCC、ASDDJSJ 进驻，短短 10 年间吸纳转移企业 31 家，平均每年 3.10 家。2013 年转移企业已经撑起了民权制冷的大半个天空。由此可见，民权制冷产业近年迅猛崛起、"中国冷谷"初具雏形都离不开转移企业的加盟助力。那么，如果没有产业转移民权制冷产业还能获得突破性发展吗？

2007 年以前，民权制冷产业虽然也有显著发展，但其演化过程更多表现出的是路径依赖性，尽管 ZB、XN、BH 等企业使民权制冷产业从几个孤立点逐步发展为企业网络，但网络却表现出了较强的封闭性。错综复杂的社会关系使企业间联系较为紧密，但过于迫近的地理距离和社会距离又使企业间相互模仿的现象比较突出，各种知识尤其是缄默知识的快速传递使企业失去了创新的动力，企业网络在一定程度上也表现出了僵化特征。因此，如果没有外界力量的作用，民权制冷产业很难达到今天的发展水平。

"前些年集聚区还没有成立，我们这些企业虽然分散在县城各处，但管事儿的一般都是'冰熊'的老人，大家都很熟悉，各个企业生产什么东西也都相互了解。当时的生产方式基本是你要什么东西就说给我或者我照着你给的图纸做，很多时候还属于摸着石头过河的状态。大家了解的东西都差不多，虽然也一块儿摸索，但很难搞出全新的东西。所以，那时候我们的规模都上不去，企业发展遇到了瓶颈。"（访谈对象：BH总经理江勇；地点：江勇办公室；时间：2014年10月18日）

演化经济地理学认为区位机会窗口只有在新产业出现时才会打开，虽然产业转移并未改变民权制冷产业的基本方向，但这些全新力量的注入增强了民权企业的多元性，改变了民权制冷企业网络相对封闭的状态，使其逐步向学习创新网络演化。WB、AKMDQ、XXH等知名制冷企业进驻后，逐步与民权本地企业建立了经济联系、技术合作、社会交流等网络关系，本地企业则在这种交互中获得了新鲜知识和信息，提高了自己的学习创新能力。众多转移企业进驻也增强了集群内同业竞争程度，使企业普遍感受到了不进则退的压力。更为重要的是，转移企业同母公司及原有合作企业的联系还将持续存在，这种现象有力提高了集群的开放性，有助于民权本地企业嵌入全球价值链和全球生产网络，使民权制冷产业实现了由低端发展道路向高端发展道路的跨越。

"目前，我们集聚区排名前几位的企业基本都是从沿海地区转移而来的，这些企业进驻才真正把我们民权制冷的资产盘活了，把民权人干事创业的热情点燃了。近几年，我们先后获评全省'十强''十先''十快'产业集聚区。前些时候，我们在中央电视台做广告，提出打造中国制冷产业基地口号，正是因为集聚区表现出了前所未有的发展势头，我们才有了这样的底气。"（访谈对象：民权高新技术开发区主任陈××；地点：高新区办公室；时间：2014年10月17日）

9.2.4 路径依赖、路径破坏与路径创造共同决定网络演化方向

路径依赖（Path Dependence）在经济学和经济地理学中是指经济发展、

制度变迁和技术演进具有类似物理学中的惯性，惯性的力量会使行为主体沿着既有方向发展而不会轻易变化。路径依赖现象普遍存在于区域经济演化过程中，然而学者们发现过度的路径依赖会使区域经济失去弹性和情景敏感性，并逐步陷入僵化和锁定的状态，比较典型的是德国鲁尔工业区与中国东北老工业基地的衰落。区域发展要避开锁定的陷阱就必须通过不断创新突破原有的路径依赖，并在路径破坏的基础上实现路径创造。区位机会窗口理论认为新产业的出现可以为区域提供发展的机会窗口，但新产业往往是由潜在的、随机的"扳机"（Triggers）所诱发的，具有不确定性和历史偶然性，因此导致区域生产空间系统长期演化也具有潜在的但非必然的不稳定性（Boschma，1997，1999）。虽然学界普遍认同路径破坏和路径创造是突破锁定的关键，但也有学者强调并不能证明新产业出现和区域产业路径变化简单地源于随机或自发事件，过多强调随机事件是路径创造的源泉会影响对区域发展机理的分析（Martin，2006）。通过前文对民权制冷产业发展脉络的梳理以及对民权制冷企业网络阶段的划分可以发现，民权制冷产业发展同时受到区域产业条件、宏观经济环境、区域外部力量的共同作用，其企业网络演化过程存在"路径依赖—路径破坏—路径创造"的循环发展过程。

20世纪80年代，民权制冷产业开始起步，冰熊冷柜的发展模式带有浓厚的计划经济和国有经济特征。企业的产品虽然质量过硬，但是更新换代慢，难以适应大众消费偏好迅速变化的形式；企业管理机制也存在严重问题，人浮于事、滥竽充数现象十分突出，一些非正常生产经营行为、不公平的分配方式也严重影响了工人们的劳动积极性；企业领导层决策缺乏远见，在"冰熊"最红火的时候大肆扩张收购了众多非核心产业，这些产业最后几乎都成了"冰熊"发展的包袱。进入90年代，与"冰熊"同时起步的海尔、澳柯玛、新飞等企业蓬勃发展，而"冰熊"却在路径依赖与制度和体制锁定的旋涡中越陷越深。为了解决企业发展中日益严重的资金问题，"冰熊"决策层做出了一个非常大胆的决定，推动冰熊冷柜有限公司在上海证交所上市，"冰熊"于是成为国内轻工制冷行业首家上市公司。"冰熊"上市改变了企业原有的管理机制，可以视为在困局中的一种路径破坏。由于"冰熊"的生产经营状况并未得到本质性的改变，上市反而使"冰熊"走上了一条更加崎岖的道路。尤其是"明天系""格林柯尔系"等资本大鳄的轮番入驻，使"冰熊"寻求路径突破的希望彻底破灭。可以说，从1986年至2000年，以"冰熊"为代表的民权制冷产业走过了"蹒跚起步—路径依赖—路径破坏—突破失败"的历程。

"'冰熊'的失败是必然的，各种弊端在当年那种管理体制中表现得淋漓尽致，发展初期的繁荣掩盖了这些问题，但当问题积重难返时最终还是会压垮企业的。对资本运作这一块儿我不是很懂，但我感觉即使上市也不能丢掉主业，企业没有了根本发展方向就失控了。"（访谈对象：SB总经理李国宝；访谈方式：电话访谈；时间：2015年1月16日）

在"冰熊"步入困局之时，ZB、XN、BH、HKPJ等衍生企业则凭借"船小好掉头"的优势迅速兴起，凭借细致分工和弹性专业化生产，这些企业间形成了密切的经济联系、技术合作、社会交流关系，民权制冷企业网络已初具规模。由于同根同源的衍生关系，此时的民权制冷企业网络表现出很强的同质性，企业间技术模仿、抄袭现象严重，缺乏创新的压力和动力；同时，由于社会资本在企业联系中的决定性作用，网络也表现出了较强的封闭性和排他性，对外部企业的抵制和对新鲜信息的忽视也使民权制冷产业失去了发展动力。由此可以发现，民权地方中小企业在生机勃勃的起步后又陷入了路径依赖的窘境，并面临着僵化和锁定风险。与20世纪90年代的制度与体制锁定不同，这一时期民权制冷产业主要表现出三种锁定状态：一是代际锁定，同根同源的衍生使企业呈现过强的同质性；二是关系锁定，在地方制度厚实和社会资本作用下企业网络呈现较强的封闭性和排他性；三是结构锁定，缺少外界力量的扰动使地方生产系统和制度变化非常缓慢。

恰在此时，第四次产业转移的浪潮逐渐兴起，大量沿海地区的制冷企业开始在中西部地区寻找更具比较优势的目的地。民权制冷产业敏锐地抓住了这次难得的机遇，通过亲情招商、以商招商、重点区域招商等措施，引入了大量的转移企业。这些企业的入驻不仅为民权制冷增添了新鲜血液，带来了异质性的非冗余信息，而且在一定程度上突破了民权本地企业网络的封闭性和排他性，通过开放性学习创新网络构建为本地企业嵌入全球价值链和全球生产网络搭建了桥梁。由此可见，在2000年以后民权制冷产业又走过了一轮"路径依赖—路径破坏—路径创造"的过程。再回顾20世纪80年代以来"冰熊"为突破锁定所做出的种种努力，我们可以认为区域产业发展将始终处于"路径依赖—路径破坏—路径创造"的循环中,只有不断地突破与创造区域产业才可能实现健康、可持续的发展。

"我之前曾经在冰熊集团工作,后来在产业集聚区工作,是民权制冷产业 20 多年兴衰更迭的亲历者,'老冰熊'衰亡的教训刻骨铭心,而新生的产业集聚区如何突破窠臼、做大做强也是我们面临的严峻考验。产业转移为我们打造'中国冷谷'的宏伟规划提供了机遇,这些转移企业入驻突破了我们制冷产业原来习惯于闭门造车的弊端,使我们的产业和集聚区建设上了层次、创了品牌、有了影响,使我们能够进一步完善现代产业体系、现代城乡体系、自主创新体系、现代市场体系。我们的制冷产业目前正在良性、快速发展的道路上,而且我们也正在延伸产业链并向相关产业拓展。5 年之后你再看,民权制冷还会给你新的惊喜。"(访谈对象:时任民权县政府副县长马××;地点:高新区办公室;时间:2014 年 10 月 17 日)

9.2.5　报酬递增与区域自增强推动了网络发育

区位机会窗口理论认为报酬递增是新产业出现及打开区位机会窗口的重要动因。2009 年,随着民权制冷产业集聚区正式划定,散布于县域各处的本地企业纷纷向集聚区汇集,同时还有一些转移企业陆续入驻。大量企业的集中布局、企业间合理的分工协作,使上下游企业间甚至实现了"隔墙生产""对门转运"的经营方式,并显著降低了企业经营成本。这种相关企业大量聚居所带来的外部性吸引了更多转移企业入驻。众所周知,东部沿海地区产业转移的主要动因是经营成本不断上升。民权除了具备廉价土地、丰富劳动力等一般条件外,还具备了扎实的产业基础与较大的企业集聚规模,这自然提高了民权在承接产业转移方面的比较优势,而更多新企业的入驻会进一步强化这种优势,使集聚区形成报酬递增与网络发展的良性循环。

"我们的企业原来在郑州,主要生产商用冷藏柜。在郑州时虽然具有交通和市场的优势,但问题是那一片儿制冷企业少,各种配件基本都是从安徽和广东购进,运输成本比较高;由于没有集群优势,在吸引经销商方面也比较吃亏。2010 年我们把厂子整体搬到了民权,现在各种配件采购都很方便,生产成本比原来低了不少。集聚区内整机企业很多,比较容易获取技术和市场信息,大家在产品设计、创新方面也都提着劲,所以现在我们的市场范围也比原来大了不少。"(访谈对象：AAS 总经理王××；地点：王××办公室；时间：2014 年 10 月 18 日）

有学者认为新产业空间的不确定性为其能动性和创造性留下了空间（Boschma，1997）。新产业很难从已有条件中获得发展的支持，事实上新产业需要稳步创造诸如资本、供给链、市场、组织等理想的条件或者从外部将它们吸引过来，而不是依赖已经存在的、独立的区位因素。2007 年后民权制冷产业集聚区开始大量承接国内知名企业，这些企业的入驻也显著提高了民权制冷在全国的知名度和影响力；国家级质量检测中心和院士工作站建设进一步加强了集群内的学习创新氛围，提高了产品的更新速度和技术含量。转移企业入驻也提高了制冷产业对民权经济的贡献，并反哺了制冷产业集聚区建设。目前，以制冷产业为主导的民权高新技术产业开发区已经构建了"六横十二纵"的交通骨架，建成日处理 3 万吨的污水处理厂、200 吨城市垃圾处理厂和 10 千伏开闭所各一座，行政服务中心、生活服务中心、会展中心、技工培训基地相继建成使用。不断改善的创业条件也使集群在吸引高水平转移企业时具有了更强的竞争力。

由于产业生态系统不断完善，民权制冷产业集群已经形成了相关企业汇集的"吸聚场"；同时，集群良好的创新氛围、频繁的技术合作以及与外部技术网络的有效衔接，使民权制冷产业集群成了技术学习与创新的"学习场"。在"吸聚场"与"学习场"的双重作用下，民权制冷企业网络将沿着多元、合作、创造的轨迹继续发展壮大。

9.3 本章小结

本章主要基于演化经济地理学范式探讨民权制冷企业网络"源起—繁荣—衰落—复兴"的演化过程，主要使用选择、机会、报酬递增、路径依赖等核心概念以及区位机会窗口理论观点，分析民权制冷企业网络演化轨迹及其内在的演化机理。结论如下：

（1）民权制冷企业网络大体经历了"孤立原点—松散性网络雏形—封闭性区域内部网络—开放性学习创新网络"的演化过程。1986—2000 年，"冰熊"冷柜厂创办并成为民权制冷企业网络的原点，"冰熊"员工离职后创办的 ZB、XN、BH 主要生产冷柜配件并向"冰熊"冷柜厂供货，民权制冷企业相互孤立的局面得以改变，并呈现了初步的松散性网络雏形。2001—2009年，"冰熊"衰落的同时 ZB、BH、LL、HKPJ、XP 等本地企业蓬勃兴起，细致的专业化分工使民权制冷产业形成了一定规模的企业网络；由于同根同源的衍生关系以及对"老冰熊"身份认同的强调，此时的企业网络又呈现了较强的封闭性和排外性。2010 年以后，随着大量转移企业入驻，民权制冷网络的异质性显著增强，与区域外部的各种联系日益频繁，基于示范模仿、产业竞争、前后向联系、人力资本流动等渠道的技术溢出和技术学习成为集聚区的新常态，民权制冷企业网络发展成为开放性学习创新网络。

（2）企业网络演化过程既体现了一定的时空情境性和路径依赖性，同时也体现了较强的权变性，企业衍生过程、区域选择环境与社会资本、产业转移代表的外部扰动力量、路径依赖与路径创造、报酬递增与区域自增强共同决定了民权制冷企业网络演化的进程与结果。第一，从"冰熊"到"熊兵"的衍生过程奠定了民权制冷企业网络基础。2017 年民权制冷企业网络的 44 家企业中，有 21 家都与"冰熊"有直接或间接的衍生关系，"冰熊"成了名副其实的民权制冷业"黄埔军校"。在"冰熊"到"熊兵"的衍生过程中，市场经济深化是重要的催化剂，民权企业家的创新精神也是不可或缺的元素。第二，选择环境和社会资本吸引了众多转移企业入驻。与区位机会窗口理论强调新产业出现不确定性和历史偶然性观点不同，本书发现民权制冷较好的产业基础和较强的集聚优势是吸引转移企业入驻的重要因素，而且血缘、地缘、学缘等关系资本在其中也发挥了桥梁纽带作用。第三，产业转移成为民权制冷产业发展的区位机会窗口。产业转移作为一种外来扰动力量打破了民权制冷企业网络原有的封闭性，并推动地方产业与全球价值链和全球生产网络有效衔接。第四，路径依赖、路径破坏与路径创造共同决定网络演化方向。20 世纪末期"冰熊"上市可以视为一种不成功的路径破坏和路径创造，而 2010 年后大规模承接产业转移则打破了民权制冷所面临的新的路径依赖及代际锁定、关系锁定和结构锁定风险，并通过构建开放性学习创新网络实现了成功的路径创造。因此，民权制冷企业网络演化过程存在"路径依赖—路径破坏—路径创造"的循环发展过程。第五，报酬递增与区域自增强推动了网络发育。大量异质性企业汇聚所带来的外部性使民权制冷产业集群成了有力的"吸聚场"，而区域自增强机制尤其在学习创新方面的提高使集群成了全新的"学习场"。在"吸聚场"与"学习场"的双重作用下,民权制冷企业网络将沿着多元、合作、创造的轨迹继续发展壮大。

本部分存在的问题是,对民权制冷企业网络演化机理的分析比较侧重地方关系资本和产业转移力量的作用,对政府、企业组织、科研机构等参与主体的影响考虑较少。分析基本沿着企业网络演化的主线进行,没有考虑"技术—组织—地域"的协同演化。

第10章

结论与展望

10.1 主要结论

10.1.1 "网络"是转移企业与承接地企业交互耦合的载体

产业集群实际是"集聚+网络"的综合概念,企业也并非新古典或交易成本经济学所认定的静态的点或黑箱,而是一种产生于社会网络关系构建中的合法组织实体,并作为行为者嵌入该网络,由此产生一些"企业—地域"交互领域。产业转移作为一种"产业/企业—地域"的相互作用过程,转移企业与承接地企业的各种交互活动需要一定的基础和载体。基于"网络认识",本书发现网络是转移企业与承接地企业、地方生产系统与全球生产系统交互耦合的载体。转移企业地方嵌入过程可以视为一种网络接入过程,也即 Dicken 所说的地方化的公司和公司化的地方;转移企业与承接地企业间的产业联系、权力关系也都体现在双方交互形成的经济联系、技术合作、社会交流网络中,而地方生产系统与全球生产系统的交互过程更是地方生产网络与全球生产网络的衔接和融合过程。

以网络为理论基点,本书构建了一个以"关系—网络—演化"为主线,以网络—角色、嵌入—耦合、演化—升级为核心要素的综合性分析框架。基于该框架的实证研究发现,大部分转移企业进入承接地后不管是因为自己的战略指向还是地方的"制度约束",会逐步同承接地企业建立经济联系、技术合作、社会交流等关系;以这些关系为纽带,以企业和相关机构为节点,形成转移企业与本地企业的交互关系网络;通过转移企业在地方生产网络中的嵌入以及本地企业在全球价值链和全球生产网络中的嵌入,全球力量和地方资产得以实现战略耦合;随着关系纽带的变化、嵌入过程的推进,转移企业与承接地企业共同构成的关系网络表现出独特的演化特征,网络的演化趋势对承接地企业成长、集群建设、区域发展具有重要的影响。

在大量调研和访谈基础上，提取了产业转移背景下民权制冷产业集群内的经济联系、技术合作、社会交流网络，采用社会网络分析方法（SNA）分析网络结构特征。研究发现：①转移企业地方嵌入显著促进了民权制冷企业网络发育。纳入本书量化分析的主要制冷企业共有 44 家，其中转移企业有 27 家；转移企业不仅在数量上占据明显优势，其产值更是占到了集群总产值的 80% 以上。②大型转移企业在集群中的"网络权力"日渐增强，并使网络呈现多核心化趋势。2013 年后，本地企业 ZB 的核心位置已经被转移企业 XXH 和 HM 取代。2017 年，网络节点度分布的"右倾斜长尾"特征比 2013 年明显减弱，网络发育多中心特征也愈加明显。③部分转移企业地方嵌入程度不高，网络整体连通能力不强。技术合作网络不仅连通水平低还有逐渐稀疏的趋势，转移企业的地方嵌入程度不高，主要分布在企业网络的边缘区。④网络中介节点具有较强异质性，部分大型转移企业的中介作用有待提高。案例集群中部分大型转移企业中介作用偏弱的原因在于：一是相关企业的地方嵌入程度不高，二是集群与全球生产网络的战略耦合程度比较低。⑤三种网络具有近似的结构特征，社会资本在网络发育中发挥着重要作用。"老冰熊"身份认同作为一种重要的虚拟资产或社会资本在民权制冷企业网络发育中发挥着重要作用，基于这种身份认同所形成的隐性关系网络在一定程度上成为民权制冷企业网络的本底，并且对企业间的经济联系、技术合作，尤其是缄默知识的传递产生着潜移默化的影响。⑥与国际转移企业相比，区际转移企业在地方嵌入过程中具有更强的适应性。在制度环境适应、地方文化认同、社会资本润滑的综合作用下，区际转移企业较少遇到结构错位、认知错位等嵌入障碍，与国际转移企业相比较少出现地方嵌入困难、嵌入失效问题。

10.1.2 双向嵌入是转移企业与承接地企业互动耦合的必由之路

在讨论全球化背景下的区域发展问题时，新区域主义主要强调区域制度、地方网络、地方资产、学习创新和内生增长，而 GPN、GVC、GCC 理论则主要强调资本自由流动、全球经济集成、FDI 的结构替代、地方空间向流动空间的转变。本书经过理论和实证分析，提出转移企业和承接地企业的双向嵌入才是推动承接地经济发展的必由之路。本书构建了一个转移企业与承接地企业双向嵌入的理论分析框架。该框架认为,经济全球化进程和新国际劳动分工使价值链呈现片段化,引发了产业在全球范围的调整和转移,而产业或功能的集聚也导致了地方集群的繁荣,因此在世界经济版图上出现了块状经济与链状经济并存的局面,块状经济与链状经济间存在着潜在的、不可分割的联系。所谓"双向嵌入"是指在经济全球化尤其是产业转移背景下,转移企业与承接地企业通过互动耦合,转移企业实现在地方生产网络中的经济嵌入、技术嵌入和社会嵌入,而承接地企业也可以借助于产业转移契机嵌入 GVC 或 GPN 中;二者的双向嵌入可以实现块状经济与链状经济的有机融合,可以更好地促进区域经济发展。

　　转移企业地方嵌入动因不尽相同,所谓"主动嵌入"是转移企业为实现自己市场接近、劳动力接近、资源接近的战略目标而同承接地企业进行积极主动的耦合;所谓"被动嵌入"是具有建设"个人俱乐部"倾向的转移企业在制度约束、文化影响下同地方企业进行消极被动的耦合。不论基于"主动"还是"被动"意愿,转移企业地方嵌入都是其在"企业—地域"关系演化中维护并强化自身竞争力的地理敏感战略;嵌入过程受承接地条件、转移企业特质的双重影响;嵌入沿着"关系培育—价值链衔接—全球与地方生产网络战略耦合"的路径,逐步实现关系性嵌入和结构性嵌入;虽然转移企业地方嵌入也可能导致"贫困增长"等问题,但更多的还是为承接地集群转型升级提供了"区位机会窗口"。结合民权制冷产业集群的案例分析发现,转移企业在民权制冷产业中的经济嵌入、技术嵌入和社会嵌入程度存在显著差异,经济嵌入最明显,社会嵌入次之,技术嵌入最弱。尽管转移企业的地方嵌入行为主要属于"主动嵌入",但不同企业的地方嵌入程度、同一企业在不同网络中的嵌入程度都有很大差异。WB、AKMDQ、AJ、KMR、CX、HY、SY 等企业主要遵循"经济嵌入—技术嵌入—社会嵌入"的渐进过程,而 XXH、HM、BS、XY、MH、LK、HKDL 等企业主要遵循"社会嵌入—经济嵌入—技术嵌入"的渐进过程,出现两种演进过程的原因是转移企业社会资本方面的巨大差异。转移企业在民权制冷产业中嵌入的主要障碍是双方在技术、组织、地域等方面的错位。

　　本书还分析了民权本地企业嵌入价值链和产业升级的特点及其障碍机制。民权本地企业在与转移企业的交互中处于明显劣势位置,尚处于在 GVC 和 NVC 中"低端嵌入"阶段;由于冰箱、冷柜生产的特殊性,民权本地企业嵌入的价值链属于混合驱动型价值链。根据民权制冷产业集群中转移企业和本地企业的权力关系,本书认为民权本地企业嵌入的是准科层价值链,转移企业对本地企业升级的帮助较小,本地企业获得的主要是工艺升级和产品升级,功能升级、价值链升级现象并不明显。民权本地企业价值链嵌入与升级面临的障碍主要是技术距离、社会距离以及转移企业的权力压制。

10.1.3 转移企业在承接地企业网络中的角色具有显著的异质性

本书以社会网络分析为基础,采用定量、定性相结合的方法进行综合判读,发现转移企业在企业网络中的角色具有很强的异质性,同一集群中不同转移企业的角色差异很大,同一企业在集群内经济联系、技术合作、社会交流网络中的角色也可能各不相同。转移企业在企业网络中的角色可被分为领导核心、主要成员、外来者俱乐部成员、孤立点,同时个别企业因为特殊的网络作用还可以被单独视为网络的技术守门员。比如,在民权制冷集群的转移企业中,XXH 和 HM 是网络的领导核心,在 2013 年和 2017 年网络中都存在若干个外来者俱乐部成员;从 2013 年以来 XXH、HM 一直是网络的技术守门员,2017 年 WB 也成了技术守门员。通过对民权案例的分析还发现了三个值得关注的问题:一是规模和实力领先的企业未必能够成为网络核心,从而限制了它们应有的带动作用;二是网络中存在比较明显的外来者俱乐部现象,抑制了转移企业的技术外溢和本地企业的技术学习;三是技术合作和社会交流网络中存在较多孤立点,影响了网络整体的运行效率和协同创新。中部地区在承接产业转移过程中,要认真辨识转移企业在地方产业集聚区或集群中的网络角色,并基于此制定科学合理的产业承接政策,最大限度地发挥领先型转移企业的核心带动作用,并尽可能避免转移企业形成外来者俱乐部或孤立点现象。

转移企业地方嵌入具有高度的关系构建性、情景敏感性、路径依赖性、集聚经济性和尺度相关性,不同转移企业及同一转移企业在不同类型关系网络中的角色都可能不同。转移企业网络角色塑造主要受五种因素影响:一是转移企业类型、规模、权力等属性特征,技术权力、网络权力都比较突出的大型整机企业更容易成为网络的领导核心或技术守门员。二是转移企业的扩张战略和具体扩张形式，基于承接地区位优势而进行主动嵌入的企业更容易成为网络中的重要角色，同时兼具研发、生产、市场功能的转移企业在不同类型网络中的角色会比较一致。三是转移企业在承接地的社会资本，血缘、地缘、学缘关系对转移企业角色塑造影响明显，领导核心型企业离不开雄厚社会资本的支持。四是转移企业的企业文化，具有平等、开放精神的转移企业更乐于同本地企业建立各种联系。五是承接地的产业条件和地域文化，"绿地投资"情况下的转移企业比较容易成为外来者俱乐部成员或孤立点，转移企业、承接地之间的"文化距离"与转移企业网络角色重要性呈负相关关系。

为了提高企业网络角色分析的准确性，本书提出了一套定量、定性分析相结合的辨识方法。该方法以区域生产网络为基础，以社会网络分析为手段，沿着"关系强度及属性特征—网络位置特征—权力关系特征"的步骤逐层分析。研究实践证实，上述方法可以较为准确地辨识转移企业的网络角色，分析结果比较符合实际情况。

10.1.4　产业转移作用下的区域企业网络具有复杂的演化机理

本书基于演化经济地理学范式探讨了民权制冷产业"源起—繁荣—衰落—复兴"的演化过程，主要使用选择、机会、报酬递增、路径依赖等核心概念以及区位机会窗口理论，分析民权制冷企业网络演化轨迹及内在的演化机理。民权制冷企业网络大体经历了"孤立原点—松散性网络雏形—封闭性区域内部网络—开放性学习创新网络"的演化过程。1986—2000年，冰熊冷柜厂创办并成为民权制冷企业网络的原点，"冰熊"员工离职后创办的ZB、XN、BH开始为冰熊冷柜厂供应配件，民权制冷产业呈现出了初步的松散性网络雏形。2001—2009年，"冰熊"衰落的同时ZB、BH、LL、HKPJ、XP等本地企业蓬勃兴起，细致的专业化分工使民权制冷产业形成了一定规模的企业网络；由于同根同源的衍生关系，此时的企业网络又表现出了较强的封闭性和排外性。2010年以后，随着大量转移企业入驻，民权制冷网络的异质性显著增强，与区域外部的各种联系日益频繁，基于示范模仿、产业竞争、前后向联系、人力资本流动等渠道的技术溢出和技术学习成为集聚区的新常态，民权制冷企业网络发展成为开放性学习创新网络。

民权制冷企业网络演化过程既体现出了一定的时空情境性和路径依赖性，同时也表现出了较强的权变性，企业衍生过程、区域选择环境与社会资本、产业转移代表的外部扰动力量、路径依赖与路径创造、报酬递增与区域自增强共同决定了网络演化的进程与结果。一是本地企业的自我衍生不但形成了本区域的产业基础，而且构成了区域企业网络的本底和雏形。研究的民权制冷企业网络的 44 家企业中，有 21 家都与"冰熊"有直接或间接的衍生关系。在"冰熊"到"熊兵"的衍生过程中市场经济深化是重要的催化剂，民权企业家的创新精神也是不可或缺的元素。二是选择环境和社会资本是转移企业入驻的"磁石"。与区位机会窗口理论强调新产业出现具有不确定性和历史偶然性观点不同，本书发现民权制冷较好的产业基础和较强的集聚优势是吸引转移企业入驻的重要因素，而且血缘、地缘、学缘等关系资本在其中也发挥了桥梁纽带作用。三是产业转移是民权制冷产业发展的"区位机会窗口"。产业转移作为一种外来扰动力量打破了民权制冷企业网络原有的封闭性，并推动本地企业与 GVC（或 NVC）和 GPN 有效衔接。四是路径依赖、路径破坏与路径创造共同决定了网络演化方向。20 世纪末期"冰熊"上市可以被视为一种不成功的路径破坏和路径创造，而 2010 年后大规模承接产业转移则打破了民权制冷所面临的新的路径依赖及代际锁定、关系锁定和结构锁定风险，通过构建开放性学习创新网络实现了成功的路径创造。因此，民权制冷企业网络演化过程存在"路径依赖—路径破坏—路径创造"的循环发展过程。五是报酬递增与区域自增强推动了网络发育。大量异质性企业汇聚所带来的外部性使民权制冷产业集群形成了有力的"吸聚场"，而区域自增强机制尤其是在学习创新方面的提高使集群成了全新的"学习场"。在"吸聚场"与"学习场"的双重作用下，民权制冷企业网络将沿着多元、合作、创造的轨迹继续发展壮大。

10.1.5 社会资本对转移企业地方嵌入和地方产业发展具有两面性

一方面，社会资本是部分转移企业进驻承接地的关系纽带，也是区域内部企业网络运行的润滑剂。产业转移作为一种被社会所定位的经济现象，转移企业区位选择决策深受其在候选目标区所具有社会资本的影响。在民权制冷产业 2007—2017 年承接的 31 家转移企业中，有将近半数的企业在民权都有深厚的血缘、地缘、学缘关系，社会资本无疑是它们进驻民权的主要动力。因此，承接地在吸引产业转移过程中，要高度重视社会资本的潜在作用，可以通过亲情招商、以商招商等形式，提高区域在承接产业转移过程中的竞争力。社会资本也是企业网络运行的润滑剂，具有较强社会资本的转移企业更容易融入本地企业网络，也更容易承担更为重要的网络角色。比如转移企业 XXH、HM、XY、LK 因为具有更强的社会资本优势，所以在企业网络中的度值都相对较高，其网络角色也更加重要。XXH、HM 之所以能够超越规模更大、实力更强的 WB 和 AKMDQ 成为网络领导核心，与其所具有的社会资本优势是分不开的。

另一方面，社会资本缺失成了部分转移企业与本地企业交互耦合的障碍，对社会资本的过度强调也容易导致区域企业网络的封闭性。正如前文所述，社会资本的缺失严重影响了 WB、AKMDQ、ASDDRSQ 等转移企业地方嵌入的速度和程度，尤其是 ASDDRSQ 在 2013 年和 2017 年的企业网络中都属于外来者俱乐部成员，这种状况使其难以在区域产业发展中发挥应有的带动作用。同时，对社会资本的过度强调也会为区域产业发展带来负面影响。民权制冷集群中绝大部分本地企业都是从"老冰熊"直接或间接衍生而来的，这导致集群内的企业具有很强的同质性，不利于集群内部的知识学习和技术创新。由于深受"老冰熊"身份认同的影响，民权制冷企业网络也表现出了一定的封闭性和排外性，带有"老冰熊"标签的企业事实上也形成了一个隐性的俱乐部，俱乐部成员有意无意的排外行为也拒绝了新成员和非冗余信息的进入，容易导致集群出现代际锁定、关系锁定和结构锁定。

10.1.6 产业转移技术溢出是一种受多重因素影响的或有效应

产业转移技术溢出是技术流动和扩散的重要形式。学界对产业转移技术溢出"正效应"的认识，源于对发达国家或地区向不发达国家或地区产生正向知识传递的观察，由此认为在转移企业地方嵌入过程中，技术和知识会通过各种渠道向承接地企业扩散，并提高承接地企业或产业集群的技术能力和创新水平；对产业转移技术溢出"负效应"的认识，源于对技术溢出障碍因素尤其是转移企业技术溢出意愿的观察，由此认为产业转移技术溢出效应并不显著，甚至会使承接地企业形成对外来技术溢出的依赖。事实上，产业转移技术溢出具有很强的时空情景性和权变性，技术、空间与行为主体的异质性决定了产业转移技术溢出并非一种必然的经济现象，而是一种深受产业特征、区域条件、外部环境影响的或有(Contingent)效应。

民权制冷产业集群的复兴主要得益于大量转移企业入驻，但从现有的观察分析看，转移企业对民权本地企业的技术溢出并不显著。一是转移企业在不同类型企业网络的嵌入程度相比，经济嵌入最明显，社会嵌入次之，技术嵌入最弱，网络中还存在比较明显的外来者俱乐部现象；二是WB、AKMDQ等大型企业未能成为网络核心，从而限制了它们应有的带动作用；三是本地企业的功能升级、价值链升级现象并不明显，集群在压缩机、控制面板等高附加值部件生产上并未取得突破。

所以，承接地既要重视转移企业的技术权力和技术溢出，又不能简单地把转移企业视为地方集群技术网络的"桥头堡"或"守门人"。另外，深化产业转移技术溢出效应或有性研究，要重点分析转移企业在技术合作网络中的位置和角色，发现技术流通网络、区域制度环境、地方技术吸收能力等对产业转移技术溢出影响的内在机理。

10.2 推动转移企业、承接地企业互动发展的政策建议

10.2.1 优化硬条件和软环境，构建区域产业"吸聚场"

产业承接地要通过优化区域产业发展的硬条件和软环境，形成强有力的产业"吸聚场"，提高转移企业地方嵌入的主动性。优化区域产业硬条件，即通过提高配套能力、延伸产业链条、强化物流体系建设等措施构建现代产业体系。本书通过对民权制冷集群的研究发现不少转移企业进驻民权的主要原因是制冷产业发展历史较长，具备较好的产业配套能力，具有丰富的专业技术人才，这些正是吸引转移企业入驻的选择环境。同时，研究还发现由于民权本地企业的整体技术水平不高、缺乏高端配套能力，部分转移企业不得不依赖同区域外部的产业联系；由于物流体系建设严重滞后，转移企业入驻后虽然占有了连南贯北的地缘优势，但物流运输成本不降反升。这些问题严重阻碍了转移企业在承接地的资本投入、网络构建和技术溢出，使区域产业发展不能充分获取承接产业转移的红利。因此，中

西部地区地方产业集聚区或集群在吸引转移企业的同时还要通过各种措施努力构建现代产业体系。

优化区域产业软环境，即通过保护自然环境、改善生活条件、推动产城一体化构建现代城乡体系，同时通过改善制度环境、金融环境、信用体系、产权保护、重商氛围等构建现代市场体系。本书发现由于民权产城发展的步伐并不一致，集群周边的生活、娱乐等基础设施建设比较滞后，部分转移企业从母公司选派高管人员时被迫采用轮岗制，个别企业甚至在周末将企业骨干送回转出城市，这无疑影响了转移企业与本地企业的长期、深度联系，转移企业与本地企业管理体制、转出地与承接地制度环境的差异也会形成转移企业地方嵌入的组织障碍。所以，中西部地区要通过现代城乡体系和市场体系建设提高区域在产业承接中的软实力。

10.2.2 强化人力资本建设，打造区域自主创新体系

众多产业转移研究虽然强调外部力量对承接地企业或产业发展的推动作用，但同时也把区域自主创新能力建设作为承接地产业长远、健康发展的必要条件。因此中西部地区在积极承接产业转移过程中要不断强化人力资本建设，努力打造区域自主创新体系。

对民权制冷集群的实证研究发现，由于本地企业技术水平、产品质量并不被信任，部分转移企业只有在外部供应商难以满足生产需求时才从地方配套企业中采购少量部件，这种现象严重阻碍了转移企业与本地企业的经济和技术联系。由于部分本地企业技术能力不强，它们在企业网络中的技术权力和网络权力都相对较低，在与转移企业的交互中缺乏主动权和话语权，在价值链条上也处于低端环节。通过强化人力资本建设、提高技术能力，本地企业可以提高在企业网络中的权力和地位，并可以嵌入价值链相对高端的环节。

转移企业技术溢出效应对承接地技术进步和产业升级作用显著，但技术的交流与溢出只在技术距离并不太大的两个企业间发生，而且本地企业人力资本情况也会形成产业转移技术溢出的门槛效应，有研究认为部分中西部省区尚未跨过人力资本门槛。所以，中西部地区要努力提高自己的人力资本水平和技术创新能力，跨过人力资本门槛，缩小技术距离，更好地吸收产业转移带来的技术溢出效应。

此外，产业转移属于一种阶段性的经济现象，很难为承接地发展提供持续的推动力，而且部分承接地还面临着贫困增长和陷入"低端技术陷阱"的风险。承接地只有通过推动人才储备、知识学习、技术创新，构建新区域主义所强调的"学习场"和"区域创新系统"，才可能获得持续的内生增长能力。

10.2.3　以双向嵌入推动区域产业转型升级

转移企业与承接地企业的双向嵌入有助于全球力量和地方资产的耦合，有助于链状经济和块状经济的衔接，是承接地产业转型升级的必由之路。推动转移企业地方嵌入，首先要提高本地企业的技术水平、产品质量和供货能力，减少技术错位的影响；其次要提高本地企业生产管理的规范性与对外联系的开放性，减少组织错位的影响；最后要优化承接地的制度环境、金融环境、信用体系、市场氛围、生活条件等，减少地域错位的影响。要关注转移企业在不同网络中的嵌入差异，对于大型龙头企业既要深化其经济嵌入，更要提高其技术嵌入程度，既要充分利用血缘、地缘关系等社会资本的催化作用，又要避免过度强调社会资本导致网络出现排外性。推动地方集群在 GVC（NVC）和 GPN 中的嵌入，既要充分利用转移企业的桥梁作用，又要避免对转移企业技术权力、网络权力的过度依赖。最为关键的是要吸收产业转移的技术溢出效应，提高本地企业的学习创新能力，使本地企业可以嵌入 GVC（NVC）的高端环节。对于区域产业升级过程中可能面临的来自转移企业的权力压制，要支持本地企业进行技术创新，提高与转移企业的技术互补性。

10.2.4　提高区域产业政策、措施的针对性

推动转移企业与承接地企业互动耦合及集群化发展是一个复杂的社会经济问题，涉及多种异质性的行为主体，并且是一个复杂的系统工程，不同区域针对具体发展问题要采取有针对性的产业政策和措施。比如：对于国际背景的产业转移要重视产业转出地、承接地的制度环境差异，对于国内背景的产业转移要充分利用转移企业与承接地血缘、地缘、学缘关系；对于本地企业与转移企业强强联合所形成的产业集聚区或集群要关注企业网络构建与本地企业升级，对于产业转移作用下形成的无中生有型产业集

聚区或集群，则要注重创造优越的产业环境并避免出现"候鸟经济"问题。

10.3 创新之处

10.3.1 提出了一个新的综合性研究框架

本书融合了产业区理论、生产网络理论、嵌入理论的核心思想与理论工具，构建了以"关系—网络—演化"为主线，以网络—角色、嵌入—耦合、演化—升级为核心要素的综合性分析框架。该理论框架认为，产业转移本质上是一种"产业/企业—地域"相互作用的过程，在转移企业与承接地企业的互动耦合中关系是基础、网络是载体、演化是重点；随着转移企业在承接地的逐步嵌入，转移企业、承接地企业之间会建立起产品供需、技术合作、社会交流等关系；以这些关系为纽带，以企业和相关机构为节点，将形成转移企业与承接地企业的交互网络，并实现地方生产网络和全球生产网络的连接；随着转移企业地方嵌入、地方集群全球嵌入的推进，区域企业网络将表现出独特的结构特点和演化规律，区域产业也将实现在全球价值链上的攀升和跃迁。因此，沿着"关系—网络—演化"的主线，可以较为清晰地认识转移企业与承接地企业互动耦合的外在表象、微观机理、区域效应。

10.3.2 基于三种分类网络有助于认识转移企业地方嵌入的过程和机理

根据转移企业与承接地企业的主要联系类型，提取了案例集群内经济联系、技术合作、社会交流三类企业网络，在此基础上进行分析有助于更准确地理解转移企业的网络角色、地方嵌入行为以及不同嵌入过程的相互影响。研究中发现，企业在不同网络中的角色存在很大差异，经济联系网络中的核心企业在技术合作网络中可能没有任何对外联系。基于三种网络的分析也可以较为清晰地认识转移企业地方嵌入的过程和机理，转移企业在三种网络中的嵌入程度、演进过程存在很大差异，比如转移企业在民权就存在"经济嵌入—技术嵌入—社会嵌入"和"社会嵌入—经济嵌入—技术嵌入"两种主要的渐进过程。对转移企业网络角色、嵌入进程差异性的认识有助于地方管理部门采取有针对性的政策措施。本书还提出了一种定量测算网络相似性的模型方法，并据此发现民权制冷企业网络存在"社会交流网络—技术合作网络相似性>经济联系网络—技术合作网络相似性>社会交流网络—经济联系网络相似性"的特征。在网络成员不变的前提下，该方法在分析不同类型网络相互影响、不同时期网络演化规律方面具有一定推广价值。

10.3.3 实现了对转移企业网络角色的定量分析

已有研究辨识转移企业在企业网络中的角色时，采用的标准非常多，主要包括价值链环节、权力关系、网络位置、关系类型等，但总体来说以定性研究为主。本书采用一种新的识别方法，实现了对转移企业网络角色的定量分析。本书认为转移企业在承接地的嵌入首先是一个关系发育过程，具有不同对象、方向、强度和延续性的对外联系首先奠定了转移企业网络角色的关系基础；在转移企业与承接地企业交互形成的企业网络中，不同转移企业可能居于不同的网络位置，这些位置差异奠定了转移企业网络角色的结构基础。同时，转移企业具有不同的网络权力和技术权力，权力关系的差异奠定了转移企业网络角色的权力基础。由此，本书提出了一套定量、定性分析相结合的辨识方法，该方法以区域企业网络为基础，以社会网络分析为手段，沿着"关系强度及属性特征—网络位置特征—权力关系特征"步骤逐层分析。运用该方法对民权案例集群的研究发现，转移企业网络角色具有很强的异质性，不同企业及同一企业在不同类型网络中的角色差异很大，部分企业整体实力与网络角色不匹配，网络中存在较明显的外来者俱乐部和孤立点现象。调研和访谈中所获取信息较好印证了定量分析结果，证实了上述方法的可行性。

10.3.4 深化了对社会资本作用两面性的认识

已有产业转移研究对社会资本作用的关注较少，而且多数相关研究主要分析社会资本在承接地吸引转移企业过程中的积极作用，本书发现社会资本在转移企业与承接地企业交互耦合中的作用机制比较复杂，同时具有积极和消极影响。与已有研究相似，本书发现社会资本是部分转移企业进驻承接地的关系纽带,并在转移企业与本地企业交互中起到了润滑剂作用,与承接地具有深厚的血缘、地缘、学缘关系的转移企业更容易融入本地企业网络,并承担更为重要的网络角色。但同时,部分转移企业由于缺乏社会资本因此在地方嵌入的速度和程度方面都受到了负面影响,比如民权制冷集群中规模最大的转移企业 WB 在社会交流网络中一直属于外来者俱乐部成员,使其难以发挥应有的带动作用。相关企业对社会资本的过度强调也会使企业网络产生一定的封闭性和排外性,容易导致集群出现代际锁定、关系锁定和结构锁定。民权制冷集群中具有"老冰熊"身份标签的企业事实上形成了一个隐性的俱乐部,俱乐部的无形边界也成为其他企业和新鲜信息进入的障碍。

10.4 局限及展望

10.4.1 存在的不足之处

本书所选取案例集群虽然具有较强的典型性,但其中的转移企业全部是来自东部沿海的国内企业,所以无法反映国外转移企业在承接地的嵌入过程、网络角色和区域效应,研究结论和政策建议未必适用于大量承接国际产业转移的区域。

由于企业层面的深度调研非常困难,因此案例集群研究未能涵盖全部企业,虽然缺失的多为规模较小、与核心产业关联相对较弱的企业,但导致样本企业数量较少,加之企业层面的基础数据并不完善,缺失专利申请、新产品研发等知识创造数据,所以本书未能开展集群内转移企业技术溢出效应以及网络结构、节点角色对企业学习创新效率影响的定量分析。另外,受新冠肺炎疫情影响,2020 年以后没有再开展大规模调研,研究未能涵盖案例集群最新的发展情况。

对企业网络演化机理的分析比较侧重地方关系资本和产业转移力量的作用,对政府、企业组织、科研机构等参与主体的作用考虑较少;分析基本沿着企业网络演化的主线进行,没有考虑"技术—组织—地域"的协同演化。

10.4.2 需要进一步深入研究的问题

今后要对民权制冷产业集群进行持续关注,并通过各种渠道获得更加翔实的第一手资料和数据,力争基于更长的研究周期和更加丰富的数据资料进一步探析转移企业与承接地企业互动耦合的过程和机理。

再选择一个以承接国际产业转移为主的产业集聚区或集群,通过与现有案例进行对比研究,探索国外转移企业、国内转移企业与承接地企业交互耦合过程、机理、效应等方面的共性和差异,为承接地制定更具针对性的产业发展政策提供决策支持。

参考文献

[1] Ahuja G. Collaboration network, structural holes, and innovation: a longitudinal study [J]. Administrative science quarterly, 2000, 45(3): 425-455.

[2] Albino V, Garavelli C, Schiuma G. Knowledge transfer and inter-firm relationships in industrial districts: the role of the leader firm[J]. Technovation, 1999, 19(1): 53-63.

[3] Amin A, Thrift N. Neo-Marshallian nodes in global networks[J]. International Journal of Urban and Regional Research, 1992, 16(4): 571-87.

[4] Amin A. An institutionalist perspective on regional economic development [J]. International Journal of Urban and Regional Research, 1999, 23(2): 365-378.

[5] Andersson U, Forsgren M. Subsidiary embeddedness and control in the multinational corporation [J]. International Business Review, 1996, 5(5): 487-508.

[6] Asheim B T. Industrial districts as "learning regions": a condition for prosperity[J]. European planning studies, 1996, 4(4): 379-400.

[7] Aslanoğlu E. Spillover effects of foreign direct investments on Turkish manufacturing industry [J]. Journal of International Development, 2000, 12(8): 1111-1130.

[8] Bagchi-Sen S, Wheeler J O. A spatial and temporal model of foreign direct investment in the United States[J]. Economic Geography, 1989, 65(2): 113-129.

[9] Bathelt H, Malmberg A, Maskell P. Clusters and knowledge: local buzz, global pipelines and the process of knowledge creation[J]. Progress in Human Geography, 2002, 28(1): 31-56.

[10] Bell G G. Clusters, networks, and firm innovativeness[J]. Strategic Management Journal, 2005, 26(3): 287-295.

[11] Boschma R, Frenken K. Applications of evolutionary economic geography[Z]. DRUID Working Paper, 2006.

[12] Boschma R, Iammarino S. Related variety and regional growth in Italy[Z]. SPRU Electronic Working Paper Series, 2007.

[13] Boschma R, Lambooy J G. Evolutionary economics and economic geography[J]. Journal of Evolutionary Economics, 1999, (9): 411-429.

[14] Boschma R. New industries and windows of locational opportunity: a longterm analysis of Belgium[J]. Erdkunde, 1997, 51(1): 12-22.

[15] Boschma R. Proximity and innovation: a critical assessment[J]. Regional Studies, 2005, 39(1): 61-74.

[16] Bottazzi L, Peri G. Innovation, demand, and knowledge spillovers: evidence from European patent data[J]. European Economic Review, 2003, 47(4): 687-710.

[17] Bradburd R, Caves R. A closer look at the effect of market growth on industries profits[J]. Review of Economics and Statistics, 1982, 64(4): 635-645.

[18] Buckley P, Clegg J, Tan H. Cultural awareness in knowledge transfer to China: the role of Guanxi and Mianzi[J]. Journal of World Business, 2006, 41(3): 275-288.

[19] Buzzacchi L, Colombo M, Mariotti S. Technological regimes and innovation in services: the case of the Italian banking industry[J]. Research Policy, 1995, 24(1): 151-168.

[20] Callois J M. The two sides of proximity in industrial clusters: the trade-off between process and product innovation[J]. Journal of Urban Economics, 2008, 63(1): 146-162.

[21] Camagni R. Innovation networks[M]. London, UK: Belhaven Press, 1991.

[22] Casanueva C, Castro I, Galán J. Informational networks and innovation in mature industrial clusters[J]. Journal of Business Research, 2013, 66(5): 603-613.

[23] Castells M. The rise of the network society (2nd Edition)[M]. Oxford: Blackwell, 2000.

[24] Caves R. Multinational firms, competition and productivity in host country markets[J]. Economica, 1974, 41(162): 176-193.

[25] Chen S H. Taiwanese IT firms' offshore R&D in China and the connection with the global innovation network[J]. Research Policy, 2004, 33(2): 337-349.

[26] Chew Y T, Yeung W C. The SME advantage: adding local touch to foreign transnational corporations in Singapore[J]. Regional Studies, 2001, 35(5): 431-448

[27] Choi S B, Lee S H, Williams C. Ownership and firm innovation in a transition economy: evidence from China[J]. Research Policy, 2011, 40(3): 441-452.

[28] Chuang Y C, Lin C M. Foreign direct investment, R&D and spillover efficiency: evidence from Taiwan's manufacturing firms[J]. Journal of Development Studies, 1999, 35(4): 117-137.

[29] Coe N M, Dicken P, Hess M. Global production networks: realizing the potential[J]. Journal of Economic Geography, 2008, 8(3): 271-295.

[30] Coe N M, Hess M, Yeung W C, et al. "Globalizing" regional development: a global production networks perspective[J]. Transactions of the Institute of British Geographers, 2004, 29(4): 468-484.

[31] Coe N M, Lee Y S. The strategic localization of transnational retailers: the case of Samsung-Tesco in South Korea[J]. Economic Geography, 2006, 82(1): 61-88.

[32] Coe N M. A hybrid agglomeration? the Development of a Satellite-Marshallian Industrial District in Vancouver's Film Industry[J]. Urban Studies, 2001, 38(10): 1753-1775

[33] Coleman J. Social capital in the creation of human capital[J]. American journal sociology, 1988, 94: 95-120.

[34] Dahl M, Pedersen C. Knowledge flows through informal contacts in industrial clusters: myth or reality? [J]. Research Policy, 2004, 33(10):

1673-1686.

[35] Damijan J P, Rojec M, Majcen B, et al. Impact of firm heterogeneity on direct and spillover effect of FDI: micro evidence from ten transition countries [J]. Journal of Comparative Economics, 2012, 41(3): 895-922.

[36] Das. Externalities, and technology transfer through MNCs[J]. Journal of International Economics, 1987, 22(1/2): 171-182.

[37] Depner H, Bathelt H. Exporting the German Model: The Establishment of a New Automobile Industry Cluster in Shanghai [J]. Economic Geography, 2005, 81(1): 53-81.

[38] Dicken P, Malmberg A. Firms in territories: a relational perspective [J]. Economic Geography, 2001, 77(4): 345-363.

[39] Dunford M. Industrial districts, magic circles, and the restructuring of the Italian textiles and clothing chain[J]. Economic Geography, 2006, 82(1): 27-59.

[40] Dunning J H. The eclectic paradigm as an envelope for economic and business theories of MNE activity[J]. International Business Review, 2000, 9(2): 163-190.

[41] Fetscherin M, Voss H, Gugler P. 30 Years of foreign direct investment to China: An interdisciplinary literature review[J]. International Business Review, 2010, 19(3): 235-246.

[42] Filatotchev I, Liu X H, Lu J Y, et al. Knowledge spillovers through human mobility across national borders: evidence from Zhongguancun Science Park in China[J]. Research Policy, 2011, 40(3): 453-462.

[43] Findlay R. Some aspects of technology transfer and direct foreign investment[J]. The American Economic Review, 1978, 68(2): 275-279.

[44] Fischer M M, Scherngell T, Jansenberger E. The Geography of knowledge spillovers between high-technology firms in Europe: evidence from a spatial interaction modeling perspective[J]. Geographical Analysis, 2006, 38(3): 288-309.

[45] Fleming L, King C, Juda A. Small world and regional innovation[J]. Organization Science, 2007, 18(6): 938-954.

[46] Florida R. Toward the learning region[J]. Futures, 1995, 27(5): 527-536.

[47] Gebreeyesus M. Innovation performance and embeddedness in networks: evidence from the Ethiopian footwear cluster[J]. World Development, 2013, 41(1): 302-316.

[48] Gereffi G, Hunphrey J, Sturgeon T. The governance of global value chains[J]. Review of International Political Economy, 2005, 12(1): 78-104.

[49] Gereffi G, Korzeniewicz M. Commodity chains and global capitalism [M]. Westport: Praeger, 1994.

[50] Gereffi G. A commodity chains framework for analyzing global industries[Z]. Duke University Working Paper, 1999.

[51] Gilsing V, Duysters G M. Understanding novelty creation in exploration networks: Structural and relational embeddedness jointly considered[J]. Technovation, 2008, 28(10): 693-708.

[52] Gilsing V, Nooteboom B, Vanhaverbeke W, et al. Network embeddedness and the exploration of novel technologies: technological distance, betweenness centrality and density[J]. Research policy, 2008, 37(10): 1717-1731.

[53] Giroud A, Jindra B, Marek P. Heterogeneous FDI in transition economies: a novel approach to assess the developmental impact of backward linkages [J]. World development, 2012, 40(11): 2206-2220.

[54] Giuliani E. Multinational corporations and patterns of local knowledge transfer in costa Rican high-tech industries[J]. Development and Change, 2008, 39(3): 385-407.

[55] Giuliani E. The role of technological gatekeepers in the growth of industrial clusters: evidence from Chile[J]. Regional Studies, 2011, 45(10): 1329-1348.

[56] Granovetter M. Economic action and social structure, the problem of embeddedness[J]. American Journal of Sociology, 1985, 91(3): 481-510.

[57] Griffith R, Redding S, Reenen J V. Mapping the two faces of R&D: productivity growth in a panel of OECD industries[J]. Review of Economics and

Statistics, 2004, 86(4): 883-895.

[58] Gulati R, Nohria N, Zaheer A. Guest editors' introduction to the special issue: strategic networks[J]. Strategic Management Journal, 2000, 21(3): 199-201.

[59] Guo B, Guo J J. Patterns of technological learning within the knowledge systems of industrial clusters in emerging economies: Evidence from China[J]. Technovation, 2010, 31(2): 87-104

[60] Haddad M, Harrison A. Are there positive spillovers from direct foreign investment? Evidence from panel data for Morocco[J]. Journal of Development Economics, 1993, 42(1): 51-74.

[61] Hadjimichalis C. The end of Third Italy as we knew it? [J]. Antipode, 2006, 38(1): 82-106.

[62] Hagedoorn J. Strategic technology partnering during the 1980s: trends, networks and corporate patterns in non-core technologies[J]. Research Policy, 1995, 24(2): 207-231.

[63] Hardy, J. Cathedrals in the desert? Transnationals, corporate strategy and locality in Wroclaw[J]. Regional Studies, 1998, 32(7): 639-652.

[64] Hatani F. The logic of spillover interception: The impact of global supply chains in China[J]. Journal of World Business, 2009, 44(2) 158-166.

[65] Henderson J, Dicken P, Hess M, et al. Global production networks and the analysis of economic development[J]. Review of International Political Economy, 2002, 9(3): 436-464.

[66] Hess M, Yeung W C. Whither global production networks in economic geography? Past, present and future[J]. Environment and Planning A, 2006, 38(7): 1193-1204.

[67] Hess M. "Spatial" relationships? Towards a reconceptualization of embeddedness[J]. Progress in Human Geography, 2004, 28(2): 165-186.

[68] Hsu J Y. The Dynamic firm-territory nexus of Taiwanese informatics industry investments in China [J]. Growth and change, 2006, 37(2): 230-254.

[69] Humphrey J, Schmitz H. Governance and upgrading: linking industrial

cluster and global value chain research[R]. Brighton: Institute of Development Studies, 2000.

[70] Humphrey J, Schmitz H. How does insertion in global value chains affect upgrading in industrial clusters? [J]. Regional Studies, 2002, 36(9): 1017-1027.

[71] Ivarsson I, Alvstam C G. Technology transfer from TNCs to local suppliers in developing countries: a study of AB Volvo's truck and bus plants in Brazil, China, India, and Mexico[J]. World Development, 2005, 33(8): 1325-1344.

[72] Javorcik B S. Does foreign direct investment increase the productivity of domestic firms? in search of spillovers through backward linkages[J]. The American Economic Review, 2004, 94(3): 605-627.

[73] Jindra B, Giroud A, Scott-Kennel J. Subsidiary roles, vertical linkages and economic development: Lessons from transition economies[J]. Journal of World Business, 2009, 44(2): 167-179.

[74] Kaplinsky R, Morris M. A handbook for value chain research[R]. Sussex: Institute of Development Studies, 2000.

[75] Kapur S. Technological diffusion with social learning[J]. The Journal of Industrial Economics, 1995, 43(2): 173-195.

[76] Kim J Y, Zhang L Y. Formation of FDI clustering: a new path to local economic development? The case of Qingdao[J]. Regional Studies, 2008, 42(2): 265-280.

[77] Kokko A, Tansini R, Zejan M C. Local technological capability and productivity spillover from FDI in the Uruguayan manufacturing sector[J]. Journal of Development Studies, 1996, 32(4): 602-611.

[78] Kokko A. Technology, market characteristics, and spillovers[J]. Journal of Development Economics, 1994, 43(2): 279-293.

[79] Lall S. Vertical inter-firm linkages in LDCs: an empirical study[J]. Oxford Bulletin of Economics and Statistics, 1980, 42(3): 203-226.

[80] Lin H M, Huang H C, Lin C P, et al. How to manage strategic alliances in OEM-based industrial clusters: Network embeddedness and formal gov-

ernance mechanisms[J]. Industrial Marketing Management, 2012, 41(3): 449-459.

[81]Lin J L, Fang S C, Fang S R, et al. Network embeddedness and technology transfer performance in R&D consortia in Taiwan[J]. Technovation, 2009, 29(11): 763-774.

[82]Liu W D, Dicken P. Transnational corporations and "obligated embeddedness": foreign direct investment in China's automobile industry[J]. Environment and Planning, 2006, 38(7): 1229-1247.

[83]Liu X H, Buck T. Innovation performance and channels for international technology spillovers: Evidence from Chinese high-tech industries[J]. Research Policy, 2007, 36(3): 355-366.

[84]Lowe N, Kenney M. Foreign Investment and the Global Geography of Production: Why the Mexican Consumer Electronics Industry Failed[J]. World Development, 1999, 27(8): 1427-1443.

[85]Lu Y Y, Liu S. R&D in China: an empirical study of Taiwanese IT companies[J]. R&D Management, 2004, 34(4): 453-465.

[86]MacDougall G. The benefit and cost of private investment from abroad: a theoretical approach[J]. Economic Research, 1960, 36(73): 13-15.

[87]Marin A, Bell M. Technology spillovers from foreign direct investment (FDI): The active role of MNC subsidiaries in Argentina in the 1990s[J]. Journal of Development Studies, 2006, 42(4): 678-697.

[88]Markusen A. Sticky places in slippery space: a typology of industrial districts[J]. Economic Geography, 1996, 72(3): 293-313.

[89]Martin R, Sunley P. Path dependence and regional economic evolution[J]. Journal of Economic Geography, 2006, 6(4): 395-437.

[90]Meschi P X, Wassmer U. The effect of foreign partner network embeddedness on international joint venture failure: Evidence from European firms' investments in emerging economies[J]. Internatiional Business Rewiew, 2013, 22(4): 713-724.

[91]Miao C H, Wei Y H, Ma H T. Technological learning and innovation in China in the context of globalization[J]. Eurasian Geography and Economics,

2007, 48(6): 713-732.

[92] Morrison A. Gatekeepers of knowledge within industrial districts: who they are, how they interact[J]. Regional Studies, 2008, 42(6): 817-835.

[93] Nell P C, Andersson U. The complexity of the business network context and its effect on subsidiary relational (over-) embeddedness[J]. International Business Review, 2012, 21(6): 1087-1098.

[94] Parente S L. Technology adoption, learning-by-doing and economic growth[J]. Journal of Economic Theory, 1994, 63(2): 346-369.

[95] Patibandla M, Perersen B. Role of transnational corporations in the evolution of a high-tech industry: the case of India's software industry[J]. World Development, 2002, 30(9): 1561-1577.

[96] Porter M E. Location, competition, and economic development: local clusters in a global economy[J]. Economic Development Quarterly, 2000, 14(1): 15-34.

[97] Porter M E. The competitive advantage of nation[M]. London, England: Macmillan, 1990.

[98] Ramasamy B, Goh K W, Yeung M. Is Guanxi (relationship) a bridge to knowledge transfer? [J]. Journal of Business Research, 2006, 59(1): 130-139.

[99] Reagans R, Mcevily B. Network structure and knowledge transfer: the effects of cohesion and range[J]. Administrative Science Quarterly, 2003, 48(2): 240-267.

[100] Rost K. The strength of strong ties in the creation of innovation[J]. Research Policy, 2011, 40(4): 588-604.

[101] Saliola F, Zanfei A. Multinational firms, global value chains and the organization of knowledge transfer[J]. Research Policy, 2009, 38(2): 369-381.

[102] Schive C, Majumdar B A. Direct foreign investment and linkage effects: The experience of Taiwan[J]. Canadian Journal of Development Studies, 1990, 11(2): 325-342.

[103] Schmitz H. Collective efficiency: growth path for small scale industry

[J]. Journal of Development Studies, 1995, 31(4): 529-566.

[104] Scott A. New industrial spaces[M]. London, England: Pion, 1988.

[105] Scott A. Entrepreneurship, innovation and industrial development: geography and the creative field revisited[J]. Small Business Economics, 2006, 26(1): 1-24.

[106] Staber U. Spatial proximity and firm survival in a declining industrial district[J]. Regional Studies, 2001, 35(4): 329-341.

[107] Storper M. The regional world[M]. New York: Guilford Press, 1997.

[108] Storper M. Roepke Lecture in Economic Geography: Regional context and global trade[J]. Economic Geography, 2009, 85(1): 1-21.

[109] Sun H. Direct foreign investment and linkage effects: The experience of China[J]. Asian Economics, 1996, 25(1): 5-28.

[110] Sun Y F, Du D B. Domestic firm innovation and networking with foreign firms in China's ICT industry[J]. Environment and Planning, 2011, 43(4): 786-809.

[111] Suyanto S, Salim R. Foreign direct investment spillovers and technical efficiency in the Indonesian pharmaceutical sector: firm level evidence[J]. Applied Economics, 2013, 45(3): 383-395.

[112] Tsai W P. Knowledge transfer in intra-organizational networks: effects of network position and absorptive capacity on business unit innovation and performance[J]. The Academy of Management Journal, 2001, 44(5): 996-1004.

[113] Uzzi B. The source and consequences of embeddedness for the economic performance of organizations: the network effect[J]. American Sociological Review, 1996, 61(4): 674-698.

[114] Uzzi B. Social structure and competition in interfirm networks: the paradox of embeddedness[J]. Administrative Science Quarterly, 1997, 42(1): 35-67.

[115] Wal T, Boschma R. Applying social network analysis in economic geography: framing some key analytic issues[J]. The Annals of Regional Science, 2009, 43(3): 739-756.

[116] Wang J Y, Blomström M. Foreign investment and technology trans-

fer: a simple model[J]. European Economic Review, 1992, 36(1): 137-155.

[117] Watts D, Strogatz S. Collective dynamics of small-world networks [J]. Nature, 1998, 393(6684): 440-442.

[118] Wei Y H, Li J, Ning Y M. Corporate networks, value chains, and spatial organization: a study of the computer industry in China[J]. Urban Geography, 2010, 31(8): 1118-1140.

[119] Wei Y H, Liao H F. The embeddedness of transnational corporations in Chinese cities: Strategic coupling in global production networks? [J]. Habitat International, 2013, 40: 82-90.

[120] Wei Y H, Liefner L, Miao C H. Network configurations and R&D activities of the ICT industry in Suzhou municipality, China[J]. Geoforum, 2011, 42(4): 484-495.

[121] Wei Y H, Wang M L, Wang C B. Restructuring industrial districts, scaling up regional development: a study of the Wenzhou Model, China[J]. Economic Geography, 2007, 83(4): 421-444.

[122] Wei Y H, Z Y, Sun Y F, et al. Production and R&D networks of foreign ventures in China: Implications for technological dynamism and regional development[J]. Applied Geography, 2012, 32(1): 106-118.

[123] Wei Y H. Beyond new regionalism, beyond global production networks: remaking the Sunan model, China[J]. Environment and Planning C: Government and Policy. 2010, 28(1): 72-96.

[124] Yeung W C. Business networks and transnational corporations: A study of Hong Kong firms in the ASEAN region[J]. Economic Geography, 1997, 73(1): 1-25.

[125] Yeung W C. The social-spatial constitution of business organizations: A geographical perspective[J]. Organization, 1998, 5(1): 101-128.

[126] Yeung W C. Towards a relational economic geography: old wine in new bottles[C]. Paper presented at the 98th Annual Meeting of the Association of American Geographers, Los Angeles, 2002, March: 19-23.

[127] Yeung W C. Practicing new economic geographies: a methodological examination[J]. Annals of the Association of American Geographers, 2003, 93

(2): 442-462.

[128] Yeung W C. Rethinking relational economic geography[J]. Transactions of the Institute of British Geographers (New Series), 2005, 30(1): 37-51.

[129] Yeung W C. The firm as social networks: An organizational perspective[J]. Growth and Change, 2005, 36(3): 307-328.

[130] Yeung W C. From followers to market leaders: Asian electronics firms in the global economy[J]. Asia Pacific Viewpoint, 2007, 48(1): 1-30.

[131] Zhang Y, Li H Y, Li Y, et al. FDI spillovers in an emerging market: the role of foreign firm's country origin diversity and domestic firm's absorptive capacity[J]. Strategic Management Journal, 2010, 31(9): 969-989.

[132] Zukin S, DiMaggio P. The structures of capital: the social organization of the economy[M]. Cambridge: Cambridge University Press, 1990.

[133] 艾少伟, 苗长虹. 技术学习的区域差异: 学习场视角: 以北京中关村与上海张江为例[J]. 科学学与科学技术管理, 2009, (5): 40-46.

[134] 艾少伟, 苗长虹. 异质性"通道"与跨国公司地方化结网: 以苏州工业园为例[J]. 地理研究, 2011, 30(8): 1483-1498.

[135] 蔡宁, 吴结兵. 产业集群企业网络体系: 系统建构与结构分析[J]. 重庆大学学报(社会科学版), 2006, 12(2): 9-14.

[136] 蔡绍沈. 承接东部产业转移对陕西技术溢出效应的实证分析[J]. 山东纺织经济, 2013, (2): 22-23.

[137] 蔡之兵, 周俭初. FDI的挤出效应和溢出效应: 来自长三角制造业的证据[J]. 发展研究, 2012, (6): 33-37.

[138] 陈景辉, 邱国栋. 跨国公司与东道国产业集群的"双向嵌入观"[J]. 经济管理, 2008, 30(11): 6-11.

[139] 陈维忠. 基于价值链视角的产业转移促进产业升级研究: 以河南为例[D]. 开封: 河南大学, 2012.

[140] 陈肖飞, 苗长虹, 潘少奇, 等. 轮轴式产业集群内企业网络特征及形成机理: 基于2014年奇瑞汽车集实证分析[J]. 地理研究, 2018, 37(2): 353-365.

[141] 陈卓淳. FDI在中国的技术溢出效应研究[D]. 武汉: 华中科技

大学,2007.

[142]仇保兴.小企业集群研究[M].上海:复旦大学出版社,1999.

[143]丁鑫,宋锋华.西北五省(区)承接产业转移缩小了区域经济差距吗[J].兰州财经大学学报,2016,32(4):19-26.

[144]杜宇玮,熊宇.市场需求与中国制造业代工超越:基于GVC与NVC的比较分析[J].产业经济研究,2011,(2):36-42.

[145]樊杰,孙威.中国人文—经济地理学科进展及展望[J].地理科学进展,2011,30(12):1059-1069.

[146]顾保国,乔延清,顾炜宇.跨国公司技术转移溢出效应区域差异分析[J].中国软科学,2005,(10):100-105.

[147]关爱萍,陈超.甘肃省承接产业转移的行业内技术溢出效应研究[J].兰州商学院学报,2013,29(5):7-15.

[148]关爱萍,李辉.区际产业转移行业间技术溢出效应研究[J].中国科技论坛,2013,(11):41-47.

[149]关爱萍,李辉.甘肃省承接产业转移的行业间技术溢出效应影响因素分析[J].兰州商学院学报,2014,30(2):30-35.

[150]关爱萍,李娜.金融发展、区际产业转移与承接地技术进步:基于西部地区省际面板数据的经验证据[J].经济学家,2013,(9):88-96.

[151]关爱萍,李娜.中国区际产业转移技术溢出及吸收能力门槛效应研究[J].软科学,2014,28(2):32-36.

[152]韩文海.跨国公司主导型产业集聚内部竞合关系演进研究:基于双向嵌入观的分析[J].沈阳工业大学学报(社会科学版),2012,5(3):238-241.

[153]韩玉刚,焦华富,李俊峰.中国省际边缘区产业集群的网络特征和形成机理:以安徽省宁国市耐磨铸件产业集群为例[J].地理研究,2011,30(5):814-826.

[154]贺灿飞,陈颖.港澳地区对中国内地直接投资的区位选择及其空间扩散[J].地理科学,1997,17(3):193-200.

[155]贺灿飞,梁进社.中国外商直接投资的区域分异及其变化[J].地理学报,1999,54(2):97-105.

[156]何兴强,欧燕,史卫,等.FDI技术溢出与中国吸收能力门槛研

究[J]. 世界经济, 2014, (10): 52-76.

[157]嵇登科. 企业网络对企业技术创新绩效的影响研究[D]. 杭州: 浙江大学, 2006.

[158]季颖颖, 郭琪, 贺灿飞. 外商直接投资技术溢出空间效应及其变化: 基于中国地级市的实证研究[J]. 地理科学进展, 2014, 33(12): 1614-1623.

[159]江心英, 陈丽珍. 外国直接投资技术外溢理论研究综述[J]. 国际贸易问题, 2006, (6): 124-128.

[160]姜海宁, 谷人旭, 马远军, 等. 欧美日企业文化差异及其对地方企业网络发展的影响: 以汽车产业为例[J]. 经济地理, 2013, 33(7): 22-28.

[161]景秀艳, 曾刚. 全球与地方的契合: 权力与生产网络的二维治理[J]. 人文地理, 2007, 22(3): 22-27.

[162]景秀艳. 网络权力与企业投资空间决策: 以台资网络为例[J]. 人文地理, 2009, 24(4): 50-55.

[163]景秀艳. 网络权力与全球生产网络的构建: 以戴尔公司为例[J]. 厦门理工学院学报, 2010, 18(3): 84-88.

[164]康志勇. 全球代工体系下我国地方产业集群升级研究: 基于GVC与NVC的比较视角[J]. 科学学与科学技术管理, 2009, (10): 66-72.

[165]黎继子, 刘春玲, 蔡根女. 全球价值链与中国地方产业集群的供应链式整合: 以苏浙粤纺织服装产业集群为例[J]. 中国工业经济, 2005, (2): 118-125.

[166]李二玲, 李小建. 论产业集群的网络本质[J]. 经济经纬, 2007, (1): 66-70.

[167]李二玲, 李小建. 基于社会网络分析方法的产业集群研究: 以河南省虞城县南庄村钢卷尺产业集群为例[J]. 人文地理, 2007, 22(6): 10-15.

[168]李二玲, 李小建. 欠发达农区产业集群的网络组织结构及其区域效应分析[J]. 经济地理, 2009, 29(7): 1127-1133.

[169]李二玲, 李小建. 欠发达农区传统制造业集群的网络演化分析:

以河南省虞城县南庄村钢卷尺产业集群为例[J]. 地理研究，2009，28（3）：738-750.

[170]李二玲，潘少奇. 企业网络分析方法述评与探讨：兼论网络分析方法在产业集群研究中的应用[J]. 河南大学学报（社会科学版），2009，49（4）：24-31.

[171]李二玲. 中国中部农区产业集群的企业网络研究[D]. 开封：河南大学，2006.

[172]李国平. 产业转移与中国区域空间结构优化[M]. 北京：科学出版社，2016.

[173]李钧. 跨国公司在华研发对本土企业技术创新的溢出效应与挤出效应[J]. 社会科学研究，2009，（5）：34-38.

[174]李凌，王勇. "郎顾之争"阴影笼罩冰熊[N]. 经济视点报. 2005-06-09.

[175]李瑞英. 民权县制冷产业集群研究[D]. 郑州：河南农业大学，2013.

[176]李世顶. 冰熊"商标迷局"纠结了谁[N]. 大河报. 2010-11-09（11）.

[177]李伟庆，金星. 区际产业转移对承接地自主创新影响的实证研究：基于安徽省地区与行业面板数据的分析[J]. 科技进步与对策，2011，28（17）：29-33.

[178]李小建，罗庆. 经济地理学的关系转向述评[J]. 世界地理研究，2007，16（4）：19-27.

[179]李小建. 香港对大陆投资的区位变化与公司空间行为[J]. 地理学报，1996，51（3）：213-223.

[180]李小建. 外商直接投资对中国沿海地区经济发展的影响[J]. 地理学报，1999，54（5）：420-430.

[181]李小建. 经济地理学中的企业网络研究[J]. 经济地理，2002，22（5）：516-520.

[182]李亚婷，潘少奇，苗长虹. 中原经济区县际经济联系网络结构及其演化特征[J]. 地理研究，2014，33（7）：1239-1250.

[183]林竞君. 嵌入性、社会网络与产业集群：一个新经济社会学的视

角[J].经济经纬,2004,(5):45-48.

[184]林竞君.网络、嵌入性与集群生命周期研究:一个新经济社会学的视角[D].上海:复旦大学.2005.

[185]林兰,曾刚.企业网络中技术权力现象研究评述[J].人文地理,2010,25(3):16-19.

[186]刘灿辉,曾繁华,周华.FDI技术溢出与挤出效应:基于DEA与湖北省面板数据的实证分析[J].经济与管理研究,2012,(4):64-70.

[187]刘丹栋,焦红艳.中小企业如何进入全球产业链[N].经济时报,2004-02-05(13).

[188]刘刚.我国东中西部地区经济发展格局比较分析[J].统计科学与决策,2011,(12):19-21.

[189]刘国宜,胡振华,易经章,等.集群社会资本对企业自主创新能力影响的实证研究[J].经济地理,2014,34(9):105-111.

[190]刘红光,刘卫东,刘志高.区域间产业转移定量测度研究:基于区域间投入产出表分析[J].中国工业经济,2011,(6):7-8.

[191]刘军.社会网络分析导论[M].北京:社会科学文献出版社,2004.

[192]刘卫东.论全球化与地区发展之间的辩证关系:被动嵌入[J].世界地理研究,2003,12(1):1-9.

[193]刘向舒.GVC到NVC:西部产业集群升级路径新探[J].生产力研究,2011,(9):151-153.

[194]刘艳艳.西方企业网络理论研究综述[J].经济地理,2011,31(3):437-442.

[195]刘友金,胡黎明.产品内分工、价值链重组与产业转移:兼论产业转移过程中的大国战略[J].中国软科学,2011,(3):149-159.

[196]刘志彪,张杰.全球代工体系下发展中国家俘获型网络的形成、突破与对策:基于GVC与NVC的比较视角[J].中国工业经济,2007,(5):39-47.

[197]刘志彪,张少军.中国地区差距及其纠偏:全球价值链和国内价值链的视角[J].学术月刊,2008,40(5):49-55.

[198]刘志高,尹贻梅,孙静.产业集群形成的演化经济地理学研究

评述[J]. 地理科学进展, 2011, 30(6): 652-657.

[199] 刘作丽, 贺灿飞. 集聚经济、制度约束与汽车产业跨国公司在华功能区位[J]. 地理研究, 2011, 30(9): 1606-1620.

[200] 娄晓黎. 产业转移与欠发达区域经济现代化[D]. 长春: 东北师范大学, 2004.

[201] 罗珉. 价值星系: 理论解释与价值创造机制的构建[J]. 中国工业经济, 2006, (1): 80-89.

[202] 罗芊, 贺灿飞, 郭琪. 基于地级市尺度的中国外资空间动态与本土产业演化[J]. 地理科学进展, 2016, 35(11): 1369-1380.

[203] 马丽, 刘卫东, 刘毅. 经济全球化下地方生产网络模式演变分析: 以中国为例[J]. 地理研究, 2004, 23(1): 87-96.

[204] 马永红, 李欢, 王展昭. 区际产业转移与区域创新系统耦合研究: 基于系统动力学的建模与仿真[J]. 科技进步与对策, 2015, 32(1): 29-35.

[205] 毛广雄. 产业集群与区域产业转移耦合机理及协调发展研究[J]. 统计与决策, 2009, (10): 68-70.

[206] 毛广雄. 基于社会资本理论的产业转移研究: 江苏南北共建开发区模式解析[J]. 人文地理, 2010, 25(4): 91-96.

[207] 毛广雄. 区域产业转移与承接地产业集群的耦合关系[D]. 上海: 华东师范大学, 2011.

[208] 毛加强. 产业集群嵌入全球价值链方式与升级路径[J]. 现代经济探讨, 2008, (10): 17-20.

[209] 毛宽, 曾刚, 廉军伟. 知识溢出与高新技术产业集群的演化: 以上海市张江高科园区IC产业集群为例[J]. 改革与战略, 2008, 24(6): 135-137.

[210] 梅丽霞, 王缉慈. 权力集中化、生产片断化与全球价值链下本土产业的升级[J]. 人文地理, 2009, 24(4): 32-37.

[211] 孟凡星, 曹玮玮. 全球价值链下福州电子信息产业集群升级研究[J]. 世界地理研究, 2009, 18(4): 24-29.

[212] 孟召宜, 黄泽虎, 李红瑞, 等. 江苏邳州板材集群演化的文化机理[J]. 地理科学, 2011, 31(11): 1368-1375.

[213]苗长虹,艾少伟. 学习场结构与空间中的创新[J]. 经济地理,2009,29(7):1057-1063.

[214]苗长虹,魏也华,吕拉昌. 新经济地理学与区域发展[M]. 北京:科学出版社,2011.

[215]苗长虹,魏也华. 技术学习与创新:经济地理学的视角[J]. 人文地理,2007,22(5):1-9.

[216]苗长虹. 变革中的西方经济地理学:制度、文化、关系与尺度转向[J]. 人文地理,2004,19(4):68-76.

[217]苗长虹. 全球—地方联结与产业集群的技术学习:以河南许昌发制品产业为例[J]. 地理学报,2006,61(4):425-434.

[218]闵成基,杨震宁,王以华. 权力依附关系和关系嵌入对知识流入的影响:以跨国公司在华子公司为例[J]. 科学学研究,2010,28(3):412-419.

[219]牛洪军. ST冰熊资产重组步入"冰冻"期[N]. 中国证券报,2005-11-25(A06).

[220]潘峰华,王缉慈. 从"被动嵌入"到供应链园区投资:外商直接投资的新模式?[J]. 中国软科学,2010,(3):95-103.

[221]潘少奇,李亚婷,高建华. 中原经济区经济联系网络空间格局[J]. 地理科学进展,2014,33(1):92-101.

[222]钱俊希,钱丽芸,朱竑."全球的地方感"理论述评与广州案例解读[J]. 人文地理,26(6):40-44.

[223]邱国栋,陈景辉. 跨国公司在中国沿海开发区的嵌入性研究[J]. 财经问题研究,2010,(9):88-95.

[224]沈静,向澄,柳意云. 广东省污染密集型产业转移机制:基于2000—2009年面板数据模型的实证[J]. 地理研究,2012,31(2):357-368.

[225]盛垒. 外资在华研发空间集聚及知识溢出研究[D]. 上海:华东师范大学,2009.

[226]谭文柱. 社会关系嵌入与产业转移的区位选择:宁波服装业案例研究[J]. 地理科学,2012,32(7):835-839.

[227]童昕,王缉慈. 东莞PC相关制造业地方产业群的发展演变[J]. 地理学报,2001,56(6):722-729.

[228]王缉慈,罗家德,童昕.东莞和苏州台商PC产业群的比较分析[J].中国地质大学学报(社会科学版),2003,3(2):6-10.

[229]王缉慈.超越集群:中国产业集群的理论探索[M].北京:科学出版社,2010.

[230]王茂军,田丽英,杨雪春.山东省城镇网络结构与城镇网络角色识别:基于民国时期土货/洋货流通网络的分析[J].地理研究,2011,30(9):1621-1636.

[231]王晓萍.GVC/NVC双重网络嵌入中本土代工制造企业动态能力提升机制研究:基于组织学习的视角[J].科技管理研究,2013,(1):127-130.

[232]王英,刘思峰.国际技术外溢渠道的实证研究[J].数量经济技术经济研究,(4):153-161.

[233]王铮,杨念,何琼,等.IT产业研发枢纽形成条件研究及其应用[J].地理研究,2008,26(4):651-661.

[234]王志伟.技术扩散过程的几类限制性因素[J].自然辩证法研究,2002,18(1):23-27.

[235]魏后凯.外商直接投资对中国区域经济增长的影响[J].经济研究,2002,(4):19-26.

[236]文嫮,杨友仁,侯俊军.嵌入性与FDI驱动型产业集群研究:以上海浦东IC产业集群为例[J].经济地理,2007,27(5):741-746.

[237]文嫮,曾刚.嵌入全球价值链的地方产业集群发展:地方建筑陶瓷产业集群研究[J].中国工业经济,2004,(6):36-42.

[238]文嫮,曾刚.全球价值链治理与地方产业网络升级研究:以上海浦东集成电路产业网络为例[J].中国工业经济,2005,(7):20-27.

[239]文嫮.嵌入全球价值链的中国地方产业网络升级机制的理论与实践研究[D].上海:华东师范大学,2005.

[240]吴波,李生校.全球价值链嵌入是否阻碍了发展中国家集群企业的功能升级?:基于绍兴纺织产业集群的实证研究[J].科学学与科学技术管理,2010,(8):60-65.

[241]吴春波.冰熊品牌归:"新冰熊时代"行将来临[N].经济视点报,2013-06-20(5).

[242]吴结兵. 基于企业网络结构与动态能力的产业集群竞争优势研究[D]. 杭州:浙江大学,2006.

[243]吴涛,李娅飞,闫鹏亮. 民权制冷:从一个厂到一座城[N]. 商丘日报,2021-04-20.

[244]项后军. 外资企业的迁移及其根植性问题研究:以台资企业为例[J]. 浙江社会科学,2004,(3):67-72.

[245]谢飞,徐凯. 围猎ST冰熊 顾雏军与重庆银星赛跑[N]. 21世纪经济报道,2003-08-25(9).

[246]谢建国,吴国锋. FDI技术溢出的门槛效应:基于1992—2012年中国省际面板数据的研究[J]. 世界经济研究,2014,(11):74-79.

[247]谢建国. 外商直接投资对中国的技术溢出:一个基于中国省区面板数据的研究[J]. 经济学(季刊),2006,5(4):1109-1128.

[248]徐玲. 基于价值星系的我国产业集群升级路径研究[J]. 科学学与科学技术管理,2011,32(9):95-101.

[249]许树辉. 全球链网下的欠发达地区产业集群化研究:以韶关汽车零部件产业为例[J]. 世界地理研究,2011,20(1):36-43.

[250]许学强,王欣,闫小培. 技术流的动力机制、渠道与模式:以珠江三角洲为例[J]. 地理学报,2002,57(4):489-496.

[251]颜银根,安虎森. 演化经济地理:经济学与地理学之间的第二座桥梁[J]. 地理科学进展,2013,32(5):788-796.

[252]杨玲丽. "嵌入性"约束下的产业转移制度安排:江苏省南北挂钩共建产业园区的经验借鉴[J]. 科技进步与对策,2015,32(5):48-53

[253]杨伟聪. 全球生产网络、价值捕捉轨迹与区域发展[J]. 热带地理,2017,37(5):628.

[254]杨晓静,刘国亮. FDI技术溢出效应:一个文献综述[J]. 产业经济评论,2013,12(4):119-140.

[255]叶庆祥. 跨国公司本地嵌入过程机制研究[D]. 杭州:浙江大学,2006.

[256]佚名. 拼搏奋斗五年 冰熊享誉中外:河南省冷柜厂简介[J]. 家用电器科技,1991,(1):48-48.

[257]于娜. 跨国公司对中国企业技术溢出效应的实证研究[J]. 技

经济，2014，33(5)：50-54.

[258]元良，陈金良，王明威.ST冰熊何日重现光明[N].中国工业报，2004-04-22(1).

[259]曾刚，林兰.樊鸿伟.论技术扩散的影响因子[J].世界地理研究，2006，15(1)：1-8.

[260]曾刚，文嫃.上海浦东信息产业集群的建设[J].地理学报，2004，59(增刊1)：59-66.

[261]曾刚.技术扩散与区域经济发展[J].地域研究与开发，2002，21(3)：38-41.

[262]曾菊新，罗静.经济全球化的空间效应：论基于企业网络的地域空间结构重组[J].经济地理，2002，22(3)：257-261.

[263]曾咏梅.产业集群嵌入全球价值链的模式研究[J].经济地理，2011，31(3)：453-457.

[264]张海洋.R&D两面性、外资活动与中国工业生产率增长[J].经济研究，2005，(5)：107-117.

[265]张辉.全球价值链理论与我国产业发展研究[J].中国工业经济，2004，(5)：38-46.

[266]张辉.全球价值链动力机制与产业发展策略[J].中国工业经济，2006，(1)：40-48.

[267]张鹏，陈芳菲.链网双重架构下的中国企业升级[J].工业技术经济，2013，(2)：19-26.

[268]张鹏，王月琴.产业转移的双向嵌入及其对广东的启示[J].工业技术经济，2009，28(12)：11-14.

[269]张鹏.模块化全球生产网络与我国战略性新兴产业嵌入发展[J].技术经济，2013，32(7)：47-52.

[270]张倩肖，李佳霖.新时期优化产业转移演化路径与构建双循环新发展格局：基于共建"一带一路"背景下产业共生视角的分析[J].西北大学学报(哲学社会科学版)，2021，51(1)：1-13.

[271]张巍，党兴华.企业网络权力与网络能力关联性研究：基于技术创新网络的分析[J].科学学研究，2011，29(7)：1094-1101.

[272]张庸平，刘建江，刘兵权，等.国际产业转移与危机冲击的关

系研究[J]. 经济地理, 2011, 31(2): 254-258.

[273]张云逸, 曾刚. 技术权力影响下的产业集群演化研究: 以上海汽车产业集群为例[J]. 人文地理, 2010, 25(2): 120-124.

[274]赵蓓. 嵌入性与产业群竞争力: 理论研究与分析框架[J]. 东南学术, 2004, (7): 138-145.

[275]赵建吉, 曾刚. 基于技术守门员的产业集群技术流动研究: 以张江集成电路产业为例[J]. 经济地理, 2013, 33(2): 111-116.

[276]赵建吉, 茹乐峰, 段小微, 等. 产业转移的经济地理学研究: 进展与展望[J]. 经济地理, 2014, 34(1): 1-6.

[277]赵建吉. 全球技术网络及其对地方企业网络演化的影响[D]. 上海: 华东师范大学, 2011.

[278]周健. 实业沦为资本玩偶 商丘冰熊冷柜解冻无期?[EB/OL]. https://business.sohu.com/20070521/n250129802.shtml.

[279]周扬波. 全球价值链下地方产业集群升级的实证分析: 以上海IC产业为例[J]. 工业技术经济, 2012, (2): 66-71.

[280]朱竑, 钱俊希, 陈晓亮. 地方与认同: 欧美人文地理学对地方的再认识[J]. 人文地理, 2010, 25(6): 1-6.

[281]朱竑, 钱俊希, 吕旭萍. 城市空间变迁背景下的地方感知与身份认同研究: 以广州小洲村为例[J]. 地理科学, 2012, 32(1): 18-24.

[282]朱华友, 王缉慈. 全球生产网络中企业去地方化的形式与机理研究[J]. 地理科学, 2014, 34(1): 19-24.